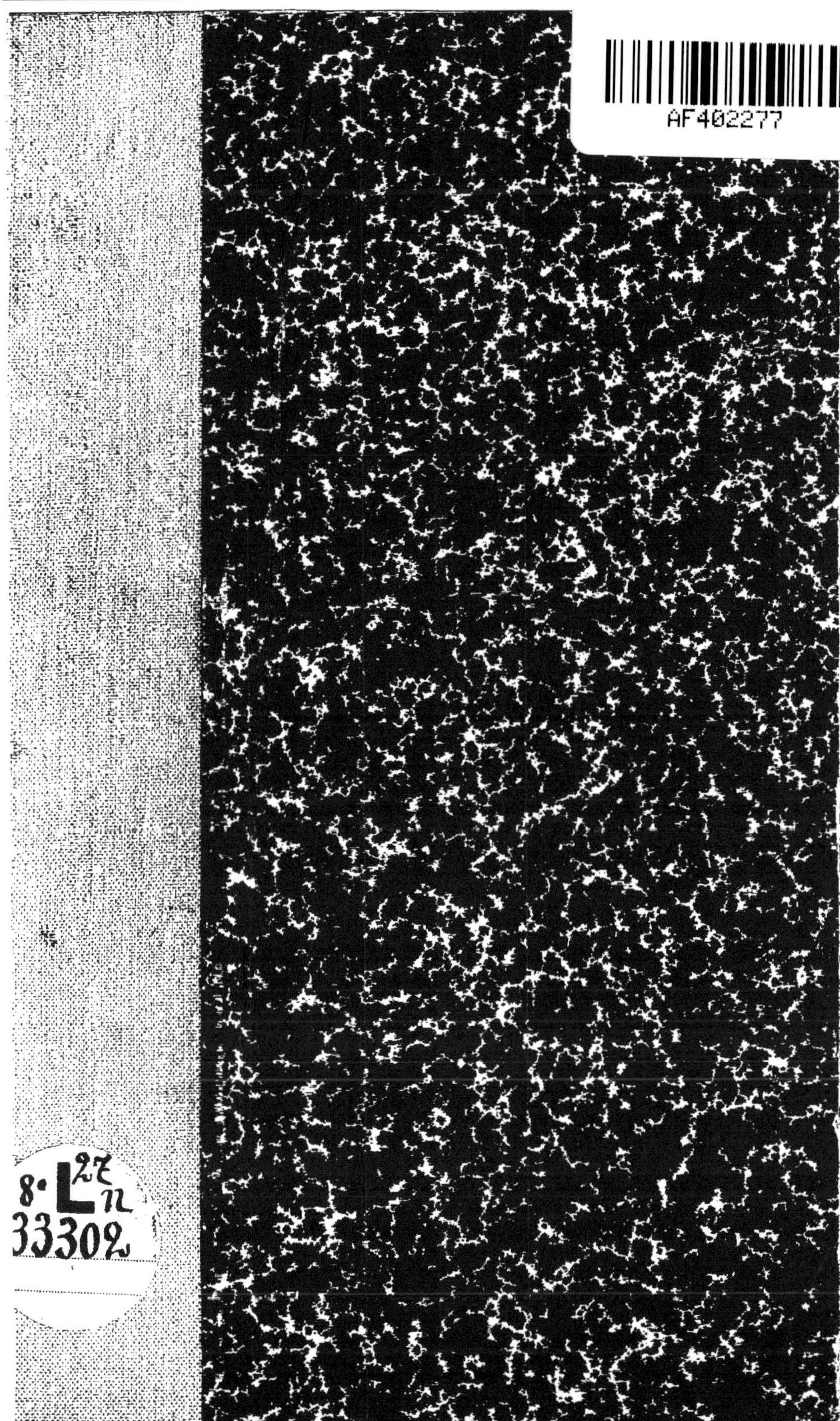

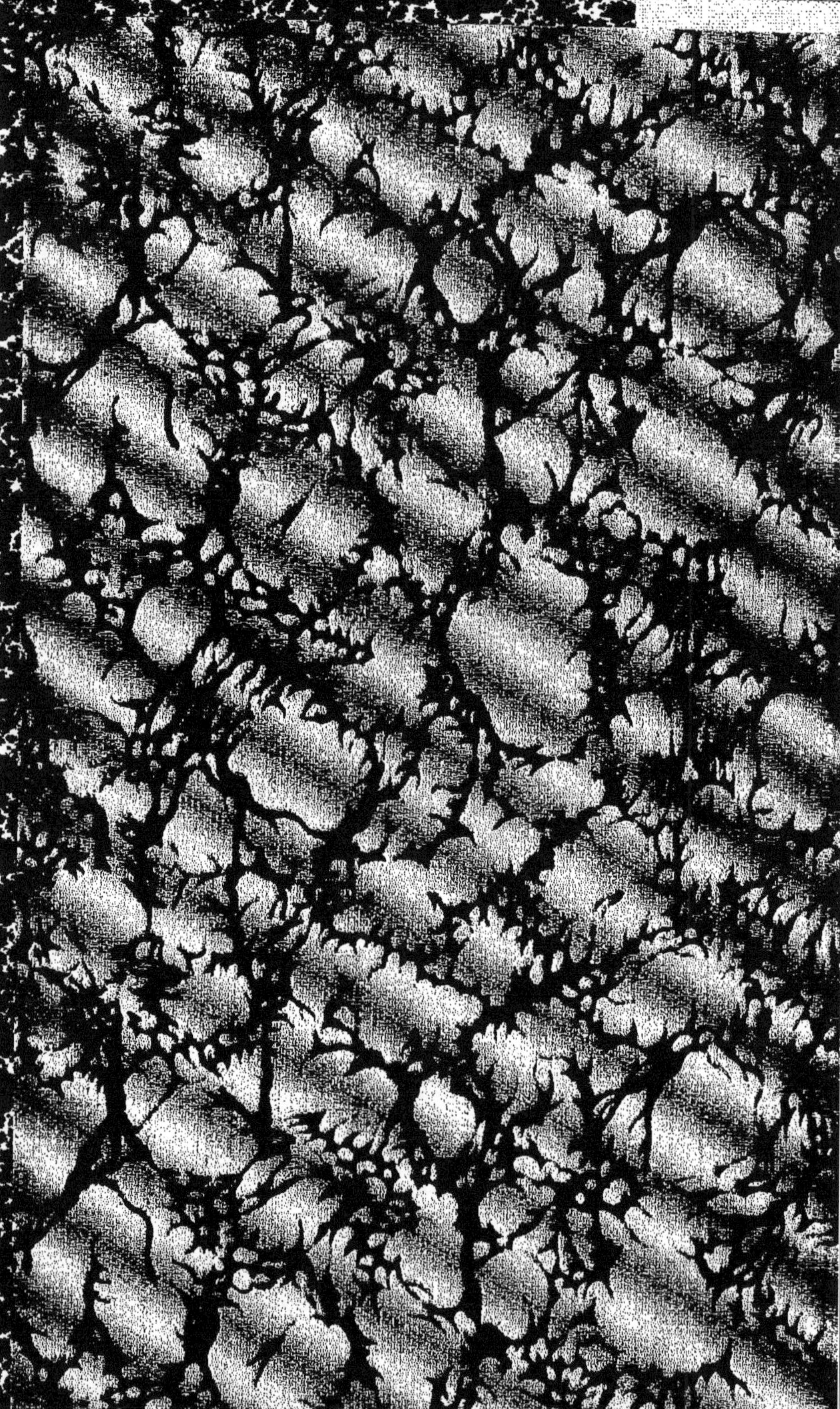

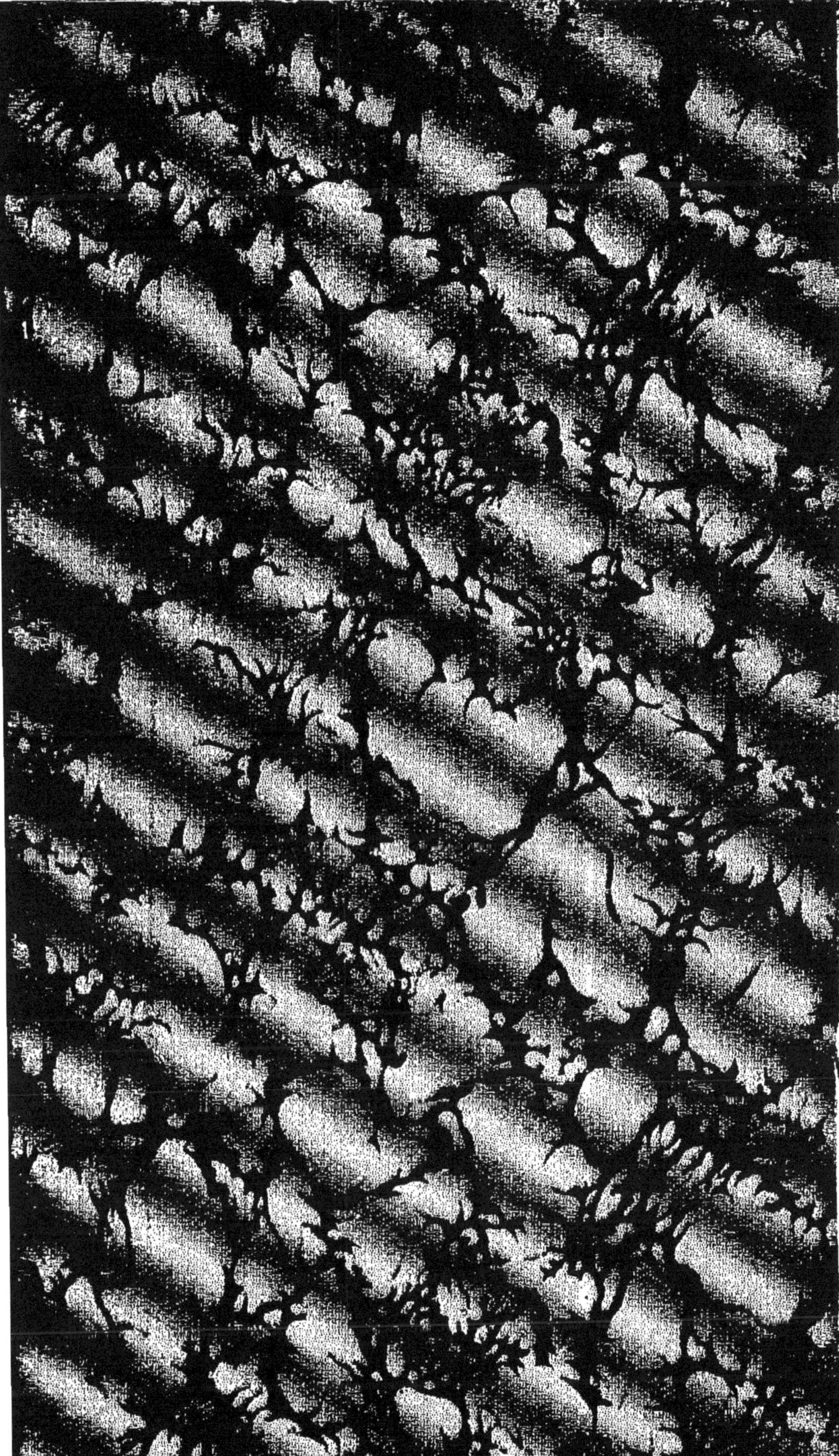

BIOGRAPHIE

DU PRINCE

AUGUSTE DE CROUY-CHANEL

DE HONGRIE

1793 — 1873

D'APRÈS LES DOCUMENTS COMMUNIQUÉS PAR SON NEVEU

LE COMTE HENRI GEROTHWOHL DE CROŸ CHANEL

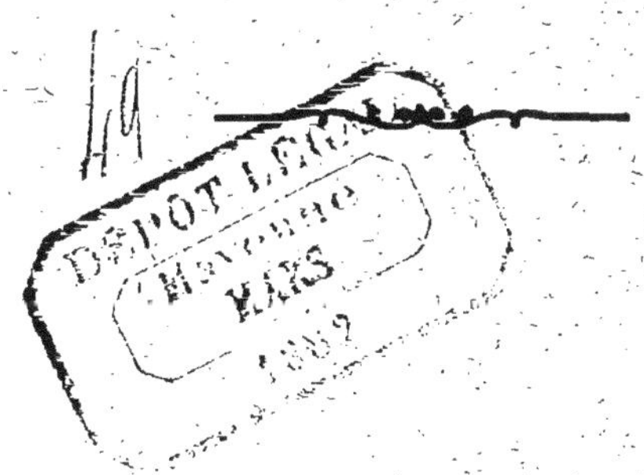

PARIS

ALPHONSE DERENNE

52, Boulevard Saint-Michel, 52

1882

BIOGRAPHIE

AUGUSTE DE CROUY-CHANEL

DE HONGRIE

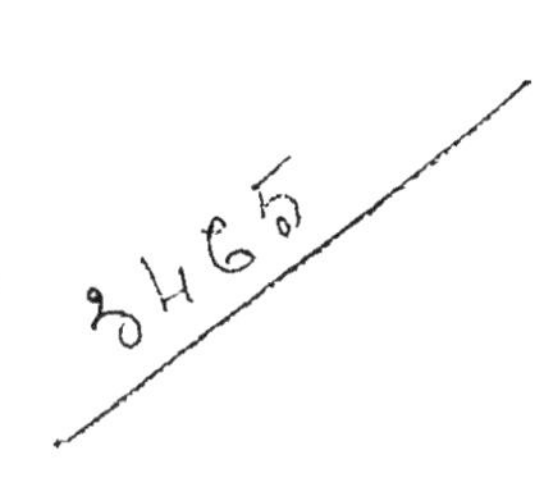

BIOGRAPHIE

DU PRINCE

AUGUSTE DE CROUY-CHANEL

DE HONGRIE

1793 — 1873

D'APRÈS LES DOCUMENTS COMMUNIQUÉS PAR SON NEVEU

LE COMTE HENRI GEROTHWOHL DE CROŸ CHANEL

PARIS

ALPHONSE DERENNE

52, Boulevard Saint-Michel, 52

1882

RÉIMPRESSION

D'UN

ARTICLE BIOGRAPHIQUE

PUBLIÉ

DANS LA BIOGRAPHIE DES HOMMES DU JOUR

PAR

MM. SAINT-EDME & GERMAIN SARRUT

En 1837

BIOGRAPHIE

DU

PRINCE AUGUSTE DE CROUÿ-CHANEL

DE HONGRIE

CROUY-CHANEL DE HONGRIE (*François-Claude-Auguste, marquis de*) (1), chevalier de Malte et de Saint-Louis, est

1. La famille de Crouy-Chanel, dont nous n'avons point à apprécier l'illustration nobilière, est originaire du Dauphiné ; mais elle rattache son berceau à l'ancienne maison royale de Hongrie. M. de Crouy-Chanel père fut longtemps à Grenoble, ville qu'habitait sa famille, en possession de l'estime générale, et même d'une popularité attestée par une circonstance très honorable pour lui. Il avait été compté parmi les premiers Français qui s'étaient empressés de rentrer dans leur patrie et de s'associer à ses nouvelles destinées, aussitôt que des lois conciliatrices eurent brisé les barrières de l'exil, et amnistié les égarements coupables des ennemis de la liberté et de l'indépendance nationales. On s'essayait alors à faire passer dans la pratique la constitution de l'an III, et le vote libre du peuple de Grenoble appela M. de Crouy-Chanel, malgré sa récente radiation de la liste des émigrés, aux fonctions de juge de paix, très recommandables par elles-mêmes et surtout fort importantes dans le jeu des institutions d'alors. Plus tard, l'empereur nomma M. de Crouy-Chanel conservateur des eaux et forêts également à Grenoble, d'où la restauration le tira pour le faire passer à la conservation de Laon. M. de Crouy est mort dans cette dernière ville, à un âge déjà avancé, à la fin de 1837. Madame de Crouy-Chanel, qui appartenait à l'une de ces familles protestantes que la révocation de l'édit de Nantes bannit de France, et que le pays a perdues pour toujours, était digne de l'homme honorable auquel elle avait associé son sort. Ses vertus et sa charité la faisaient généralement chérir et respecter.

Croirait-on cependant qu'à l'époque où nous sommes, la mort de madame de Crouy-Chanel ait pu servir de prétexte à une de ces violations scanda-

né à Duisbourg, en Prusse, durant l'émigration (31 décembre 1793).

Au milieu des agitations de notre siècle, beaucoup d'hommes, qui se distinguent par une grande aptitude aux affaires, et donc l'activité habile semble avoir sans cesse besoin d'aliments nouveaux, songent à se créer, en dehors du monde officiel, qui leur est fermé par diverses circonstances, une position conforme au génie dont ils sont doués. De ces hommes hardis et entreprenants, les uns arrivent au pouvoir et à la fortune, les autres, après avoir étonné le public par des succès éclatans, rentrent tout à coup dans l'obscurité et l'oubli. Mais c'est un spectacle digne d'attention que celui que présente la lutte de ces esprits indépendants avec la superstition des formes et des habitudes routinières des pouvoirs. Ces réflexions nous sont inspirées par la lecture des documents remarquables d'après lesquels nous écrivons cette notice, quoique le personnage important auquel elle est consacrée ne se trouve précisé-

leuses de la liberté des cultes, qui rappellent les plus mauvais jours et les plus déplorables passions de la restauration. M. Le Carlier, petit-fils d'un des plus énergique conventionnels, d'un juge de Louis XVI, fils d'un député qui a longtemps combattu pour toutes les libertés dans les rangs de l'opposition la plus avancée, osa prendre, comme maire de Laon, un incroyable arrêté, par lequel il était interdit aux ministres du culte que madame de Crouy-Chanel avait toujours professé, d'accompagner au champ du repos sa dépouille mortelle. La population de cette ville s'émut d'une pareille indignité ; mais, grâce à l'énergie et à la fermeté dont le marquis de Crouy fit preuve, en invoquant l'autorité des lois, il ne fut point troublé dans l'exercice ds son pieux devoir, les obsèques de sa digne mère furent publiquement célébrées selon le rituel protestant, et l'arrêté du maire fut cassé par le préfet de l'Aisne, M. Renauldon, qui se montra dans cette circonstance un honorable dépositaire de l'autorité publique.

S'il y a toujours dans la vie des hommes quelque chose de la première éducation, si les impressions du foyer domestique se perdent rarement dans le monde, ce n'est pas sans raison que nous aurons fait précéder la biographie de M. de Crouy de ces détails sur sa famille.

ment dans aucune de ces hypothèses. Cependant M. de Crouy a attaché son nom à des entreprises politiques ou industrielles si excentriques, et les revers qu'il a éprouvés, et qui semblent avoir arrêté momentanément ses pas dans la carrière où nous nous proposons de le suivre, sont d'une nature tellement exceptionnelle, qu'il est permis de le présenter comme un exemple frappant à la fois de tout ce qui est possible à une volonté ferme et intelligente, et de l'instabilité qui est attachée à toutes les conceptions humaines. Nous avons besoin de déclarer, avant tout, que tous les faits rapidement exposés dans cette biographie sont d'une authenticité irrécusable, et que, suivant une méthode dont nous ne nous sommes jamais départis, nous avons soumis les documents qui les constatent, et qui nous ont été fournis, à l'examen le plus scrupuleux, aux investigations les plus sévères. Les relations qu'a pu avoir M. de Crouy avec des souverains et des princes, avec les ministres des principales puissances de l'Europe, présentent un grand intérêt historique, indépendamment de celui qu'excite toujours la publication de faits contemporains où se trouvent mêlés des personnages d'une situation sociale très élevée. Nous n'avons donc rien négligé pour nous assurer de la réalité de ceux que nous allons rapporter.

M. le marquis de Crouy-Chanel a fait ses études à Grenoble, dans l'institution de l'abbé Ralliane, qui avait, dans le Sud-Est de la France, une certaine célébrité (1). Il fut désigné, en 1813, pour entrer en qualité de page, dans la maison de l'empereur. Les événements de 1814 changèrent sa destination, et il servit quelque temps la Restauration dans les gardes du corps du Roi. Cette carrière con-

---

1. C'est dans cette institution qu'ont été élevés plusieurs personnages célèbres de notre temps, Casimir et Augustin Périer, M. Barthélemy l'apostat, etc.

venait peu à l'activité de son esprit, qui avait besoin d'un plus vaste théâtre, et il l'abandonna volontairement en 1817. A cette époque M. de Crouy voyagea dans diverses parties de l'Europe, et c'est sans doute dans cette période de sa vie qu'il forma, à l'aide de son nom et de son titre, ces liaisons avec des hommes politiques influents, qui, plus tard, devaient lui faciliter les moyens d'accomplir un des projets les plus vastes et les plus importants qu'il ait conçus. L'accueil favorable que reçut alors M. de Crouy semble prouver que le procès, devenu célèbre dans les fastes judiciaires, et qui existait alors entre un membre de sa famille et celle de Croï-d'Havré, n'avait porté aucune atteinte à la considération attachée à son nom. Cette lutte héraldique, dont la malignité publique a pu s'égayer, était devenue grave cependant. Voici en peu de mots de quoi il s'agissait. Le comte François de Crouy-Chanel, ancien chambellan de l'empereur, déniait à MM. de Croï-d'Havré le droit qu'ils s'étaient arrogé de charger leur écusson des armes de l'ancienne maison royale de Hongrie, que M. de Crouy prétendait n'appartenir légitimement qu'à lui et aux siens, dont il établissait la descendance en ligne directe de cette souche illustre. Non-seulement MM. de Croï-d'Havré repoussaient cette prétention, mais ils allaient jusqu'à disputer son nom à leur adversaire, et demandaient qu'il ne lui fût plus permis, à l'avenir, de faire précéder son surnom de Chanel du nom générique de Crouy, dont ils revendiquaient, pour leur famille, la propriété exclusive. Il faut savoir que, dans les anciens titres, comme dans l'histoire, on trouve indifféremment écrit : *Croï*, *Croy* ou *Crouy*, et que ces noms, ainsi diversement orthographiés, n'en sont pas moins identiques. Après plusieurs incidents qui marquèrent le cours de cette contestation, la cour royale rendit, le 12 mai 1821, un arrêt qui rappelle la célèbre décision du parlement sur le droit de préséance des pairs. Ce tribunal déclara que MM. Croï-d'Havré n'avaient aucun droit aux armes de Hongrie, et que ce droit appartenait incontestablement à M. le comte François de Crouy-Chanel; mais il décida en même temps que ce dernier devait se contenter de la moitié de son nom, et que la première partie n'appartenait qu'à ses adversaires. Cet arrêt, qui renferme une contradiction si choquante, et, l'on peut le dire, si burlesque, n'est au fond qu'une épigramme peu digne de la majesté sévère de la justice. Hâtons-nous d'ajouter que la Cour de cassation, par arrêt du 6 avril 1830, replaça les parties dans leur position primitive, et c'est cet arrêt souverain qui légitime aujourd'hui l'état civil de la maison de Crouy-Chanel.

Ce fut en juin 1821, à l'époque où l'insurrection grecque vint compliquer les affaires de la Sainte-Alliance, que M. de Crouy fit pour la première fois acte d'opinion politique. Cette première manifestation fut noble et généreuse. Il adressa à M. le duc de Richelieu, alors président du Conseil, une note remarquable sur cet événement, et sur les avantages que la France pouvait en retirer, si elle adoptait, dans les graves circonstances où se trouvait alors l'Europe, une politique ferme et hardie. Après avoir discuté le droit qu'avait la Grèce de se ravir à la séculaire et effroyable tyrannie qui pesait sur elle, M. de Crouy repoussait avec énergie, dans cet écrit, cette monstrueuse assimilation que la diplomatie prétendait faire du pouvoir que les sultans tenaient de la conquête, avec la légitimité monarchique. Le temps a fait justice de cet abominable paradoxe, en vertu duquel l'Europe chrétienne a eu la honte de livrer à l'extermination, durant un grand nombre d'années, l'héroïque population de la Grèce. Les idées que M. de Crouy soumettait au gouvernement à propos de l'insurrection grecque, se liaient à cette grande question d'Orient, dont il faudra bien, tôt ou tard, aborder la solution, et dont la question grecque était évidemment la première phase, caractère que la situation nouvelle de ce pays n'a pas changé (1). Peut-être la Restauration, dans la situation où elle se trouvait vis-à-vis de la Sainte-Alliance, ne pouvait-elle adopter toutes les vues de M. de Crouy; mais rien ne s'opposait à ce qu'elle [intervînt immédiatement dans les affaires de la Grèce, comme elle l'a fait depuis. Elle eût du moins évité bien des malheurs à ce pays, et mérité une gloire plus solide et plus grande que celle qu'elle a pu acquérir par sa tardive et incomplète intervention. Quoi qu'il en soit, le plan de M. de Crouy échoua contre les susceptibilités étroites du duc de Richelieu. L'ancien gouverneur d'Odessa n'avait point oublié ses préjugés russes, en devenant le ministre d'une grande nation.

Voici la réponse que ce personnage fit parvenir à M. de Crouy :

Paris, le 17 juin 1821.

« A M. Auguste de Crouy-Chanel de Hongrie.

« J'ai reçu, monsieur, avec la lettre que vous m'avez fait l'honneur de m'écrire le 12 de ce mois, la note confidentielle que vous y avez

---

1. Nous regrettons que l'étendue de ce document ne nous permette pas de l'insérer, même par extrait, dans cette notice. C'est M. A. Barginet (de Grenoble), qui en fut le rédacteur. Nous saisissons cette circonstance pour rappeler ici un fait relatif à cet écrivain, et qui nous est échappé dans la notice que nous lui avons consacrée ; c'est que M. Barginet est un des premiers littérateurs qui, en dehors de la presse quotidienne, aient défendu en France la cause de l'insurrection grecque. L'écrit qu'il publia à ce sujet, et qui a pour titre Dieu le veut ! *Considérations politiques et religieuses sur l'émancipation de la Grèce*, est de la même époque que la note adressée à M. de Richelieu, (juin 1821). M. Barginet n'a point borné à cette publication son tribut de sympathie à cette noble cause; il l'a défendue dans divers écrits et dans divers journaux, notamment dans le *Pilote*, feuille dans laquelle il rendit compte d'une manière remarquable de la *Note sur la Grèce* de M. de Châteaubriand.

jointe sur la révolution de la Grèce. Je m'empresse de vous adresser mes remercimens de cet envoi, et je vous prie d'être assuré que je recevrai toujours avec un nouvel intérêt les communications que vous voudrez bien me faire à ce sujet.

« Recevez, je vous prie, monsieur, l'assurance de ma considération distinguée.

RICHELIEU. »

Ne pouvant servir plus directement la cause de la Grèce, M. de Crouy contribua du moins, de tous ses moyens, à son succès; et son nom figure pour une somme importante dans les listes de souscription qui furent alors ouvertes en faveur de ses défenseurs.

En 1823, M. de Crouy apparut avec plus d'éclat sur la scène orageuse des affaires publiques. On se souvient qu'alors la Restauration s'était décidée à faire la guerre à l'Espagne, pour renverser le gouvernement constitutionnel et rétablir Ferdinand VII dans la plénitude de son pouvoir. En suite de diverses circonstances que nous allons rapporter, M. de Crouy se rendit en Espagne, aussitôt que Madrid fut évacué par les cortès, et contracta, de concert avec le comte Achille de Jouffroy, un emprunt avec le gouvernement qui se substitua à cette assemblée.

M. de Jouffroy était alors rédacteur en chef de la *Gazette de France*. La vive opposition que cet écrivain faisait dans cette feuille au ministère Villèle, qu'il poussait à l'intervention armée en Espagne, lui avait acquis la confiance des principaux réfugiés de cette nation, et appelé sur lui l'attention du cabinet. On sait que M. de Jouffroy avait fait le voyage de Laybach à l'époque du congrès si tristement célèbre, qui gardera dans l'histoire le nom de cette ville, et on le supposait généralement initié à la pensée secrète de la Sainte-Alliance. Il est vrai qu'il était parvenu à capter la bienveillance de l'empereur Alexandre, auquel il avait été recommandé par l'ex-constituant Bergasse.

Il n'est donc pas étonnant que M. de Erro, ministre des finances de la régence espagnole, ait fait à M. de Jouffroy quelques ouvertures au sujet d'un emprunt que ce gouvernement voulait contracter en France. Ce fut dans ces circonstances que M. de Jouffroy s'associa, pour cette entreprise, M. de Crouy, que la situation de sa fortune et ses relations dans le monde financier mettaient plus à même que lui de réaliser une mesure aussi importante. M. de Crouy proposa le placement de l'emprunt aux maisons Ghébart et Pictet, qui acceptèrent, sous certaines conditions, et il partit pour l'Espagne, en compagnie de M. de Jouffroy.

M. de Villèle, alors président du conseil, eut connaissance, un peu tard, de ces tentatives de négociations, exercées par la régence espagnole, en dehors des relations officielles, et il crut devoir s'opposer à leur succès. En conséquence, l'ordre de s'assurer de la personne de M. de Jouffroy, partout où les agens de l'autorité française pourraient le trouver, fut expédié par le télégraphe. C'est à Burgos seulement que cet ordre extra-légal put être exécuté : M. de Jouffroy fut arrêté ; M. de Crouy, qui ne se trouvait point nommé dans la dépêche ministérielle, put continuer son voyage ; il arriva à Madrid, s'aboucha avec M. de Erro, et, en moins de trois jours, traita définitivement avec la régence, qui accepta l'emprunt soumissionné par les maisons Ghébart et Pictet. La part de M. de Crouy, dans les bénéfices de cette affaire, s'éleva à 999.000 francs, qui lui furent comptés dans le courant de la même année.

Cependant M. de Crouy, qui avait heureusement conclu les préliminaires indispensables d'une pareille négociation, fut obligé de faire plusieurs voyages à Madrid pour aplanir de nombreuses difficultés qui s'élevaient au sujet de la réalisation de son emprunt, dont le placement ne s'effectua pas sans peine à la Bourse de Paris. Il eut ainsi l'occasion de se lier avec les hommes d'affaires et les homme d'état de l'Espagne, et d'étudier le génie et les ressources de ce pays ; il résulta, pour lui, des diverses observations auxquelles il se livra, la possibilité de rattacher l'Espagne avec la France par le grand lien du commerce et de l'industrie, moins sujet aux vicissitudes du temps, aux caprices des pouvoirs que celui de la politique. Ce que notre diplomatie ne songeait même pas à tenter, en échange de notre or et du sang de nos soldats, c'est-à-dire, de disputer à l'Angleterre le monopole du commerce de l'Espagne, M. de Crouy résolut de l'accomplir avec le seul appui de son influence personnelle. Mais dans ce pays de préjugés, une révolution commerciale est moins facile encore qu'une révolution politique, et le projet patriotique de M. de Crouy ne pouvait s'effectuer que lentement et au moyen d'une extrême réserve. Il fallait, avant tout, avoir en Espagne un grand centre d'opérations industrielles qui rendissent nécessaires et utiles aux deux pays leurs relations amicales. Le ministre des finances avec lequel M. de Crouy avait traité de l'emprunt, M. de Erro, vint heureusement de lui-même au devant de ses vœux. Il lui offrit la concession générale des fabriques royales de draps de l'Espagne, à l'exclusion d'une compagnie anglaise qui sollicitait vivement cette faveur. Cette dernière considération décida peut-être M. de Crouy qui dut hésiter un moment, en considérant l'étendue de la responsabilité que l'offre du ministre espagnol allait faire peser sur lui ; il accepta.

Ces fabriques royales de draps, dont le principal siège est à Guadalaxara, étaient le plus important établissement industriel de la Péninsule. Elles ont été fondées par Charles III, le seul prince de la dynastie des Bourbons qui ait tenté quelques efforts pour faire entrer ce beau pays dans les voies de civilisation, et qui ait voulu le doter d'une industrie nationale. Les ateliers de Guadalaxara ont été long-temps, pour le gouvernement espagnol, une source de revenus importans, puisque, avant la guerre de l'indépendance, les bénéfices que présentait cet établissement s'élevaient à la somme énorme de douze à quinze millions de francs.

Cette vaste concession ne devait pas être un titre insignifiant entre les mains de M. de Crouy. Il s'occupa d'en assurer les fruits à la France, et fonda, à Paris, une compagnie pour son exploitation. Après ses revers, M. de Crouy a trouvé beaucoup d'amis prudents qui lui ont reproché, comme une faute, d'avoir compromis sa brillante fortune dans une opération aussi chanceuse. Mais ne devait-il pas espérer que le gouvernement français entrerait dans sa pensée, et le favoriserait de toutes ses forces ; et en supposant que le gouvernement fût assez aveugle, assez peu préoccupé des vrais intérêts de la France, pour lui refuser sa coopération, n'y avait-il pas lieu de croire que les concitoyens de M. de Crouy s'empresseraient de lui en offrir une non moins efficace ? Si ces légitimes espérances ont été déçues, si M. de Crouy s'est trompé, il est beau de se tromper comme lui, et l'on va voir que tout concourait à lui montrer l'avenir sous le jour le plus heureux.

A cette époque, les salons de l'hôtel que M. de Crouy occupait, place Vendôme, étaient le rendez-vous d'une brillante société où se réunissaient les personnages les plus considérés du corps diplomatique, avec les principaux fonctionnaires de l'État, des pairs, des députés de toutes les opinions. C'était comme un terrain neutre, où l'on pouvait traiter, sans se compromettre, les questions qui n'étaient point encore dans le domaine de la discussion publique. L'influence de M. de Crouy était devenue prépondérante, et, pour ainsi dire, officielle. M. de Villèle lui-même, dont

la sagacité d'homme d'état ne saurait être révoquée en
doute, sachant apprécier l'habileté qu'avait montrée M. de
Crouy dans une négociation difficile et quoique ses résultats eussent été en opposition à sa politique, eut le projet
de lui ouvrir les portes du conseil d'État et de l'élever à la
pairie afin d'employer au service de l'État des talents diplomatiques auxquels il n'avait manqué qu'un caractère
officiel pour se produire avec le plus grand éclat.

Ce fut à la suite d'un entretien avec ce ministre, au sujet
de l'insurrection des colonies espagnoles, que M. de Crouy
fut secrètement chargé par lui d'une mission vraiment extraordinaire par la grandeur de son objet et la hardiesse de
la pensée politique qu'elle supposait. Il ne s'agissait de rien
moins que de déterminer, d'une part, les Mexicains à demander au roi d'Espagne un de ses frères pour souverain,
et de l'autre, de décider Ferdinand VII à une transaction,
qui, sous le voile d'une indépendance nominale, devait
conserver à l'Espagne et à la maison de Bourbon la plus
grande partie, sinon toutes ses colonies de l'Amérique du
Sud. M. de Villèle avait jeté les yeux sur l'Infant don François de Paule pour occuper ce nouveau trône. Mais, le
croirait-on ? la difficulté n'était pas de ramener tout à coup
au gouvernement monarchique une population récemment
délivrée de l'oppression de la métropole, et qui avait placé
son indépendance sous l'égide de la république, l'obstacle
devait se trouver dans le roi d'Espagne. En effet, Ferdinand VII, dont l'histoire inscrira le nom parmi ceux des
tyrans les plus stupides et les plus coupables envers l'humanité, s'opposa formellement à l'exécution d'un projet
aussi utile à la grandeur de sa maison qu'à la puissance
de l'état qu'il gouvernait, sous le seul et frivole prétexte
qu'il lui eut fallu renoncer à son titre de roi des Indes !
On résolut néanmoins de se passer de son assentiment, et

M. de Crouy retourna à Madrid, afin de préparer l'infant à son élévation et à quitter l'Espagne sans prendre congé de son frère. M. de Crouy réussit complètement dans sa négociation. Voici les pouvoirs qu'il reçut du prince ; nous copions textuellement :

N° I. Nous, infant d'Espagne, donnons, par ces présentes lettres et instructions, pleins et entiers pouvoirs au marquis Auguste de Crouy, de, pour nous et en notre nom, se présenter aux ministres et autres chefs du gouvernement du Mexique, aux fins de convenir et traiter avec eux des conditions auxquelles nous serons proclamé *empereur par la nation mexicaine*, promettant d'avance de ratifier tous les engagemens qu'il prendra dans l'intérêt de la dignité de notre personne et du peuple mexicain.

Nous l'autorisons surtout à promettre en notre nom : 1° que tous les engagements contractés par le gouvernement actuel seront ratifiés et reconnus par nous ; 2° que tous les fonctionnaires civils et militaires seront maintenus dans leurs grades et dignités ; 3° qu'une constitution en harmonie avec les besoins actuels de la nation et la majesté du trône sera proclamée à notre arrivée au Mexique ; 4° enfin, que personne ne pourra être recherché pour ses actions antérieures, ni pour ses opinions précédemment émises.

Fait et donné à Madrid, dans notre palais, le 11 janvier 1827, et scellé du sceau de nos armes. Suit le sceau, et *signé* FRANÇOIS.

N° II. Nous, infant d'Espagne, nous promettons que les titres et dignités qui seront assurés en notre nom par le marquis de Crouy aux ministres et autres chefs du gouvernement actuel du Mexique, pour coopérer de tous leurs moyens à nous faire monter sur le trône, seront confirmés et ratifiés par nous, aussitôt notre sortie d'Espagne. Il en sera de même des engagements qu'il prendra avec d'autres personnes dans l'intérêt de notre service.

Nous autorisons de plus le marquis de Crouy à contracter pour nous un emprunt d'un million de livres sterling, aux conditions qu'il jugera les plus avantageuses, et qui sera tenu à notre disposition, ou dont il nous rendra compte de l'emploi.

Fait et donné à Madrid le 11 janvier 1827, et scellé du sceau de nos armes. Suit le sceau, et *signé* FRANÇOIS.

N° III. *Instructions particulières.* Le marquis de Crouy, à son arrivée à

Londres, s'entendra avec le ministre de S. M. Britannique, pour parvenir aux fins des pouvoirs que nous lui avons donnés aujourd'hui. Nous connaissons les services que l'Angleterre a déjà rendus à notre maison, et nous comptons sur son intervention amicale dans cette circonstance. La position délicate dans laquelle nous nous trouvons sera facilement sentie par M. Canning. Le marquis de Crouy est chargé de lui faire connaître les moyens par lesquels il pourra nous en tirer; de plus, il connaît nos intentions et nos sentiments pour le gouvernement de S. M. Britannique, et nous voulons qu'il prenne, dans toutes ses démarches, les conseils et la direction de M. Canning.

Nous espérons que nos vœux et nos désirs entreront entièrement dans les intentions et les intérêts de la Grande-Bretagne. A cette fin, nous autorisons ledit marquis de Crouy à donner à M. Canning toutes les assurances et garanties que la nation anglaise sera traitée, dans toutes circonstances, sur le pied de la nation la plus favorisée ; que nous comptons sur son appui et sa protection, et que nous promettons que le Mexique sera toujours le plus fidèle allié de l'Angleterre.

Fait et donné à Madrid, le 11 janvier 1827, et scellé du sceau de nos armes. Suit le sceau, et *signé* FRANÇOIS.

Cette dernière pièce a un caractère remarquable. Les personnes peu initiées aux habitudes de la diplomatie s'étonneront de cette espèce de vasselage de l'Angleterre, dans lequel se plaçait volontairement un prince de la maison de Bourbon, qui parvenait au trône avec l'assentiment de la France. Mais c'était précisément parce que l'infant don François appartenait à la maison de Bourbon, qu'il fallait gagner, à tout prix, l'Angleterre à sa cause. Cette puissance, qui déploie aujourd'hui contre les patriotes canadiens les plus terribles mesures, applaudissait alors au soulèvement des colonies espagnoles, dont elle s'appropriait déjà dans l'avenir le monopole commercial. Il fallait donc, d'un côté, lui montrer cet appât pour qu'elle restât au moins officiellement neutre dans cette affaire, et, d'un d'un autre côté, l'associer à son succès par le mobile si puissant chez elle des intérêts privés. Quoi qu'il en soit, muni de ces importants documens, qui prouvent aussi que M. de Crouy comprenait les besoins de notre époque, et qu'il n'était point aveuglé par les préjugés du parti auquel on supposait qu'il était lié d'affection et d'intérêt, il revint en toute hâte à Paris, et rendit compte à M. de Villèle du résultat de sa mission. Ce ministre lui témoigna sa vive satisfaction ; il ne doutait pas que, dans l'intérêt de la maison de Bourbon, dans celui surtout des principes qui dirigeaient la Restauration, Charles X ne s'empressât d'adhérer à ce grand dessein. Il n'en fut point ainsi. Aussi infatué que son cousin d'Espagne des misérables exigences de l'étiquette, ce prince reçut avec humeur les communications de M. de Villèle à ce sujet ; il ne comprenait pas qu'un infant d'Espagne eût la prétention de monter sur le trône du Mexique, à jamais perdu pour l'Espagne, sans l'aveu du roi son frère. « C'est absolument, dit-il, comme si le dauphin ou le duc d'Orléans acceptait la souveraineté d'une de mes colonies révoltées, sans mon consentement ; je ne soutiendrai jamais une pareille entreprise. » Telle fut la réponse royale que M. de Villèle transmit à M. de Crouy, en lui témoignant tous ses regrets. Mais le rôle de M. de Crouy était changé par les pouvoirs qu'ils avaient reçus de l'infant ; il pensa dès lors que s'il trouvait dans ce prince la moindre énergie, le moindre mouvement de générosité ou d'ambition, il pourrait encore réussir sans le bon plaisir des rois d'Espagne et de France. En conséquence, il s'occupa de réunir en France les éléments d'une administration pour le futur empire du Mexique, en associant à son entreprise des hommes habiles, ou qui occupaient en France un rang élevé. M. le baron Alexandre de Talleyrand, conseiller d'état, accepta le portefeuille des affaires étrangères ; M. le duc de Dino, maréchal de camp, celui de la guerre ; M. le comte de la Roche-Aymon, pair de France, lieutenant-général, fut chargé de l'organisation de l'armée ; et M. le capitaine de vaisseau Gallois, aujourd'hui vice-amiral, de celle de la marine. Le vicomte d'Astier, le comte de Bellegarde, neveu du maréchal de ce nom, au service de l'Autriche, ainsi que plusieurs autres personnes dont la position sociale n'était pas moins distinguée, acceptèrent également divers emplois importants. Les traitements affectés à ces divers fonctionnaires devaient leur être payés à dater du jour de leur nomination. Le service des finances devait être fait et a été réellement opéré par M. Goupy, banquier à Paris, rue Chauchat.

Mais il s'agissait surtout, pour M. de Crouy, dans ces graves circonstances, de négocier l'emprunt d'un million de livres sterling, sans lequel il était impossible d'aller plus avant dans l'exécution du projet. Il partit pour Londres ; et, malheureusement, Canning mit pour condition expresse à une entrevue diplomatique entre lui et M. de Crouy le dépôt préalable des pouvoirs dont il était porteur. M. de Crouy voulut vainement se soustraire à cette formalité, qui, en divulguant le secret de sa mission, pouvait compromettre à la fois, et l'infant, et l'avenir de l'entreprise, à laquelle avaient déjà souscrit les personnages les plus influents du Mexique, que nous ne croyons pas devoir nommer ici. M. de Crouy dut dès lors renoncer aussi à obtenir l'appui du ministère anglais, et les garanties que le prince présentait personnellement étant insuffisantes, l'emprunt échoua.

M. de Crouy retourna alors à Madrid pour prendre les ordres de l'infant ; mais les soupçons du ministère espagnol avaient été éveillés, et de nouveaux obstacles surgissaient en foule. L'infant ne put prendre une résolution hardie ; il courba la tête devant l'orage, et renonça solennellement à la couronne du Mexique, entre les mains de son frère, qui eut la satisfaction de rester roi des Indes, à peu près comme les rois de France étaient rois de Navarre.

A cette époque, l'infant envoya à Paris un M. Alamo, son gentilhomme de la chambre, auprès de M. de Crouy, dans le but réel de lui retirer les pouvoirs qu'il lui avait donnés, et, en apparence, pour lui soumettre un nouveau plan. Le gentilhomme de la chambre agit, dans cette circonstance, avec une duplicité sans exemple ; mais nous ne croyons pas devoir entrer dans le détail de la série d'événements qui marquèrent la fin de cette étrange affaire. Nous nous bornerons à dire que M. de Crouy, n'ayant aucun moyen de faire l'infant don François empereur malgré lui, dut renoncer à ce projet. Cependant des dépenses considérables avaient été faites, et plusieurs sommes payées par M. Goupy, sous la responsabilité de M. de Crouy, et, nominativement, de celle du comte Henri, son frère. Ce fut pour faire face à ces déboursés que l'infant fit parvenir à M. de Crouy les deux engagements suivants :

I. Le présent servira de titre à M. le comte Henri de Crouy, pour la somme de deux cent seize mille francs, qu'il a avancés pour moi, et que je reconnais lui devoir, dont je lui paierai la première moitié d'aujourd'hui en deux ans, et la seconde moitié, d'aujourd'hui en quatre ans.

Fait et donné à Madrid dans notre palais, l'avons signé et scellé du sceau de nos armes, le 5 décembre 1828, *signé* FRANÇOIS, et le sceau.

II. Le présent servira de titre à M. le comte Henri de Crouy pour la somme de cent mille francs, qu'il a avancés pour moi, que je reconnais lui devoir, et que je lui paierai d'aujourd'hui en six ans.

L'avons signé et scellé du sceau de nos armes, à Madrid le 5 décembre 1828, *signé* FRANÇOIS, et le sceau.

Non-seulement l'infant n'a pas fait honneur à des engagements aussi sacrés, mais M. Letoust, ancien magistrat, mandataire de MM. de Crouy, envoyé par eux en Espagne, à la fin de 1830, pour les lui rappeler, fut arrêté à Burgos sur un ordre signé *Calomarde*, dépouillé de son portefeuille, et traité, par la police espagnole, de la manière la plus indigne. Ces faits sont aujourd'hui prouvés par un procès verbal du sub-délégué de la police de Madrid, que nous avons sous les yeux, et que M. Letoust parvint à obtenir de ce fonctionnaire, pour dégager sa responsabilité envers M. de Crouy et constater l'enlèvement de ses papiers, au nombre desquels figurent le duplicata des pouvoirs donnés par l'infant au marquis de Crouy, avec une instruction pour M. Canning, la commission du duc de Dino, du baron de Talleyrand, du vicomte d'Astier, des lettres de l'infant à M. de Villèle, de M. de Villèle à l'infant, etc.

Cet acte extra-judiciaire est ainsi d'une grande importance : il a rendu tout à fait inutile, pour la libération de l'infant, la spoliation des titres de M. de Crouy, et il investit du caractère de l'authenticité la moins contestable les faits que nous venons de rapporter.

Ainsi se termina par un attentat odieux une des entreprises les plus extraordinaires qui aient pu être conçues en dehors du mouvement régulier de la diplomatie et de toute action gouvernementale. Nous regrettons de n'avoir pu en présenter la marche et les nombreuses péripéties avec plus de développements, car tout est curieux et imprévu dans cette espèce de conjuration monarchique, dont le résultat, si peu honorable pour le prince qui avait été appelé à y jouer un rôle peut-être au dessus de sa portée, ne laisse pas du moins d'attester le talent du négociateur qui en avait préparé et dirigé les ressorts. Nous ajouterons que le guet-à-pens de Burgos a déjà motivé des représentations sévères de la part de notre ambassadeur en Espagne, et que si nous ne faisons que le mentionner ici, c'est qu'il se rattache à d'importants intérêts privés, sur lesquels les tribunaux peuvent être, d'un moment à l'autre, appelés à prononcer.

Durant ces négociations, dont nous n'avons pas voulu interrompre le récit, il se passa pour M. de Crouy un de ces événements imprévus, en dehors de tous les calculs de la prudence humaine, et qui compromettent toute une existence. L'affaire du Mexique n'absorbait pas entièrement l'activité dont il paraît doué ; il avait à mener de front avec cette conception politique, la grande entreprise industrielle dont il était chargé, et dans laquelle sa fortune privée se trouvait fortement engagée. Les actions de la compagnie de Guadalaxara ne se négociaient point à la Bourse de Paris ; alors le commerce et la Banque commençaient à suspecter les intentions de la Restauration et à lui retirer cette confiance qui avait, un moment, rendu à la France une prospérité matérielle remarquable ; alors l'opposition, qui finit par renverser les Bourbons, s'organisait à la Bourse. La guerre d'Espagne, d'ailleurs, n'avait point été populaire en France, et, dans le monde des spéculateurs, le caractère personnel de Ferdinand VII, justement apprécié, était un obstacle à toute transaction dans laquelle l'intervention du gouvernement espagnol était seulement éventuelle. On ne voulut point considérer les avantages réels que la compagnie créée par M. de Crouy pouvait acquérir à la France. Sous le rapport politique, elle devait nécessairement augmenter notre influence dans la Péninsule, et, sous le rapport industriel, une opération qui ouvrait à notre commerce le chemin de l'Espagne pouvait avoir d'incalculables résultats. Les tendances politiques de la Bourse de Paris l'emportèrent sur toute autre considération, et, pour la première fois peut-être, un intérêt moral fut préféré à un intérêt matériel par cette classe d'hommes qui se présentent dans son enceinte aux pieds de l'autel d'or de la fortune. M. de

Crouy espéra alors trouver en Angleterte un concours qu'il aurait voulu devoir à ses compatriotes. L'emprunt de 600,000 livres sterling (15 millions de francs), que la compagnie de Guadalaxara émit à la Bourse de Londres, s'y négocia d'abord avec la plus grande faveur ; mais l'Angleterre fut alors atteinte d'une de ces crises financières qu'elle paraît destinée à éprouver périodiquement, mais, qui, de 1825 à 1826 surtout, entraîna avec elle les plus désastreuses conséquences. La compagnie de Guadalaxara à peine constituée ne pouvait résister à une si rude épreuve ; M. de Crouy employa vainement la totalité d'une grande fortune à soutenir son crédit : elle cessa ses paiements.

Cependant la révolution qui venait de briser, en Portugal, la constitution octroyée par don Pedro, ouvrait à M. de Crouy une voie pour rétablir sa fortune, et montrer, sous un nouveau jour, son heureuse aptitude aux négociations politiques ; il n'hésita point à s'y engager.

Il résulte des nombreux documents d'après lesquels nous écrivons, que M. de Crouy fut très bien accueilli à Lisbonne, où sa réputation l'avait devancé, et qu'en particulier il ne tarda pas à se trouver très avant dans la confiance et l'intimité de don Miguel lui-même. Diverses feuilles étrangères ont souvent constaté l'influence qu'exerçait M. de Crouy auprès de ce prince ; cette influence était telle qu'on crut un moment qu'un Français, que le marquis de Crouy, allait présider aux destinées du Portugal, comme principal ministre de don Miguel ; les journaux anglais annoncèrent même sa nomination comme officielle, et ils l'envisagèrent comme un malheur pour l'Angleterre, qui a toujours considéré le Portugal comme un de ses comptoirs. Cet événement n'eut pas lieu ; et d'ailleurs, M. de Crouy ne crut pas devoir accéder aux conditions que le ministère portugais mettait à l'acceptation de l'emprunt qu'il avait proposé, emprunt que MM. Cominet, Joffroy et Poultier, agents de change à Paris, s'étaient chargés de négocier. La rupture de cette négociation n'avait porté aucune atteinte au crédit de M. de Crouy, à la cour de don Miguel et parmi les agents diplomatiques qui y étaient accrédités. Le nonce du pape et l'ambassadeur d'Espagne joignirent souvent leurs voix à la sienne dans des circonstances critiques; car sa position à Lisbonne ne fut pas seulement pour M. de Crouy la source de quelques vaines jouissances d'amour-propre, nous avons la preuve qu'il l'employa chaleureusement à atténuer les rigueurs que déployait contre les dissidents le gouvernement miguéliste. Il a sauvé la vie à un grand nombre de personnes, et notamment au malheureux colonel Chabi; il a brisé les fers d'un plus grand nombre encore; et si don Miguel n'abandonna pas alors entièrement son système de violence, cela n'a tenu ni aux instances ni aux conseils éclairés et libéraux de M. de Crouy. Voici, au surplus, la réponse que fit un jour ce prince aux représentations qu'il lui adressait à ce sujet :

« J'en suis affecté plus que personne ; mais c'est la faute des puissances, qui ont refusé de reconnaître en moi l'expression du vœu libre de la grande majorité de la nation et de la constitution qui nous régit depuis des siècles. Au reste, plusieurs des détenus doivent à leur état d'arrestation leur vie et la conservation de leur fortune ; car s'ils étaient restés en liberté, ils auraient été ou les victimes de la fureur populaire, ou ils auraient émigré, et j'aurais été obligé d'ordonner la confiscation de leurs biens, sous peine de me dépopulariser ; au lieu qu'avec le temps ils rentreront chez eux, et, avec le temps aussi, qui amènera sans doute ma reconnaissance par tous les souverains, nos divisions, nos haines intestines cesseront ; et je suis assez jeune pour prouver au monde que celui qu'on a peint comme un tyran fut un roi populaire, qui n'eut jamais en vue que le bonheur de sa nation. »

La connaissance particulière que M. de Crouy avait acquise des affaires de Portugal et du caractère de don Miguel le décida encore une fois à faire servir son influence aux intérêts de son pays. Il crut pouvoir solliciter du gouvernement de Charles X la reconnaissance de l'infant comme roi de Portugal, en retour des avantages qu'il fut autorisé à offrir. Le but de M. de Crouy, dans cette négociation, était, en effet, surtout de détruire pour longtemps, à Lisbonne, l'influence commerciale anglaise au profit de la France. Don Miguel faisait à cet égard toutes les concessions désirables. Ses offres, entourées de considérations importantes, étaient développées dans une note que M. de Crouy remit à M. de Portalis, ministre des affaires étrangères, le 28 décembre 1828. — Ces ouvertures de M. de Crouy furent poliment écartées par ce ministre, qui, au fond, recula seulement devant l'idée de déplaire à l'Angleterre et de susciter ainsi à la Restauration des embarras extérieurs, au moment où le caractère personnel du souverain allait lui en créer à l'intérieur d'une importance vitale.

Quoi qu'il en soit, M. de Crouy ayant fait d'inutiles efforts pour éclairer, suivant lui, le ministère français sur la véritable situation du Portugal, renonça momentanément à toutes sortes d'affaires, et partit pour l'Italie dans l'espoir d'y rétablir une santé ruinée par la fatigue des voyages et par les chagrins de sa vie agitée. Il reçut à Rome l'accueil le plus flatteur et le plus encourageant de la part du pape et des principaux membres du sacré collège; et nous ne craindrons pas d'être démentis en ajoutant que pour lui le plus heureux résultat du voyage, ce fut d'avoir acquis l'amitié du célèbre abbé de Lamennais et du savant père Ventura, connu de toute l'Europe éclairée par ses travaux philosophiques. Plus tard M. de Crouy fit un second voyage en Italie, mais cette fois dans le but de lier avec le Saint-Siège une grande opération à la fois financière et politique, dont il avait pu précédemment jeter les bases, et qui devait avoir pour conséquence immédiate le soulagement de la classe indigente de Rome et l'amélioration de quelques formes gouvernementales dans les États-Romains. Les illustres amis de M. de Crouy, MM. de Lamennais et Ventura, avaient approuvé ses plans, et tout semblait annoncer à cette négociation un succès certain, lorsqu'un événement extraordinaire, inexplicable, et que nous allons rapidement rapporter, vint jeter M. de Crouy dans un nouveau dédale de revers, et le livrer aux persécutions d'un pouvoir ombrageux, qui a souvent pris pour des réalités tous les rêves de sa police.

La révolution de 1830 était accomplie, on peut même dire qu'elle était finie, car le gouvernement de juillet entrait alors dans les voies dangereuses où il est encore engagé aujourd'hui. Les voyages de M. de Crouy en Italie et la présence d'un de ses frères, le comte Henri de Crouy, attaché aujourd'hui à l'ambassade de Naples à Londres, donnèrent de l'ombrage au gouvernement, et la police ne tarda pas à découvrir dans le marquis de Crouy un agent d'Holy-Rood. Nous croyons pouvoir affirmer qu'il n'en était rien ; les faits que nous venons de rapporter, en nous appuyant sur les documents les plus authentiques, sont loin de prouver, en effet, que M. de Crouy soit un ennemi de la révolution de juillet, ou du moins un adversaire assez prononcé du principe sur lequel repose son gouvernement, pour se livrer contre elle à des machinations aussi impuissantes que coupables. Partout nous l'avons vu élever la voix en faveur des victimes des réactions politiques ; partout il se montre plus préoccupé des intérêts de son pays que des intérêts spéciaux qui servaient de prétexte à ses démarches. Si l'on s'en rapporte enfin au jugement que portent de lui ses nombreux amis, on aura de son caractère et de ses idées politiques l'opinion la plus honorable. Voilà ce que notre impartialité nous oblige de dire : M. de Crouy est certainement, comme on disait autrefois, un gentilhomme libéral ; mais le libéral a-t-il détruit chez lui tous les préjugés, ou si l'on aime mieux toutes les affections du gentilhomme ! C'est ce que nous ne pouvons affirmer, car le domaine de la conscience reste inviolable pour nous comme pour tous les gens honnêtes, pour nous surtout qui ne jugeons les hommes que par leurs actes.

Mais il fallait que M. de Crouy fût déclaré ennemi du gouvernement de Louis-Philippe, membre de la prétendue régence d'Henri V et capable des entreprises les plus audacieuses et les plus criminelles, puisque M. de Crouy avait encouru la vengeance d'un homme tout-puissant alors par sa position politique. Les documents d'après lesquels nous allons maintenant écrire ont été publiés dans tous les journaux avec le compte-rendu de l'audience de la cour d'assises à la barre de laquelle l'accusation la plus étrange amena M. de Crouy. Les assertions graves qui furent alors émises par M. de Crouy et par son défenseur, assertions qui parurent d'ailleurs corroborées par les débats, ne furent point démenties, et le silence du personnage dont elles compromettaient singulièrement l'honneur, et comme citoyen et comme magistrat, leur donne une importance qui n'échappera pas à nos lecteurs. Ce silence appartient à l'histoire.

Nous dirons en peu de mots les faits qui donnèrent lieu à l'arrestation de M. de Crouy, et firent un moment peser sur lui une accusation dont ses antécédents, son caractère et l'habileté qu'on devait lui supposer, d'après le rôle qu'on lui attribuait, ne permettent pas de soutenir un seul instant la réalité ; cette énigme va s'expliquer.

Un sieur François, porteur d'une lettre de M. le comte Henri de Crouy-Chanel, s'était présenté à M. de Crouy, qui sous le nom emprunté de Collet, habitait alors un appartement retiré et connu, seulement, d'un petit nombre d'amis. Ce François joua le rôle d'un ambassadeur mystérieux des agents de la branche aînée ; il affecta de croire à des rapports intimes et politiques entre M. de Crouy et MM. de Bellune, de Fitz-James, de Châteaubriand. Néanmoins il annonça à M. de Crouy qu'il venait au nom de son frère s'entendre avec lui sur les moyens d'exécuter une grande opération financière, pour le succès de laquelle on avait compté sur son expérience. En attendant qu'il s'expliquât davantage, François remit à M. de Crouy quatorze billets de 1,000 francs de la banque de France, destinés, suivant lui, à secourir les partisans d'Henri V, et promettant la remise prochaine de sommes bien plus considérables.

M. de Crouy n'était nullement prémuni contre la lâche perfidie que cachait cette obscure intrigue. Il fit ce que tout le monde aurait fait à sa place ; le nom de son frère se trouvant mêlé à cette affaire, il reçut les billets pour en faire le dépôt à la Banque de France. Ces billets étaient faux !... M. de Crouy fut aussitôt arrêté et accusé d'avoir remis des billets de la Banque de France, sachant qu'ils étaient faux; accusation qui, d'après le texte des lois, entraîne la peine de mort.

Voici ce qu'on lit dans *le National* du 5 septembre 1832, à la suite du compte-rendu de ces débats :

« Me Mermillod a la parole pour la défense de l'accusé ; il discute les divers faits de la cause et explique, par une machination de police, la remise faite, à M. de Crouy par le nommé François, des quatorze faux billets. Voici à cet égard le moyen plaidé par le défenseur :

« En 1831, M. Gisquet était chargé de négocier en Angleterre le fameux marché des fusils, appelés depuis long-temps *Fusils-Gisquet*. Un sieur *Collet*, qui se trouvait alors à Londres, entretenait, avec des personnes à Paris, une active correspondance sur cette affaire. La correspondance du sieur Collet, dont il a été question dans le procès de *la Tribune*, relatifs aux *Fusils-Gisquet*, fut-elle interceptée ? Le sieur Collet était-il ou passait-il, aux yeux de la police, pour être M. de Crouy-Chanel ? La police voulut-elle, à l'avénement de M. le préfet Gisquet, tirer vengeance de ce qui avait été dit sur le compte de M. Gisquet, négociateur du marché des fusils ? Ce sont là des suppositions permises à la défense et qui méritent d'être examinées. »

Mais, ces suppositions, M. de Crouy, durant le cours des débats, n'avait pas cessé de les proclamer, avec toute l'énergie de l'indignation et de la conscience, comme des faits certains et incontestables.

Voici, dans le compte-rendu de ce procès, que nous empruntons au *Journal des Débats* du même jour, 5 novembre, la déposition d'un témoin, qui est fort remarquable :

« M. Paulin de Vercors, autre témoin, est introduit. L'accusé désire qu'on l'interpelle sur une surveillance spéciale dont il aurait été l'objet de la part de la police.

« — M. de Vercors : Un de mes amis, dont je ne puis faire connaître ni le nom, ni la position sociale, me dit un jour : Il y a longtemps que tu es lié avec M. de Crouy-Chanel ; tu as bien choisi tes relations ; il est *par-ci par-là*, soupçonné de correspondance avec Holy-Rood. La police le surveille et fait ouvrir toutes ses lettres. Je rendis compte de ces propos à M. de Crouy, qui n'en fit aucun cas ; cependant je lui donnai quelque temps après des preuves positives en lui citant trois ou quatre phrases d'une lettre qu'il avait reçue de son frère, par la petite poste, et qui avait été ouverte. »

On lit, dans le compte-rendu de la même affaire, dans le *Journal du Commerce*, après cette déposition qui y est rapportée à peu près dans les mêmes termes :

« L'accusé : Je ne puis douter que je suis victime d'un infâme guet-à-pens de la police, dont le chef a voulu se venger de ce que, le premier, j'avais donné l'éveil sur le fameux marché des fusils connus sous son nom ; c'est moi qui ai fourni à M. Lavagnino et au général Dubourg les renseignemens qu'ils ont donnés à la cour sur la valeur des armes en Angleterre. »

Le journaliste ajoute :

« L'audience est suspendue quelques instants, pendant lesquels plusieurs amis de l'accusé viennent lui serrer affectueusement la main.

« A la reprise de l'audience, Me Mermillod, chargé de la défense, a vu ses efforts couronnés d'un entier succès. M. de Crouy a été déclaré non coupable par le jury.

« A cette déclaration, des applaudissemens se sont fait entendre. Plusieurs témoins, de nombreux amis et quelques dames, viennent embrasser M. de Crouy. »

Ainsi justice fut faite ; une décision solennelle lava M. de Crouy du soupçon qu'on avait pu faire planer sur lui au moyen d'une manœuvre inqualifiable ; mais l'auteur de cette manœuvre, si formellement désigné dans les débats, qu'a-t-il fait pour repousser une accusation aussi grave ? Il a gardé le silence !... Nous laissons à nos lecteurs le soin d'apprécier ces faits.

On nous assure que M. de Crouy a employé le temps de sa captivité à écrire des *Mémoires*, dans lesquels il explique, avec des détails circonstanciés et curieux, tous les faits que que nous n'avons pu qu'indiquer dans sa biographie. Ce travail, qui renferme, dit-on, des révélations de plus d'un genre et d'un grand intérêt pour l'histoire de ces dernières années, ne manquerait pas d'exciter l'attention publique, et ferait surtout une profonde sensation dans un certain monde. Nous ne pouvons que l'engager à publier cet écrit, car il importe, surtout dans les temps où nous vivons, que la vérité soit dite devant un juge qu'on peut tromper un jour, mais que du moins on ne peut corrompre ; et ce juge, c'est tout le monde.

En terminant cette notice, nous nous demandons si elle contient toute la vie politique de M. de Crouy, et si ce personnage, auquel on ne peut refuser des talents distingués et d'excellentes qualités, a dit son dernier mot. C'est à M. de Crouy à répondre ; mais nous doutons qu'un esprit aussi actif, aussi délié que le sien, se trouve longtemps accablé sous des revers qui ont d'ailleurs leur côté brillant.

LETTRE

DE M. A. DE CROUY-CHANEL

A Messieurs Germain Sabrut et B. Saint-Edme, auteurs de la BIOGRAPHIE DES HOMMES DU JOUR (1).

« MESSIEURS,

« Puisque vous avez bien voulu consentir à compléter la notice biographique que vous m'avez consacrée, en 1837, dans votre important ouvrage, je m'empresse de vous envoyer tous les documents restés en ma possession.

« Vous trouverez parmi ces documents :

« 1° Le mémoire que M. Guillemin a redigé au sujet de ma famille, non pour satisfaire à un vain orgeuil nobiliare, mais parce que, au milieu des malheurs qui m'ont frappé, des hommes se sont montrés assez impudents pour me disputer jusqu'à mon nom : ce mémoire est accompagné de la copie de la lettre que j'ai écrite à M. Guillemin, le 15 novembre dernier ;

« 2° Le résumé, aussi exact que possible, de tous mes

---

(1) Nous donnons cette lettre et celle à M. Guillemin, parce qu'elles expliquent les causes de notre publication. — La lettre qui nous est adressée contient d'ailleurs des opinions qu'il ne nous était pas permis de céler : l'opinion c'est l'homme.

interrogatoires, que je rédigeais chaque jour en rentrant dans ma prison ;

« 3° Plusieurs lettres du prince Napoléon-Louis ;

« 4° Mon opinion sur l'alliance russe et la politique générale de l'Europe.

« De ces différentes pièces, il résulte que, sous la Restauration, j'ai tenté d'enlever à l'Angleterre, au profit de la France, l'influence qu'elle exerçait en Espagne et en Portugal ; qu'à cette époque, comme après la révolution de juillet, je suis resté franchement attaché au parti démocratique, et enfin, qu'à la suite des événements de Strasbourg, j'ai voulu la fusion de toutes les opinions pour arriver, par la réforme électorale, à la convocation d'un congrès national qui peut seul arracher la France au joug honteux des traités de 1815.

« Pour atteindre ce grand but, je désirais l'alliance de la France avec la Russie et les États-Unis d'Amérique, alliance qui nous aurait procuré la reprise de nos limites naturelles, et eût fait un lac français de la Méditerranée ; qui aurait enlevé le monde entier à la domination anglaise, domination qui, semblable à la lave dévorante, ne laisse après elle que désolation et misère, et eût poussé tous les peuples dans une voie de civilisation, de grandeur et de liberté que l'Angleterre ne cessera de leur dénier.

« J'ai pensé et je pense toujours que les Bourbons, à quelque branche qu'ils appartiennent, sont impuissants à rompre la chaîne qui les lie à ces funestes traités de 1815, à moins qu'ils ne se décident à l'alliance dont je viens de vous parler, à moins encore que par un acte de surexcitation patriotique, ils ne s'émancipent violemment de la tutelle où ces traités les retiennent avec nous.

« La retraite du ministère de M. Thiers est une preuve nouvelle, surtout après l'exclusion de notre gouvernement de l'acte du 15 juillet, que tout ministre qui voudra, dans l'état où nous sommes, que la France soit respectée à l'extérieur, libre et prospère à l'intérieur, échouera devant la voix de l'étranger, tant que l'étranger pourra invoquer en maître les traités de 1815, ces fourches caudines de l'honneur national.

« Je regrette donc la retraite de M. Thiers, parce qu'il me semble que cet homme d'État avait compris la France en exaltant ses sentiments d'indépendance et de fierté populaire.

« Vous voyez, Messieurs, que je ne cherche pas à vous dissimuler aucune de mes opinions : vous les retrouverez aussi vraies, aussi pures, dans tous les matériaux que je vous envoie.

« Je compte sur votre impartialité pour livrer à l'appréciation de mes concitoyens, et toutes mes pensées, et tous les actes de ma vie politique : tel on m'aura vu, tel je serai.

« Je ne fais pas doute que votre travail ne mette un terme aux bruits calomnieux qu'on a osé répandre sur moi : je vous demande donc, avec la plus vive instance, que sa publication ait lieu le plus tôt possible.

« Souffrez que je saisisse cette nouvelle occasion qui se présente pour vous remercier de la justice que vous m'avez déjà rendue : car, dans notre temps de corruption politique et d'immoralité, la justice est difficile à obtenir des hommes !

    « Croyez-moi,

        « Messieurs,

            « Votre tout dévoué concitoyen,

                « CROUY-CHANEL.

Paris, le 15 décembre 1840.

A Monsieur Alexandre Guillemin, Avocat.

« Mon cher Défenseur,

« Dans les circonstances difficiles de ma vie je n'ai jamais fait en vain appel à votre amitié, à votre talent.

« Aujourd'hui, je viens encore vous adresser une demande au succès de laquelle j'attache beaucoup d'importance.

« Vous le savez, on nous a disputé jusqu'à notre origine et à notre nom ; et je n'ai jamais mieux senti que depuis ma dernière arrestation combien il était utile à ma famille et à moi de ramener à cet égard l'opinion publique à la vérité.

« Tandis que, de leur côté, MM. Germain Sarrut et Saint-Edme s'occupent d'un travail destiné à compléter la notice biographique qu'ils m'ont consacrée, en 1837, dans leur grand ouvrage, voudriez-vous, de votre côté, rédiger un dernier mémoire sur la question relative à ma famille ? Vous m'obligeriez d'autant plus que je joindrais ce mémoire au récit des événements de ma vie, et qu'ainsi le public, ayant cet ensemble sous les yeux, pourrait former son jugement sur toutes les choses qui me concernent, tout en faisant justice des erreurs et des calomnies dont on m'a rendu particulièrement l'objet.

« Je n'hésite point à vous adresser cette prière, parce qu'il ne s'agit pas ici de nos convictions politiques : les

hommes justes, droits, éclairés peuvent se prêter un mu-
tuel secours sans que leurs opinions en souffrent en quoi
que ce soit.

« Croyez, mon cher Défenseur, à la nouvelle assurance
de ma reconnaissante amitié. »

« CROUY-CHANEL. »

« Paris, ce 15 novembre 1840. »

RÉIMPRESSION

DE

LA NOTICE BIOGRAPHIQUE

CONSACRÉE

A M. DE CROUŸ-CHANEL

PAR

MM. SAINT-EDME & GERMAIN SARRUT

En 1840

BIOGRAPHIE

DE

DE M. A. DE CROUY-CHANEL

———

PUBLICATION DE 1840

Lorsque nous publiâmes, en 1837 (t. 3, deuxième partie, page 356), une notice sur M. de Crouy-Chanel, nous finîmes notre travail par cette phrase :

« En terminant cette notice, nous nous demandons si
« elle contient toute la vie politique de M. de Crouy, et si
« ce personnage, auquel on ne peut refuser des talents dis-
« tingués et d'excellentes qualités, a dit son dernier mot.
« C'est à M. de Crouy à répondre ; mais nous doutons
« qu'un esprit aussi actif, aussi délié que le sien, se trouve
« longtemps accablé sous des revers qui ont d'ailleurs leur
« côté brillant. »

Il y avait prévision de notre part : M. de Crouy a continué d'occuper la France de lui ; et l'opinion publique ayant été frappée de ses actes, c'est un devoir pour nous de reprendre aujourd'hui une biographie que le temps a rendue incomplète. Du reste, nous n'avons que de l'histoire à faire.

Depuis plusieurs mois déjà, M. de Crouy, et quelques-uns de ses amis discutaient, dans des conversations intimes, des affaires du pays, et gémissaient de voir l'abaissement où nous étions tombés, nous, Français, à la susceptibilité nationale si facile ! — chacun arrivait avec son utopie gouvernementale et réformatrice. — Tout à coup surgit uu nom :

Napoléon ! et une pensée que féconda aussitôt le patriotisme le plus chaleureux : *alliance des principes démocratiques au sentiment Napoléonien !* — La souche des Napoléon est toute populaire ; la démocratie a pénétré les masses : M. de Crouy et ses amis s'enthousiasmèrent ; un projet fut formé ; on s'occupa de l'exécution : au mois de septembre 1838 M. de Crouy et un de ses amis étaient à Arenenberg (1) !

Là, le prince et ceux qui l'entouraient accueillirent parfaitement les nouveaux venus ; on reconnut tout ce qu'il y avait de bon et d'utile dans cette démarche, comme intérêt d'avenir ; le Prince se montra particulièrement très sensible à ce que l'on voulait faire pour le peuple et pour sa famille ; il fut question de l'établissement d'un journal ; on parla beaucoup de regrets et d'espérances, puis on se quitta réciproquement satisfait, se promettant des relations suivies, comptant bien se revoir un jour.

A peine arrivés à Paris, les deux amis reçurent du Prince la lettre au grand Landmann, par laquelle il annonçait son départ de la Suisse, et le même jour, ils la firent paraître dans les journaux de Paris et des départements. Bientôt on sut leur voyage ; eux-mêmes allèrent en entretenir les personnes qui jusque-là avaient été chargées des intérêts napoléoniens : ces personnes crurent leur influence compromise ; elles écrivirent au Prince afin d'empêcher, s'il était possible, l'effet que les deux voyageurs avaient pu produire ;

(1) Château situé sur le bord du lac de Constance et appartenant au prince Napoléon-Louis.

elles se rendirent à Londres : le Prince parut céder : l'entrevue d'Arenemberg demeura sans résultat.

M. de Crouy cependant ne perdit pas courage : il quitta l'ami dont il vient d'être fait mention, s'entendit avec M. Barginet (de Grenoble), et tenta avec celui-ci, *qui voulait à toute force une rédaction en chef*, de créer un journal napoléonien.

Leurs efforts réunis avaient été sans succès, lorsque M. de Crouy se rendit à Londres pour y régler des intérêts avec son frère, attaché à l'ambassade de Naples auprès du cabinet de Saint-James.

Ce fut pendant son séjour obligé dans cette ville que M. de Crouy revit le Prince : l'exilé rêvait patrie et le visiteur, liberté. Les rapports de sentiment et d'intelligence amenèrent la confiance et l'abandon : on s'expliqua, on fut bientôt d'accord.

Suivant le Prince, l'alliance russe présentait à la France des avantages que nulle autre puissance ne pouvait lui offrir, sous le double rapport de la politique et de l'industrie.

Suivant M. de Crouy, non-seulement l'alliance russe était rationnelle, mais encore les démocrates et les napoléoniens avaient besoin de s'unir entre eux pour marcher dans une voie commune, dans la voie d'exigence d'institutions qui nous manquent et d'abrogation des lois d'exil. On arrêta donc et la fondation du *Capitole* et la rédaction de cette feuille d'après les pensées qui viennent d'être émises.

Le journal parut, pour la première fois, le 15 juin 1839, comme propriété de M. de Crouy, qui se réserva toute influence sur la rédaction et sur l'administration.

Au mois de septembre suivant, des intrigues s'ourdirent au sein même du journal. M. de Crouy fit des représentations ; on en comprit mal la portée : alors, il résigna le journal entre les mains de la personne qu'on jugea à propos de choisir et de lui indiquer, sans songer à aucune stipulation personnelle. Les hommes qui l'ont outragé en vue de lui nuire et de se faire valoir sans doute, auraient-ils montré autant de délicatesse et de désintéressement que lui ? Dans tout ce qui touche au Prince, il n'y a jamais eu de sa part que dévouement complet.

M. de Crouy avait rendu compte au Prince des fonds qu'il en avait reçus, au fur et à mesure de leur emploi ; mais il y avait un compte d'ensemble à établir ; il y avait surtout une question de conduite et toute de moralité à traiter : M. de Crouy réunit donc les pièces qui lui étaient indispensables et se disposa à partir pour Londres. C'était le 26 novembre au soir qu'il avait été chercher ses papiers dans la maison amie où il les tenait cachés : le 27, au matin, à six heures, la police les saisissait et s'emparait de sa personne.

Le commissaire de police avait mandat de perquisition, et mandat d'amener en cas de découverte de quoi que ce fût pouvant intéresser l'État ; cependant la mission de cet officier public reposait expressément et ostensiblement sur la coopération possible de M. de Crouy à l'affaire des poudres. L'accusation relative aux poudres, quoique fort légère et sans fondement, n'était cependant pas un prétexte, comme on l'avait d'abord cru ; mais on la négligea bientôt, puisque toute l'importance de l'instruction s'est renfermée dans ce qu'on a appelé le *Complot Napoléonien*. — M. de Crouy n'a jamais supposé que la police ait été instruite à l'avance de l'existence des papiers qu'il avait en ce moment sous sa main ; il a même accusé un nommé C... de l'avoir dénoncé comme affilié à la soi-disant association des *poudristes*, afin de se venger du refus d'un prêt d'argent qu'il en avait récemment éprouvé.

Quoi qu'il en soit, cet événement, qui aurait dû concilier à M. de Crouy la bienveillance et les égards des hommes attachés à ses opinion et concourant à ses efforts, lui devint extrêmement pénible parce que ces mêmes hommes, abdiquant devoir et pudeur, osèrent le représenter moins comme une victime du pouvoir existant, que comme un imprudent conspirateur, indigne de la confiance dont il avait joui jusque-là. Il eut donc dès cet instant contre lui, à la fois et les gens du roi et les gens du Prince.

Que dire aux gens du roi ? Rien : ils ont à remplir des fonctions sévères. Mais aux gens du Prince, indemnisés par ses soins ou relevant de lui par conviction dans le principe qu'il représente, on est autorisé à leur reprocher leur peu de ménagement envers un prisonnier qui avait reçu les plus secrètes confidences du Prince, que le Prince honorait de son amitié. — Pour l'édification de chacun et aussi par une sorte de satisfaction à notre caractère d'historien, nous citerons ici les passages textuels de la correspondance du Prince avec M. de Crouy.

Du 2 mai. « Vous avez très bien répondu à L....; c'est
« ce qu'il faut dire à tout le monde en secret.... Adieu.
« Je vous remercie de votre zèle, et je vous prie de comp-
« ter sur mon amitié. — P. S. Je vous remercie de tout ce
« que vous avez fait; on ne peut être plus actif que vous
« l'êtes. Je voudrais avoir beaucoup d'amis comme vous ! »
Du 22 mai. « Je suis bien heureux du concours dont
« vous vous êtes assuré.... Je n'ai pu vous donner que
« 56,000 fr... Dans un mois vous aurez encore 50,000 fr...
« J'ai lu avec grand plaisir la lette de C... à O... Je
« vous remercie du dévoûment et de l'attachement que
« vous me témoignez ; croyez que vous n'avez point
« affaire à un ingrat... Vous pouvez compter sur mon ami-
« tié... — *P. S.* Prenez plutôt P... que L... »

De la fin de mai. « Mon cher monsieur, je suis bien con-
« tent de ce que vous faites... Croyez à toute mon amitié. »

Du 18 juin. « Je vous remercie bien du zèle que vous
« montrez ; mais je compte assez sur vous pour croire que
« vous n'avez plus besoin d'en recevoir par écrit l'assu-
« rance.... Je vous enverrai avant le 25, les 10,000 fr. que
« je vous ai promis.... Vous serez sûr dans toutes les· cir-
« constances de ma reconnaissance et de mon amitié. »

Du 14 août. « Je vous ai reconnu un grand tact, un
« grand talent diplomatique.... Tâchez de me rallier tou-
« tes les sommités parlementaires, tous les écrivains....
« Une grande puissance qui m'adopte me relève ; mais
« moi, adopter une alliance étrangère, je me perds : n'ou-
« bliez jamais cela.... Croyez à mon amitié. »

Du 7 septembre. « Mon cher marquis, j'ai été étonné d'ap-
« prendre votre arrivée à Londres ... Je reconnais avec
« plaisir tout le zèle que vous m'avez montré... Soyez per-
« suadé que vous me trouverez toujours le même... Cro-
« yez à mom amitié. »

Du 27 novembre (jour de l'arrestation de M. de Crouy).
« J'ai remis votre lettre à P..., mais vous n'avez pas be-
« soin de son intervention... Je serai bien aise de trouver
« l'occasion de vous prouver mes sentiments. »

Nous avons pris nos extraits de cette correspondance à
des dates différentes et conduisant jusqu'à l'emprisonnement de M. de Crouy, afin de mettre à même de juger
quel mérite il convient d'attacher aux attaques dirigées contre ses actes et contre son caractère.

Forcés, afin de justifier la portée de nos appréciations
biographiques, de rechercher les causes des soupçons fâcheux qui n'ont cessé de poursuivre M. de Crouy, nous
croyons devoir faire connaître ce qu'ont produit nos investigations, et le faire sans restriction aucune.

Le premier voyage de M. de Crouy à Arenenberg avait déjà soulevé contre lui les petites susceptibilités des personnes qui, de près ou de loin, croyaient exercer une influence quelconque sur le prince Napoléon-Louis, et qui craignaient de se la voir ravir par un nouveau venu. L'expression de leur mécontentement eut d'abord quelques succès : les impressions du prince s'affaiblirent. Mais que devinrent ces personnes plus tard, en apprenant que le prince avait chargé M. de Crouy de fonder un journal, et lui avait confié ses secrets ! Leur colère n'eut plus de bornes ; cependant elles sentirent la nécessité de céder d'abord. Toutes marchèrent sous la même voile, n'apportant d'entraves que ce qu'il en fallait pour ne pas se compromettre. M. de Crouy arrêté, toute dissimulation cessa : on obséda le prince de reproches indirects et de plaintes ; la vérité demeura enfouie sous le débordement des amours propres irrités de ces dames, de ces vieillards, de ces jeunes gens envieux et ambitieux dont se composaient la tête et la partie active de la camarilla napoléonienne. Ce n'était point assez d'agir par correspondance et par conversations intimes auprès du prince, il fallait encore chercher à perdre M. de Crouy dans l'opinion publique, de façon à rendre son retour désormais impossible. On disposait de deux organes de publicité, du *Capitole* et du *Commerce*, on en usa pour faire circuler les bruits les plus absurdes et les plus coupables. C'était blesser le prince dans son intelligence d'homme et dans son caractère : que leur importait le prince, pourvu que celui qui avait osé s'emparer de sa confiance sans leur aveu succombât à la peine !

Dans l'émotion des premiers jours, la famille et les amis de M. de Crouy, indignés des excès du *Capitole*, eurent l'idée de faire insérer dans un journal une réclamation à l'effet de tout jugement jusqu'aux débats publics. Ils jetèrent les yeux sur le *Commerce*, parce que cette feuille appartenait au prince, et parce qu'on supposait à sa rédaction en chef une austérité de principes honorables.

Une lettre fut rédigée par l'ami qui avait été avec M. de Crouy à Arenenberg. Portée par madame de Crouy et par lui, de la part de M. D., au rédacteur en chef, elle ne fut pas admise d'emblée, comme on devait s'y attendre ; M. Lesseps objecta *le danger d'une polémique avec le* Capi-tole, *assez désigné pour ne pas se méprendre sur les intentions.* Cependant il garda la lettre et promit de *consulter* dans la journée. Le lendemain il la renvoya avec un refus. Voici ces deux pièces :

A Monsieur le Rédacteur en chef du Journal
le Commerce.

Paris, le 1er Décembre 1839.

« Monsieur,

« M. Auguste de Crouy-Chanel est devenu, depuis son arrestation, l'objet des bruits les plus graves et les plus extraordinaires, des insinuations les plus perfides et les plus mensongères, répandues, je ne sais dans quelle vue, par certaines personnes et surtout par certains journalistes.

« Interpréter la conduite d'un prisonnier politique, attribuer à la privation de sa liberté des causes contraires à son caractère et à ses principes c'est une lâcheté contre laquelle la vieille amitié qui me lie à ce prisonnier m'impose le devoir de réclamer publiquement.

« J'ai pensé, Monsieur, que vous auriez la bonté de m'aider, en publiant ma lettre, dans un intérêt d'humanité d'abord et de justice ensuite, à engager chacun à attendre le jour des explications judiciaires pour se former une opinion impartiale sur tout ce qui se rattache à une affaire que l'on instruit en ce moment.

« Souffrez que j'ajoute encore un mot : si quelqu'un croyait pouvoir se permette de dépasser les limites de bienséance au moins que la situation actuelle de M. Auguste de Crouy-Chanel doit mettre à toutes les sortes de penchants mauvais, je n'hésiterais point à livrer au public des documents et des éclaircissements dont on aurait peut-être à regretter mais trop tard, d'avoir inconsidérément provoqué la publicité.

« Recevez, etc.

« St-Edme.

« Paris, ce 1er décembre 1839. »

« *A M. Saint-Edme.*

Monsieur,

« Il ne m'est pas possible de publier votre lettre, je vous en ai exposé les graves raisons, et la réflexion n'a fait que me montrer, dans cette insertion, de nouveaux inconvénients pour le journal que j'ai l'honneur de rédiger.

« J'ai l'honneur de vous remettre ci-joint le projet de lettre que vous m'avez confié.

Veuillez agréer, etc.

« Ch. Lesseps.

« Paris ce 2 décembre 1839. »

En effet, M. Lesseps avai *consulté,* une conférence avait eu lieu entre lui, M. Mauguin et M. Félix Desportes, chez ce dernier, et la non insertion avait été arrêtée entre eux trois. — Ainsi, plus de doute, la presse napoléonnienne déclarait ses hostilités à M. de Crouy.

On a vu, par la lettre qui précède notre travail complémentaire, que M. de Crouy s'était mis nettement à notre disposition pour les renseignements de détail, et qu'il nous avait adressé tous les documents en sa possession. Parmi ces documents se trouvent les notes qu'il rédigeait, rentré dans sa cellule, après les interrogatoires et les confrontations auxquels on l'avait soumis. Ces notes sont des matériaux pour l'histoire, aussi allons-nous les employer : nous nous servirons du texte même, voulant d'ailleurs laisser en dehors les opinions qui nous sont personnelles.

RÉSUMÉ DE MES PREMIERS INTERROGATOIRES

« J'ai soutenu qu'il n'y avait jamais eu de complot pour arriver au renversement du gouvernement; que mes démarches n'avaient jamais eu d'autre but que celui de procurer de nombreux amis au prince Napoléon, afin d'obtenir, par les voies légales, sa rentrée sur le sol de la patrie...

« Quant à l'*Association nationale*, j'ai dit qu'on m'avait assuré qu'elle prenait sa source dans le comité Laffite, qu'elle voulait le vote universel et le rappel de tous les bannis. J'ai déclaré que je ne considérais pas l'association nationale comme une société secrète, puisque ses tendances pouvaient légalement s'avouer; et que je croyais qu'avant huit mois l'association nationale aurait accompli sa mission...

« On est revenu sur mes rapports avec ce C..., que j'ai reconnu n'avoir réellement vu que deux ou trois fois, et pour le journal... — On a prétendu que je lui avais prêté 2,000 fr. pour fabrication de poudre. J'ai repoussé cette calomnieuse accusation, déclarant que si elle était exacte, je considérerais comme indigne de mon caractère de la désavouer; que non-seulement je ne lui avais pas prêté 2,000 fr.; mais que je lui avais même refusé un prêt de 200 fr.... J'ai prouvé que je ne connaissais l'association nationale que depuis peu de temps, et qu'il y avait plus de trois mois que je n'avais vu ce C...

Lettre du comte Henri.

« D. Reconnaissez-vous ces lettres comme étant écrites par le comte Henri ?...

« R. Oui ..

« D. Le style mystérieux de sa lettre prouve que vous l'aviez chargé d'une commission spéciale lors de son dernier voyage à Goritz ?

« R. Oui. J'ai dit quel avait été le but de mes visites à M. B... : la réforme électorale et l'abrogation de toutes les lois d'exception et de proscription. Dans cette circonstance, l'intérêt des princes de la maison de Bourbon étant le même que celui des princes de la maison de Bonaparte, Je désirais qu'il fissent écrire à leurs amis de France d'appuyer mes démarches....

« D. Ces démarches pour des réformes légales sont avouables; mais vous voulez le renversement du gouvernement du roi !

« R. Je veux arriver à une véritable représentation nationale dont la France est privée depuis la fatale époque de 1815, qui vit tomber à la fois et notre gloire et notre indépendance. Or, comme la nation a le droit de changer ou de modifier la forme du gouvernement, mon vœu, à moi, comme citoyen, est que la représentation nationale appelle un Bonaparte à la première magistrature de l'État.

« D. Quel est cet aide-de-camp de l'empereur qui devait revenir de Londres et appuyer vos projets ?

« R. C'est un aide-de-camp de l'empereur de Russie, que, dans un premier voyage, j'avais moi-même présenté au prince Napoléon, et qui devait revenir chargé d'une mission particulière de l'empereur.

« D. Quelle est cette mission ?

« R. Je crois devoir me taire pour ce moment...

« D. L'appui que le parti légitimiste vous prêtait n'avait-il pas pour but de se servir du prince Louis comme moyen ?

« R Les révolutions de 89 et 1830 se sont faites contre les Bourbons : les baïonnettes étrangères ont seules pu les imposer deux fois à la France, ce qui prouve qu'ils sont antipathiques à la nation ; je considére donc leur retour par le vœu national comme impossible.

Lettres de M. Barginet.

« D. Barginet prétend que vos relations politiques datent du mois d'août 1838, époque à lequelle vous vous rendîtes à Arenenberg pour voir le prince Louis et pour lui offrir la fusion du parti républicain avec le sien, et que la note que *vous l'aviez chargé de rédiger* avait ce but ?

« R. Quand je me suis rendu à Arenenberg, je n'avais aucune mission pour le prince ; seulement, je désirais, à cette époque comme aujourd'hui, la réunion franche de toutes les opinions pour arriver à des formes gouvernementales que je crois utiles aux libertés et à l'indépendance de la France. Quant à la note rédigée par M. Barginet, *je reconnais* qu'elle a été rédigée *pour moi*, et qu'elle est l'expression de ma pensée...

« D. A entendre le sieur Barginet, il aurait des reproches graves à vous faire à cause de vos rapports avec le parti démagogique, qui compromettrait le parti napoléonnien. Il a même assuré qu'il ne s'était rendu à Londres que pour en prévenir le prince Louis, qui lui aurait dit qu'il était mécontent de vous, parce que vous remuiiez à Paris la *fange révolutionnaire.*

« R. Je ne puis croire au langage que M. Barginet prête au prince Napoléon ; je ne puis croire, avec la noblesse de caractère que je lui sais, qu'il ait oublié son origine révolutionnaire, et que c'est de cette prétendue *fange révolutionnaire* que sont sortis presque tous les hommes qui ont honoré leur patrie, fait sa gloire et celle de l'Empereur. Pour moi, j'avoue hautement mes opinions démocratiques, et je crois que tous les hommes qui partagent mes sentiments sont dignes, sous tous les rapports, de l'estime et de la considération de leurs concitoyens... Les faits prouvent que ma correspondance avec M. Barginet a été entièrement interrompue, et qu'il y a eu renonciation à la mise à exécution de toute espèce de projet avec lui.....

« *Confrontation avec M. Charles Durand.*

« Il a avoué avoir dit devant le prince Napoléon qu'il ne pouvait jamais devenir son ennemi sans être *injuste et ingrat*.....

« *Confrontation avec M. Barginet.*

« D. à M. Barginet. Vous avez dit que M. de Crouy, en se rendant à Arenenberg avec M. S..-E., y était allé pour opérer la fusion des partis bonapartiste et républicain, et que M. S.-E., était porteur d'une espèce de programme ou constitution républicaine à faire signer par le prince ?

« R. Oui.

« D. à M. de Crouy. Le prince a-t-il signé cette pièce de M. S.-E., et pouvez-vous nous dire ce qu'elle contenait?

R. Le prince a déclaré que, dans sa position, il n'avait aucune déclaration à signer. Quant aux notes de M. S.-E., j'ai entièrement oublié leur contenu.

« D. à M. de Crouy. Vous étiez donc allé à Arenenberg pour opérer la fusion des opinions bonapartiste et républicaine ?

« R. J'ai déjà dit que je désirais la fusion de toutes les opinions pour arriver aux réformes que j'ai précédemment expliquées.

« D. à M. B... Vous avez dit que vous saviez que M. de Crouy avait distribué de l'argent aux sociétés secrètes ?

« R. (avec embarras). J'ai dit que M. de Crouy avait donné ou prêté de l'argent à un sieur W., qui était en rapport avec les sociétés secrètes.

« D. à M. Crouy. Qu'avez-vous à dire à cette accusation ?

« R. J'ai déjà dit que j'avais été assez heureux pour prêter de l'argent à M. W...; mais j'ignore si cet ancien militaire fait partie des sociétés secrètes.

« D. à M. B... Dans un de vos rapports, vous dites que les populations et les autorités de Lille seraient favorables à un mouvement bonapartiste. Vous y parlez de l'influence que MM. de B... et de T... exercent en..., et vous ajoutez que ce dernier pourrait disposer de 15,000 ouvriers à... : de qui tenez-vous ces renseignements ?

« R. De M. de Crouy ? mais je dois ajouter que je ne les croyais pas très exacts ; je croyais qu'il étaient un peu enflés par l'imagination de M. de Crouy qui, à cause de son désir de relever sa famille, désirait faire voir au prince sa cause plus avancée qu'elle ne l'était.

« D. à M. B... Ainsi tout ce que vous écriviez au prince n'avait d'autre but que de tromper sa confiance ?

« R. Non pas ! mais j'étais bien aise que M. de Crouy fût bien dans son esprit ?

« D. à M. de Crouy. Qu'avez-vous à dire sur cette explication de M. Barginet ?

« R. M. Barginet veut sans doute amortir la force de son accusation ; mais je déclare franchement repousser de pareilles considérations comme indignes de moi, et j'affirme que si je n'avais pas cru à l'exactitude des renseignements qu'on m'avait chargé de faire parvenir au prince, je ne les aurais certainement pas transmis...

« D. à M. B. Vous avez déclaré que c'était à cause des rapports de M. de Crouy avec le parti républicain, qui, selon vous, ne pouvait que compromettre le parti du prince, que vous vous étiez rendu à Londres pour le prévenir ; que le prince vous aurait dit qu'il était très mécontent de M. de Crouy ; *qu'il remuait une fange révolutionnaire qui ne pouvait que salir son nom.*

« R. J'ai dit que j'avais été très fâché de connaître les rapports de M. de Crouy avec le parti républicain, parce que je crois que le parti napoléonien ne doit s'allier à aucun parti. Je déclare que le prince m'a tenu le propos que vous dites...

« D. à M. de Crouy. Qu'avez-vous à répondre à cette accusation ?

« R. J'ai à répondre que j'ai toujours avoué hautement mes opinions démocratiques ; que c'est parce que j'ai toujours connu au prince des sentimens en harmonie avec les miens que je me suis attaché à lui.

« M. B... Je ne déclare pas moins exact que le prince m'a tenu ce langage ; seulement, je dois dire qu'il a reconnu que M. de Crouy ne faisait, sans doute, ces démarches que par zèle pour lui.

« M. de C... Sans doute, je porte la plus vive affection au prince ; mais mon zèle pour lui n'irait pas jusqu'à affecter des convictions que je n'aurais pas : ma conscience a toujours été le mobile de mes actions. Et si ces propos sont exacts, je suis aussi peiné pour le prince qu'il ait pu les tenir, que pour vous de les avoir rapportés ici...

« D... à M. de C. Dans ses interrogatoires, le sieur Barginet nous a dit également que nous aviez envoyé à Lille M. D... pour embaucher en faveur du prince ?

« R. Je ne puis comprendre dans quel but M. Barginet vous a parlé de M. D. qui n'a jamais été à Lille...

Interrogatoire sur mon évasion.

J'ai répondu qu'ayant trouvé une occasion de me procurer momentanément la liberté, j'en avais profité : mais que je n'avais jamais eu l'intention de me soustraire à la justice du pays ; que je m'étais volontairement reconstitué prisonnier pour faire cesser les infâmes calomnies auxquelles mon évasion avait donné lieu ; que je repoussais avec indignation toute connivence avec un système que je considérais comme anti-national, et que j'ai toujours méprisé. — Interrogé sur le malheureux soldat qui a favorisé mon évasion, j'ai répondu que je m'en rapportais aux motifs qu'il pouvait en avoir donné lui-même ; que je ne lui avais pas remis d'argent, et que mon évasion n'avait pas été concertée entre lui et moi. »

Nous interrompons ici l'extrait des documents que M. de Crouy a bien voulu nous confier, afin de nous livrer à l'examen de deux questions dont plusieurs journaux ont paru chercher perfidement la solution, trompant ainsi la religion de leurs lecteurs : *comment l'évasion de M. de Crouy s'est-elle opérée ? Quelles ont été les causes de sa réintégration volontaire et de quelle façon a-t--elle eu lieu ?*

PREMIÈRE QUESTION.

A l'époque de l'évasion de M. de Crouy, le *Capitole*, rédigé alors par un homme que M. de Crouy avait voulu en éloigner, et sur le compte duquel il ne nous convient pas de nous prononcer en ce moment, annonça cet événement dans les numéros des 18 et 19 décembre (1839); il le fit en termes qui donnaient à croire que la police n'avait pas été étrangère à cette évasion. Ce journal revenant, le 21, sur la pensée qu'il avait déjà émise, dit:

« M. le marquis de Crouy-Chanel est arrivé au Hâvre, et s'est embarqué pour l'Angleterre sur le bateau *le Phénix*. Le bruit de cette fuite était si peu secret, que bien que le gendarme n'ait reparu que le soir à neuf heures, et à demi dégrisé, certaines personnes connaissaient à Paris l'évasion et la route que suivait le marquis fugitif. Nous pouvons ajouter que son arrivée au Hâvre n'était pas davantage un mystère. Avec aussi peu de précautions, il a fallu un bonheur miraculeux et tel qu'il n'en arrive pas deux dans la vie d'un homme, pour échapper aux habiles et nombreux agens d'une police qui passe, à juste titre, pour être la mieux faite des quatre parties du monde. »

Par une singularité bien remarquable, le *Capitole* rapporta dans le numéro même où se trouve la nouvelle que nous venons d'extraire, des détails tirés de la *Gazette des Tribunaux*, détails d'après lesquels il était raisonnablement impossible d'admettre aucune connivence des autorités dans l'évasion de M. de Crouy. — Un fait qui démontre jusqu'à l'évidence la mauvaise passion de la rédaction du *Capitole* c'est que depuis le jour où M. de Crouy a repris sa liberté jusqu'à celui où il s'est reconstitué prisonnier, il n'a pas quitté Paris un seul moment, et plusieurs amis qu'il n'a pas cessé de voir, l'attesteraient au besoin (1).

(1) *Le Temps* a pris le soin de donner un démenti au *Capitole*. On lit dans son numéro du 28 décembre (1839) extrait du *Courrier du Hâvre*:

« M. de Crouy-Chanel, qu'un journal embarquait avant-hier sur le *Phénix* du Hâvre, n'a pas suivi cette voie d'expatriation, attendu que depuis le 16 décembre le *Phénix* est en réparation et qu'il n'est pas sorti du port. Les deux bâtiments qui sont partis pour l'Angleterre depuis le 20 ont été l'objet d'une surveillance toute spéciale. *La gendarmerie et la police ne les ont laissés partir qu'après les avoir visités avec la plus scrupuleuse attention.* »

Ces dispositions de surveillance n'étaient pas les seules qui eussent été

Comment l'évasion de M. de Crouy s'était-elle opérée?
rien de plus simple. Voici de quelle manière le gendarme
Ameslan l'a racontée à la cour d'assises (audience du 27
mars 1840, *Gazette des Tribunaux* du 28) :

« Le 17 décembre, j'étais de garde. Lorsque nous sommes arrivés,
M. le juge d'instruction n'était pas encore au Palais. J'allai avec un de
mes camarades chez un marchand de vins.... A mon retour, je passai
devant le cabinet de M. Zangiacomi; dans l'antichambre se trouvait
mon camarade Mayer; il était sur la porte; lorsqu'il me vit passer, il
m'appela et me dit qu'il avait besoin de s'absenter, et que je lui ferais
plaisir si je voulais le remplacer. Je lui répondis : Je le veux bien, moi,
« je n'y tiens pas la main ; rester ici ou au corps-de-garde, ça m'est
« égal. » Je reste là jusqu'à ce que M. Zangiacomi me donne l'ordre de
réintégrer (2). Jusqu'à ce moment, je vous le jure, Messieurs, je n'avais
pensé à rien, et je vous proteste que si j'avais fait une faute, une mauvaise action, je n'ai jamais agi avec crime, avec connaissance, comme
on le dit dans l'acte d'accusation. Déjà plusieurs fois j'avais été appelé à
la garde de M. Crouy-Chanel ; je l'ai traité avec égards, car on me l'a-
vait recommandé ; mais voilà tout. Ce jour-là, j'avais bu, c'était ma
faute ; mais, je vous le déclare de nouveau, il n'y a ici ni politique, ni
crime dans mon affaire. C'est moi sans provocation qui lui ai dit :
« Vous allez être mis en liberté. »

« D. Comment! c'est vous qui lui avais offert la liberté?
Ce n'est pas lui qui vous a sollicité ?

prises. Voici à cet égard ce que rapporte la *Gazette des Tribunaux* du 19
décembre :

« Bientôt on eut la conviction que M. de Crouy-Chanel s'était évadé, et
que le gendarme Ameslan avait disparu. — M. le préfet de police, M. le
procureur-général et M. Zangiacomi avertis prirent immédiatement toutes
les mesures propres à faire découvrir la trace des deux fugitifs : des man-
dats furent lancés ; nombre d'agents furent envoyés sur les points où l'on
supposait qu'ils avaient pu trouver un refuge ; d'autres eurent mission de
veiller aux bureaux des diligences et aux stations des chemins de fer à ce
qu'aucun voyageur suspect ne s'éloignât. »
Prend-on toutes ces précautions pour un fugitif qu'on veut laisser aller ?
(2) A quatre heures après midi.

« R. Il me dit : « Mes affaires ne vont pas bien ! » Puis il sollicita de moi que je lui laissasse voir sa femme. Je le conduisis, et quand nous fûmes arrivés dans la rue, je lui dis : « Vous pouvez aller où vous voudrez, vous êtes libre. » J'étais très ému de ce qu'il m'avait dit, et c'est alors que je lui dis : « je suis un malheureux... je vous recommande ma femme et mes enfants. »

« D. Vous déclarez donc qu'il ne vous a été fait aucun don, aucune promesse ?

« R. Oui monsieur. »

Sans doute Ameslan a dû taire quelques circonstances : ainsi, par exemple, il n'a point parlé des efforts de Mme de Crouy pour empêcher son mari de céder aux instances qu'il faisait, lui Ameslan, afin de le décider à fuir ; mais, malgré les restrictions que sa position d'accusé lui imposait, ce militaire en a dit assez pour prouver que M. de Crouy a uniquement profité d'une occasion inespérée à ses yeux.

Deuxième question.

M. de Crouy était caché à Paris chez une personne amie : les calomnies dont le *Commerce* et le *Capitole* abreuvaient son nom ; les lettres de MM. de Persigny et Lombard ; l'arrestation de M. Barginet ; les perquisitions au château de Tocqueville (1), chez le gérant du journal du *Bourbonnais*,

(1) « Une lettre de Dieppe, du 18 de ce mois, dit qu'un ordre y étant arrivé pour faire perquisition au château de M. de Toqueville à Gueures, où l'on devait trouver d'importants papiers, la justice s'y est transportée le 16 : malheureusement, quand on est arrivé à Gueures, on a su que le château avait été vendu depuis deux mois par M. de Tocqueville, qui avait quitté le pays. La perquisition n'avait plus guère d'objet : toutefois, elle a eu lieu pour la forme.

Temps du 21 décembre 1839.

On n'est pas plus ridicule.

ét chez le rédacteur de l'*Espoir*, journal de Charleville, en-fin l'emprisonnement de Mme de Crouy lui firent prendre la déterminaison de rentrer sous les verrous.

Il écrivit au prince à ce sujet, le 2 ou 3 janvier (1840) :

...... Au milieu de ces débats de tous les instants, j'étais parvenu à obtenir ma liberté; mon intention était de me rendre auprès de vous : je venais de m'en procurer les moyens, j'allais partir..., lorsque j'eus connaissance des infâmes calomnies que des journaux, et notamment le *Capitole* et le *Commerce*, avaient la lâcheté de débiter sur mon compte : ma résolution fut prise à l'instant, l'honneur l'exigeait : je me suis re-constitué prisonnier, afin de prouver tout mon mépris pour mes lâches accusateurs. J'ignore si l'on osera me mettre en jugement; je le désire de toute mon âme... En attendant, j'espère que vous daignerez imposer silence à d'imprudents amis, qui osent attaquer ma conduite avant de la connaître ! Ils ne savent donc pas, ces malheureux, qu'il vous font encore plus de mal qu'à moi!.... J'attends, avec la confiance et la dignité de l'honnête homme, le grand jour de la justification : ce sera alors que vous jugerez combien furent toujours vrais et purs les sentimens de pa-triotisme et de dévoûment de votre, etc. »

Sa décision étant bien arrêtée, M. de Crouy alla, le 27 décembre, trouver son avocat, Me Guillemin, qui approuva son dessein. Tous deux se rendirent chez M. Salmon, juge d'instruction, rue Guénégaud, n° 9, à l'effet de constater la volonté de M. de Crouy; M. Salmon reçut de vive voix leur déclaration. De là ils se firent conduire chez M. Zan-giacomi, et ensuite dans les bureaux du *National*, de la *Quo-tidienne* et des *Débats*, où Me Guillemin laissa la lettre sui-vante, qui parut dans le numéro du 28 :

Monsieur le rédacteur,

« Il importe que la résolution prise librement par M. de Crouy-Cha-nel, de se constituer prisonnier aujourd'hui même, soit immédiatement constatée. Il s'est présenté ce soir au domicile de M. Zangiacomi, qu était absent; mais, cette nuit ou demain au matin, sa démarche spontanée, à laquelle je n'ai pu qu'applaudir comme conseil, et qui doit imposer silence à bien des accusations, sera consommée. »

« J'a l'honneur, etc.

« Alex. GUILLEMIN
Avocat à la Cour Royale.

« Paris, ce vendredi 27 décembre, à 8 h. du soir. »

Le 28, à dix heures du matin, le juge d'instruction ne voyant pas son prisonnier arriver, et craignant sans doute qu'il ne lui échappât de nouveau, écrivit en toute hâte à Me Guillemin :

« Monsieur,

« J'avais dû croire que M. de Crouy-Chanel se rendrait à la Conciergerie aujourd'hui, comme on me l'avait annoncé : ne le voyant point se constituer, je vous prierai de vouloir bien me faire connaître ce qui a pu changer ses intentions si publiquement annoncées. »

« Agréez, etc.

ZANGIACOMI.

« 28 décembre 1839.

Au moment où l'on apporta cette lettre Me Guillemin était absent. A midi, il venait de rentrer, un commissaire de police se présenta et lui demanda si, suivant sa promesse, M. de Crouy se constituerait. Me Guillemin répondit affirmativement, rassurant ainsi l'autorité contre tant de craintes ; mais, dit-il à l'officier ministériel, je vais aller chercher M. de Crouy pour le conduire à la Conciergerie, et j'exige que vous ne me suiviez point : car je ne veux pas qu'il y ait arrestation. Le commissaire de police reprit : Je vous jure sur ma... tête que vous ne serez pas suivi, ni M. de Crouy arrêté. Me Guillemin descendit, et pour plus de certitude, au lieu de sortir par la rue Garencière, traversa son jardin et passa par la rue de Tournon. Il rejoignit M. de

Crouy, et tous les deux se rendirent au cabinet de M. Zangiacomi. Là, M. de Crouy réclama, comme faveur qu'il rattachait à sa reconstitution, la mise en liberté immédiate de Mme de Crouy, et le droit, pour Me Guillemin, de le voir aussi souvent qu'il lui plairait. M. Zangiacomi consentit de bonne grâce. A trois heures M. de Crouy rentrait dans sa prison, et madame de Crouy en sortait.

Maintenant, qu'on dise s'il est encore permis d'admettre la connivence avec la justice ou avec la police. L'évidence ressort de tous les faits qui précèdent.

Nous reprenons nos documens.

« *Interrogatoire sur le journal le Capitole 22 janvier 1840.*

« D. Le prince arrivé à Londres, vous fit l'avance de sommes considérables qui avaient, entre autre destination, la fondation du *Capitole* : c'est donc dans l'intérêt du prince que vous avez créé ce journal ?

« R. Je reconnais que le prince m'a fait des remises d'argent pour la fondation du *Capitole*; mais ce n'était de sa part qu'une avance provisoire : un autre personnage devait prendre son lieu et place; d'ailleurs, l'esprit du journal l'indiquait suffisamment.

« D. Pourriez-vous nommer ce personnage ?

« R. De graves intérêts politiques et surtout nationaux se rattachent à cette question, c'est devant le pays seulement que je donnerai les explications que je croirai nécessaires à ma cause.

« D. L'esprit du journal, vos relations, celles de votre frère avec un aide-de-camp de l'empereur de Russie, celles que le prince paraît avoir lui-même avec ce souverain, font présumer que ce personnage n'est autre que l'empereur lui-même.

« R. C'est possible : mais ce n'est que publiquement que je me réserve de m'expliquer sur cette question qui tient à la politique de la France vis-à-vis de l'Europe.

« D. Vous avez reçu du prince une fois 56,000 francs, une autre fois 50,000 fr., une autre fois 20,000 fr., deux autres fois chacune 10,000 fr., total 146.000 fr. : pouvez-vous nous rendre compte de cet argent ?

« R. J'ai rendu compte au prince de l'argent qu'il m'a remis et je crois n'en devoir compte qu'à lui.

« D. Mais vous en devez compte à la justice, qui vous accuse d'en avoir fait un mauvais emploi, en l'employant à payer les sociétés secrètes ?

« R. Je déclare que les fonds du prince n'ont jamais eu un emploi anti-légal ; je déclare de nouveau calomnieuse l'accusation d'avoir donné de l'argent aux sociétés secrètes...

« D. Les sieurs Perrin et Bellémois ne sont donc pas des propriétaires réels du *Capitole* ?

« R. J'ignore quelle est la position du sieur Bellémois ; quant au sieur Perrin, il n'a jamais été que simple gérant du journal, fonction que je lui avais accordée à la recommandation de son oncle, le sieur Bonnet, qui me l'avait peint comme la probité en personne....

« *Interrogatoire du* 23 *janvier* 1840.

« D. Après avoir parlé, dans une lettre du 23 octobre, au prince Louis, de la cession que vous aviez faite au sieur Durand, du journal, vous lui offrez de voir le n° 32, qui est commandant de la garde nationale à Amiens, et qui y jouit d'une grande imfluence, pour le déterminer à faire des démarches en faveur de la cause du prince. Quelles étaient ces démarches ?

« R. Je voulais engager ce colonel de la garde nationnale à employer toute son influence auprès de ses concitoyens, afin de les déterminer à des manifestations publiques et légales en faveur des réformes dont j'ai précédemment parlé.

« D. Vous lui offriez également d'aller voir le n° 19, colonel...... : ici, sans doute, ce n'était pas dans un but de réforme que vous vouliez entraîner le colonel....... !

« R. Mon but était le même ; mais je crois devoir ajouter ici, qu'il y a quatre ans que je n'ai vu ce colonel, et que j'ignore s'il partage mes opinions au sujet des réformes dont j'ai parlé.....

« D. Vous aviez envoyé à Tours et à Bordeaux le sieur d'A... ; c'était dans le but d'embaucher en faveur de *Louis Bonaparte ?*

« R. J'ai déjà fait connaître dans quel but j'avais employé M. d'A..., et ce but n'a jamais été autre que de placer le journal...

« D. Est-ce vous qui avez chargé le sieur d'A... de voir le colonel L... à Tours ?

« R. Je n'ai jamais connu ce militaire...

« D. A la fin de votre lettre du 23 octobre, vous dites au prince que M. Durand a dû lui envoyer une lettre qu'il a reçue de Russie ; pourriez-vous dire ce que contenait cette lettre ?

« R. J'ai déjà dit, au sujet de cette correspondance, que ce n'était qu'à la face du pays que j'entendais m'expliquer sur son but politique et national : à cette occasion, je crois devoir de nouveau déclarer ici que M. Durand n'a été, dans cette circonstance, que mon interprète, et que j'assume sur moi seul toute la responsabilité de cette correspondance.

« D. Dans cette lettre, vous offriez également au prince

de vous rendre pour lui à Saint-Pétersbourg : quel était le but de ce voyage ?

« R. J'ai déjà dit que toutes mes relations avec la Russie avaient pour but de grands intérêts politiques et nationaux, sur lesquels je ne voulais développer ma pensée que devant le jury.

« *Confrontation avec M. Berryer.*

« Aujourd'ui, 24 janvier 1840, j'ai été conduit dans le cabinet de M. le juge d'instruction. En m'y rendant, j'ai trouvé dans l'avant-greffe de la prison le sieur Vassal, commissaire de police, avec quatre de ses agents et deux gendarmes qui m'y attendaient. J'ai été obligé de donner le bras à deux de ces hommes qui m'ont ainsi conduit dans le cabinet du juge ; sur mon passage, j'ai remarqué que des factionnaires avaient été placés aux diverses issues des corridors, et que le poste de la gendarmerie avait été doublé.

Après avoir attendu dans l'antichambre du juge à peu près une demi-heure, j'ai été introduit dans son cabinet où j'ai trouvé M. Berryer.

« Là, après quelques observations polies de part et d'autre, M. Berryer raconta assez longuement une des conversations que j'avais eues avec lui, laquelle se réduisait à ce peu de mots : que, par sentiment de conscience, il ne pourrait jamais se rallier à la maison d'Orléans, à cause de son origine.... ; que, quel que fût le régime qui succéderait à celui-ci, il accepterait toujours un mandat pour venir siéger à la chambre ; que son parti, il le considérait comme le seul pouvant donner des garanties de stabilité, parce qu'il était, selon lui, seul fondé en droit ; mais que, s'il ne devait pas triompher, il considérait un Bonaparte comme possible, et la république comme peu probable... ; que cependant il ne croyait pas qu'il existât ce qu'on pourrait appeler précisément un parti bonapartiste, mais seulement un grand sentiment national en faveur de cette opinion...; qu'il avait vu le prince Napoléon à Baden, et que, certainement, s'il avait été ou s'il allait à Londres il irait le voir, etc......

» Quant à ma première visite chez lui, il croyait se rappeler que je m'y étais présenté seul ; qu'il ne pouvait pas bien se rappeler si elle lui avait été annoncée ; que, dans ce cas, ce ne pouvait avoir été que par M. B. Pour ce qui est de M. D., de la rue Bleue, il ne croyait pas que ce fût par lui ; qu'au reste, tous ces souvenirs ne lui étaient pas très présents.

« M. de Crouy a de nouveau reconnu que tout ce qu'il avait écrit au prince sur MM. Berryer et T... et sur le langage tenu par le premier sur M. Mauguin, lui avait été rapporté par M. B., comme le tenant, lui, de M. D., qui voyait M. Berryer tous les matins......

« A la fin de la conversation, M. le juge d'instruction a fait voir à M. Berryer une note écrite de la main de M. P., et que M. B... avait remise à M. de Crouy pour l'envoyer au prince ; M. de Crouy s'en était seulement servi pour en faire le sujet d'une de ses lettres.

« Vous voyez, a dit M. Zangiacomi à M. Berryer, comme
« cet homme (M. B.) abusait de votre nom Cette note dit
« que M. Berryer avait réuni le comité royaliste ; que ce
« comité avait décidé qu'il appuierait toutes les démarches
« du prince ; et que, dans cette circonstance, M. Berryer
« avait obtenu pour lui la coopération de l'aristocratie fran-
« çaise, ce que n'avait jamais pu avoir l'empereur ; qu'ac-
« tuellement il ne restait plus qu'à aboucher M. Berryer
« avec *le neveu de l'homme*, le prince Napoléon, pour que
« tout marchât promptement à une heureuse fin.

« La lecture de cette note a frappé M. Berryer ; il a nié

avoir jamais fait une pareille démarche, ni s'être jamais entretenu de politique avec M. B.

« Tout cela prouve au moins, dit alors M. de Crouy, que ces hommes voulaient avoir l'air de gagner leur argent.

« Cela peut être vrai de B. ; je ne puis le croire de D., a répondu M. Berryer, qui dans cet entretien, a toujours beaucoup défendu ce D., tout en faisant entendre qu'il le savait agent du gouvernement, mais, qu'il faisait ce métier presque en honnête homme, puisqu'il ne s'en cachait pas.

« Après cette confrontation où tout s'est passé en termes, du reste, très polis, chacun de nous a signé le procès-verbal, et M. Berryer s'est retiré.

« Après son départ, j'ai exprimé mon mécontentement à M. le juge d'instruction sur la manière dont ses agents de police m'avaient conduit ; que j'entendais marcher en liberté, et ne pas être obligé de donner le bras à de pareils hommes ; que si je m'étais constitué volontairement prisonnier, ce n'était pas pour me soustraire de nouveau à l'action de la justice, et que tout cet appareil de force me paraissait une dérision.

« M le juge a de suite fait entrer le commissaire de police, et lui a ordonné en ma présence de me laisser retourner librement dans ma prison, où j'ai en effet été ramené librement ; seulement, j'étais précédé et suivi de quatre hommes, et sur l'étendue du chemin que j'avais à parcourir j'ai trouvé de nouveau toutes les avenues occupées par des factionnaires ; enfin, jusque dans la cour de la Conciergerie et à la porte donnant sur le quai, toutes les issues étaient gardées, ou par des soldats, ou par des agents, ou par des gardiens en blouse qui attendaient mon passage. —
« Ce luxe de précautions prouvait des craintes bien ridicules ! »

Confrontation avec M. d'A., et interrogatoire. — 28 janvier 1840.

« A deux heures je suis invité à me rendre chez le directeur de la prison, où je trouve le juge d'instruction avec M. d'A. Après quelques phrases polies et amicales, échangées entre M. d'A. et moi, le juge commence en ces termes..... ;

« D. Il résulte de vos notes que le N° 33 veut dire L.; et dans une lettre du prince, il vous blâme d'avoir donné 4,000 fr. au N°. 33 : Est-ce à M. L. que vous avez donné ces 4,000 fr ?

« R. J'ai déjà reconnu que le N° 33 voulait dire M. L. aîné, rédacteur du Capitole ; mais je ne lui ai jamais donné 4,000 fr. Le prince s'est trompé, et comme je n'ai donné 4,000 fr. qu'à M. B., c'est sans doute de lui qu'il aura voulu parler.

« D. Dans une de vos lettres, vous dites, en *post scriptum*, au prince : « l'augmentation du pain excite du mécontentement dans le peuple ; ne seriez-vous pas bien aise de profiter de cette circonstance ? » Ne vouliez-vous pas, par ces paroles, engager le prince à tenter un mouvement populaire ?

« R. Le prince m'avait dit, dans une de nos dernières entrevues, qu'il serait bien aise de saisir la première occasion qui se présenterait pour venir au secours de la classe pauvre de Paris : ce sont ces bonnes intentions que je voulais rappeler à son souvenir.

«D. Dans une de vos lettres qui est sans date, mais qui paraît être une des premières que vous ayez adressées au prince, vous finissez par lui dire que vous serez toujours heureux de vous charger de toutes les missions qu'il voudra bien vous confier, soit qu'il reste dans la position où il se trouve, soit que Dieu l'appelle à régner sur la France. Cette lettre ou plutôt ces expressions désignent suffisamment le but de vos démarches en faveur de Louis Bonaparte, que vous vouliez faire monter sur le trône de France ?

« R. J'ai déjà expliqué plusieurs fois dans le cours de cette instruction, les motifs de mes démarches en faveur du prince Napoléon ; j'ai dit que je désirais contribuer à sa rentrée en France par la révocation des lois de proscription, révocation prononcée par une assemblée nationale, qui ne pouvait être elle-même que le fruit du suffrage universel. C'est pour cela que mes démarches avaient également pour but la réforme radicale du système électoral. Or, comme la nation est souveraine, et que chaque citoyen est membre de cette souveraineté, je désire, comme citoyen, que la nation appelle à la première magistrature *Napoléon Bonaparte.*

« D. Ainsi, vous désirez que le prince Louis soit appelé au trône de France, et vos démarches tendaient vers ce but ?

« R. Oui, toujours en demeurant dans les voies légales, dont le système qui nous gouverne nous a laissé la jouissance.

« Le juge m'a annoncé qu'il croyait que cet interrogatoire serait le dernier, et que le ministère public s'occupait de ses conclusions. »

Interrogation du 29 *janvier* 1840

Nota. « Avant de parler de cet interrogatoire, je dois faire observer que le comte de Crouy, mon cousin, âgé de 70 ans, a été arrêté le même jour que moi, parce qu'on a trouvé chez lui des lettres d'un de ses neveux, M. d'Allemond, habitant le département des Hautes-Alpes, lettres dans lesquelles il paraît qu'il rend compte de démarches, qu'il a faites pour s'assurer de l'opinion du pays.

« On comprendra donc facilement qu'il était de mon devoir d'accepter toute la responsabilité de ces démarches. dans le double but de rendre hommage à la vérité, et de procurer la liberté à un vieux parent que j'aime comme un père.

« D. Vous connaissez M. d'Allemond de Ventavon ?

« R. Oui, il est mon parent.

« D. Est-ce vous qui l'avez chargé de faire des démarches dans son pays pour sonder l'opinion publique au sujet du prince Louis ?

« R. Oui. J'étais bien aise de savoir si les souvenirs de l'empire étaient encore vivants dans le pays, et quelle était l'opinion qu'on avait sur le prince Napoléon.

« D. Pourquoi les lettres de M. d'Allemond étaient-elles adressées au comte de Crouy plutôt qu'à vous.

« R. Parce que M. d'Allemond étant le neveu du comte, et ayant journellement des rapports d'intérêt avec lui, je l'avais prié de me faire parvenir ces renseignements par son oncle.

« D. M. le comte de Crouy connaissait-il vos relations avec le prince Louis ?

« R. Oui, comme toutes les personnes qui venaient chez moi, attendu que je n'en ai jamais fait mystère.

« D. Connaissait-il les lettres que vous receviez du prince ?

« R. Non, et je crois devoir déclarer qu'il a été entièrement étranger à toutes mes démarches.....

« D. Ainsi, vous reconnaissez que le comte de Crouy est entièrement étranger à toute espèce de menées en faveur de Louis Bonaparte ?

« R. Oui.

« D. Parmi les personnes dont les noms sont représentés par des chiffres, se trouvent ceux de MM. Trélat, Guillemot, Claudon, c'est sans doute parce qu'il devait en être question dans votre correspondance, et qu'ils devaient appuyer votre complot en faveur du prince ?

« R. Ce n'était point pour appuyer mon complot que les noms de ces messieurs se trouvaient sur une liste, puisque d'ailleurs, ainsi que je crois déjà l'avoir prouvé, il n'a jamais existé de complot ; mais parce que j'avais l'intention de proposer à ces messieurs d'entrer dans la rédaction du journal.

« D. Connaissez-vous ces messieurs ?

« R. De ces trois personnes, je ne connais un peu que M. Claudon qui s'était déjà chargé de la rédaction d'une partie du feuilleton.

« D. Qui donc vous avait engagé à prendre ces messieurs pour rédacteurs du journal ?

« R. L'opinion publique qui les considère comme des écrivains distingués et de conscience.

« D. Pourriez-vous dire quel est ce nom de Mauduit qui se trouve également sur votre liste ?

« R. C'est celui du directeur des diligences à Londres.

« D. Ne serait-ce pas plutôt celui de M. Mauduit, rédacteur en chef de la *Sentinelle de l'armée?*

« R. Je connais un peu ce M. Mauduit : je suis même abonné à son journal.

« D. C'est sans doute parce qu'il est en rapport avec le prince Louis, que son nom se trouve sur votre liste ?

« R. Je crois pouvoir affirmer qu'il n'est nullement en rapport avec le prince, car vous savez aussi bien que moi que ses opinions sont entièrement opposées aux miennes, et que, par conséquent, elles sont loin d'être favorables au prince Napoléon.

« D. Qu'est-ce que c'est que ce M. Bofaut, ou Bofauti, qui se trouve également sur votre liste ?

« R. C'est un nom de convention, comme celui d'artilleur, qui doit s'y trouver également.

« D. Pourriez-vous dire quelles sont les personnes que ces noms indiquent, et pourriez-vous les nommer ?

« R. Ce sont de vieux militaires de l'empire auxquels le prince m'avait chargé de donner des secours, et que je crois inutile de nommer.

« D. Qu'est-ce que c'est encore que M. d'Almbert.

« R. C'est le nom d'un homme de lettres que je désirais attacher aussi à la rédaction du journal.

« D. N'est-ce pas aussi un ancien militaire ? pourriez-vous donner son adresse, et le connaissez-vous ?

« R. Il est possible qu'il ait été militaire ; je ne le connais pas, j'ignore son adresse.

« D. La réunion de tous ces noms, leur représentation par des chiffres prouvent qu'ils devaient avoir un intérêt quelconque dans le complot qui vous est imputé ?

« R. J'ai déjà dit que les noms de ces messieurs ne se trouvaient sur ma liste que pour coopérer à la rédaction d'un journal. Quant au complot que vous m'imputez, et sur lequel vous revenez sans cesse, je vous déclare de nouveau, et les pièces que vous avez sous les yeux le prouvent suffisamment, que mes démarches n'ont jamais eu un pareil but, mais bien d'obtenir une manifestation générale et légale en faveur de mon système : enfin, vous savez également, par les documents qui sont entre vos mains, que j'ai même renoncé à ces démarches, aussi légales qu'avouables.

« Après cet interrogatoire, le juge d'instruction m'a dit avec un air de négligence affectée, comme en parlant d'un

fait qu'il avait oublié : « A propos, il faut bien que je vous
« parle aussi de M Durand, et de la lettre que vous m'avez
« écrite à son sujet (1). »

Alors, se retournant vers son greffier, il lui dit : « écrivez : »

« D. Vous m'avez écrit, à la date du 11 courant, une
lettre par laquelle vous vous engagez à prendre toute la responsabilité d'une lettre écrite par M. Durand à un M. de
Saint-Georges, à Saint-Pétersbourg : comme cette lettre a
été une des principales causes de l'arrestation de M. Durand, consentez-vous que je lui en fasse la restitution ?

« Cette question finale, à laquelle je ne m'attendais nul-

(1) Voici cette lettre :

« Paris, 11 janvier 1840.

» Monsieur le juge,

« Dans mes interrogatoires relatifs à M. Barginet, je me suis empressé
de reconnaître que toutes les lettres et notes rédigées de sa main, l'avaient
été pour moi, et que la pensée qui y présidait m'appartenait, et non à lui.

« Cette position vis-à-vis de M. Barginet m'a rappelé l'interrogatoire que
vous m'avez fait subir sur une lettre adressée par M. Charles Durand à un
M. de St-Georges, à St-Pétersbourg, et pour laquelle je crois vous avoir
dit que je m'en rapporterais aux explications que M. Charles Durand croi-
rait devoir vous donner.

« J'ignore quelles ont été ces explications ; mais comme j'ai cru entrevoir,
d'après la tournure de l'instruction, que cette lettre était la cause de son
arrestation, je m'empresse de vous déclarer que M. Durand n'a été, dans
cette circonstance, comme M. Barginet l'a été dans une autre, que l'interprète de mes vues personnelles, et que c'est sur mes notes et d'après ma
seule volonté, qu'il a écrit cette lettre dont je prends sur moi toute la responsabilité et devant la justice et devant le pays, parce qu'elle n'appartient
qu'à moi seul, ainsi que je puis le prouver.

« Puisse cette déclaration franche et vraie mettre un terme à la captivité
de M. Durand, si pénible pour mon cœur douloureusement affecté des résultats aussi imprévus qu'involontaires d'un fait qui ne doit peser que sur
moi.

« J'ai l'honneur, etc.

« CROUY-CHANEL. »

lement, que de savoir si je persistais à en accepter toujours seul la responsabilité, me fit regarder le juge avec étonnement; je lui dis : « Je ne puis comprendre pourquoi vous me demandez de rendre cette pièce à M. Durand; elle ne peut lui être d'aucune utilité, puisque j'en ai pris seul la responsabilité, tandis qu'elle peut me servir pour compléter mon système de défense et expliquer le but de mes démarches politiques. » Alors, se levant et se promenant avec un mouvement d'impatience, il reprit : « Mais dans ce cas, vous ne voulez pas, ainsi que vous me l'avez écrit, donner la liberté à M. Durand ; car tant que la justice sera saisie de cette pièce, elle doit le retenir en prison. » Cependant, Monsieur, cette question me semble grave pour moi, et je demande jusqu'à demain pour donner ma réponse ; je crois avoir besoin de réfléchir avant de donner cette autorisation, et d'en causer avec mon conseil. « Ce n'est pas cela ; *il me faut ce soir votre réponse ; il faut que ce soir je rende la pièce à M. Durand : enfin, il me faut votre oui ou non ; la liberté de M. Durand est à ce prix.* » Mais voyant qu'il s'était laissé aller un peu loin : cependant, M. de Crouy, ajouta-t-il, je ne veux pas vous forcer à quelque chose malgré vous ; seulement décidez-vous de suite. »

« Alors me retournant vers le greffier, je lui dis : » Puisqu'il en est ainsi, et que je dois vouloir la liberté de M. Durand même à ce prix, écrivez que je dis *oui*, et je consens à ce que l'on remette la pièce à M. Durand. »

« Le greffier ayant écrit sous la dictée du juge : *Je consens à ce que la pièce soit remise à* M. DURAND SEUL, j'ai fait effacer le mot *seul*.

« Le greffier étant sorti, je dis au juge : « Vous allez donc me débarrassser de M. Durand. — Oui, me répondit-il, *il paraît qu'on a cette intention*. Il faudra bien aussi que

je vous demande les lettres écrites par M. Barginet, mais
c'est assez pour aujourd'hui. — Allons, lui dis-je, il paraît
que cela va bien pour ces messieurs, que M. Brunow et
autres font leur effet. — Ah ! ah ! c'est, possible ; vous savez bien aussi que nous ne voulons pas de guerre. »

1er Nota. J'ignore encore si j'ai mal ou bien fait de consentir à la restitution de cette pièce : en y consentant, je
n'ai fait que céder à un mouvement de générosité ; mais
d'après l'insistance du juge, d'après la lettre de Durand au
même juge, qui est dans les journaux, et par laquelle il le
somme de déclarer s'il le considère comme un agent russe,
je crois avoir fait une faute.

Il résulte de cette position et de ces faits, de deux choses
l'une, ou que MM. Durand et Barginet ont traité avec le
gouvernement, ou bien que la Russie a demandé officiellement la mise en liberté de M. Durand ; et dans l'un et
dans l'autre cas, on ne pouvait pas me laisser en accusation avec de pareilles armes entre les mains, qui prouvaient
d'une manière trop évidente leur partialité dans cette circonstance ; car il est certain que c'est par ordre supérieur
que le juge m'a demandé pour M. Durand la remise de
cette pièce.

2e Nota. Cette lettre de M. Durand contient l'explication des motifs qui l'ont déterminé à abandonner Louis-
Philippe et à adopter les idées napoléoniennes.

« Dans cette lettre se trouve cette phrase : « Je vous
» jure, sur la tête de ma femme et de mes enfants, que ce
» n'est qu'après avoir étudié avec la plus scrupuleuse im-
» partialité l'esprit public, que, je puis vous assurer que
» non-seulement les classes aristocratiques et populaires
» lui sont contraires, mais encore que la classe bourgeoise

» abandonne aussi son roi bourgeois, et que bientôt il sera
» entièrement isolé au milieu de la nation. »

3ᵉ Nota. « Pendant mon interrogatoire, le juge écrivit
au préfet de police, et bientôt on vint lui rendre cette réponse de vive voix : *Le chef du cabinet est absent.* Alors il
renvoya de nouveau, avec humeur, en disant : « Il me faut
« les pièces ; qu'un autre employé du cabinet les cherche
« et me les envoie. » Enfin, quelques moments après,
arriva un homme avec un portefeuille ; il en tira un dossier, dont on exigea un reçu ; je reconnus ensuite ce dos-
pour être celui contenant les pièces de M. Durand.

NOTE

8 *février* 1840.

« Avant de rapporter mon interrogatoire de ce jour, je
consigne ici ce fait que M. Zangiacomi m'a envoyé, il y a
quatre jours, en communication, le journal *le Commerce* du
1ᵉʳ, contenant l'article intitulé : *Complot Bonapartiste,* si indignement insultant pour moi.

« Avant hier jeudi, il me fit descendre chez le directeur
de la prison ; je croyais que c'était pour me faire subir un
interrogatoire ; mais je le trouvai seul, sans son greffier.
Voici le dialogue qui s'établit entre nous :

« Eh bien, n'êtes-vous pas fatigué, M. de Crouy, d'être
le Curtius de ces gens-là ? Vous voyez comme ils vous trai-
tent ! vous êtes vraiment bien dupe de ménager de pareils
individus — Monsieur, je me vengerai de ces misérables
calomnies comme un honnête homme doit le faire, en disant et publiant hautement la vérité ; c'est avec elle seule
que je combattrai mes calomniateurs, et que je compte

obtenir un verdict honorable du pays — Mais, M. de Crouy, je crains que la manifestation si vive de vos sentiments ne vous fasse condamner par le jury ; et, dans ce cas, que deviendra votre famille ? — C'est comme si vous me disiez, Monsieur, que deviendrait votre famille, si vous veniez à mourir ? Ma condamnation serait ma mort pour ma famille ! dans l'une et l'autre de ces positions, que Dieu lui soit en aide. »

« Après avoir causé encore quelques instants, toujours m'engageant à ne pas me sacrifier pour un parti qui m'abandonnait d'une manière si indigne, il me quitta en m'annonçant un interrogatoire pour le lendemain.

« Hier, il me fit de nouveau descendre, et je le trouvai encore seul : il avait à la main le journal *la France,* qui rapportait l'article du *Capitole* de M. Durand sur sa mise en liberté. En me voyant, il me dit :

« Lisez encore celui-ci ; voyez les remercîments que vous fait ce M. Durand pour l'avoir fait mettre en liberté. »

« J'avoue qu'une larme d'indignation me roula dans les yeux...

« Ah ! m'écriai-je... Mais, ajoutai-je en lui rendant le journal, ce n'est pas une raison parce que cet homme est un. . . . . . pour que je le devienne. La vérité me vengera de lui comme des autres : je fais peu de cas de votre accusation de complot, parce qu'il n'a jamais réellement existé... ; mais ce que je n'accepterai jamais, et ce que je parviendrai à repousser victorieusement, c'est l'accusation de trahison ! Je saurai prouver que si cette qualification appartient à quelqu'un, c'est à mes calomniateurs. »

« Après avoir échangé quelques mots sur ma famille, il me quitta et m'annonça un interrogatoire pour aujourd'hui.

« M Zangiacomi a aussi parlé à ma femme et à un de mes amis du malheur de ma famille si je m'attirais une condamnation. Tout cet intérêt à ma position a un but... celui, sans doute, d'obtenir de moi une attitude au moins *pâle* devant la cour d'assises, pour éviter une condamnation : jamais je ne ferai une concession à mes adversaires ; je marcherai tête haute au-devant d'une condamnation, et je confondrai mes calomniateurs.

Interrogatoire.

« D. Vous avez reconnu, dans vos divers interrogatoires, ainsi qu'il résulte de vos lettres, que vous avez reçu du prince de 140 à 150,000 fr. : pourriez-vous nous donner l'emploi cette somme ?

« R. J'ai déjà déclaré que j'avais rendu compte au prince de l'emploi de cet argent, et que je croyais n'en devoir compte qu'à lui.

« D. Vous êtes dans l'erreur ; car le refus que vous faites d'éclairer la justice sur ce point, donne lieu à deux graves accusations contre vous : la première d'avoir soudoyé les sociétés secrètes en leur fournissant les moyens d'acheter des munitions et des armes ; la seconde de faire dire que votre complot n'est qu'*une escroquerie et un tisssu d'abus de confiance.*

« NOTA. Après m'avoir fait cette question, le juge me dit : « Je vous demande pardon de m'être servi de ces dernières expressions ; mais j'ai cru devoir le faire ainsi dans votre intérêt, parce qu'elles seront reproduites devant la cour d'assises attendu que ce sont celles dont M. Mauguin s'est servi : vous les connaissez maintenant, vous pourrez y répondre. Et voilà les hommes que vous avez cru vos amis ! »

« **R.** J'ai toujours repoussé l'accusation d'avoir soudoyé les sociétés secrètes, et je crois en avoir démontré toute la fausseté. Quant à la seconde accusation, c'est publiquement que je me réserve de renvoyer à mes accusateurs cette infamante calomnie.

« **D.** M. P... n'était donc pas propriétaire du cautionnement qu'il avait fourni pour le journal ?

« **R.** Vous savez que sa caution est fixée par ces contre-lettres que vous avez sous les yeux.

« **D.** Le sieur Bellémois n'est donc pas non plus propriétaire du cautionnement ?

« **R.** Je ne connais point le sieur Bellémois, et j'ignore sa position.

« **D.** Persistez-vous dans votre déclaration que vous avez donné 7,000 fr. à MM. B... et L. D... ?

« **R.** Oui ; mais je déclare de nouveau que je n'ai rien donné au sieur L. D... directement.

« **D.** Vous persistez également dans votre déclaration que c'est par eux que vous avez connu M. Berryer ?

« **R.** Oui.

« **D.** Dans quel but aviez-vous donné les 7,000 fr. ?

« **R.** Pour différentes démarches dont je crois inutile de parler ici.

« **D.** Est-ce par eux que vous avez connu M. Mauguin ?

« **R.** Non.

« **D.** N'est-ce pas d'eux que vous teniez les soupçons sur M. Mauguin dont vous parlez au prince ?

« **R.** Oui ! j'expliquerai plus tard quels sont les motifs qui me paraissent avoir pu les engager à tenir ce langage envers moi.

« **D.** N'est-ce pas la brochure intitulée : *Crise en France,* que vous avez été chargé de soumettre à M. Mauguin ?

« **R.** Oui.

« D. M, Mauguin ne vous fit-il pas quelques observations sur la brochure ?

« R. Il m'indiqua quelques passages qu'il croyait susceptibles d'être incriminés.

« D. Quel fut, du reste, le sujet de votre conversation ?

« R. Je m'en réfère aux déclarations que j'ai déjà faites à ce sujet.

« D. De qui était la letttre d'introduction avec laquelle vous vous êtes présenté chez M. Mauguin ?

« R. Je n'en avais pas ; mais j'ai lieu de supposer que ma visite lui était annoncée.

« D. Mais M. Mauguin prétend que vous lui aviez remis une lettre d'introduction du prince ?

« R. Je n'en ai aucun souvenir.

« D. L'ordre dans lequel on a trouvé vos papiers, la clé de vos chiffres qui a été également trouvée chez vous, ont donné lieu à des accusations qui portent atteinte à votre honneur ; je pense que vous nous donnerez des éclaircissements à ce sujet ?

« Je crois suffisantes les explications que j'ai données. Au surplus, c'est par la publicité la plus entière de mes actes et de ma conduite que je démasquerai tous les lâches qui ont osé déverser sur moi d'odieuses calomnies. Quelle que soit l'issue de cette instruction, qu'il y ait une ordonnance de non-lieu, que je sois renvoyé devant la cour d'assises, je saurai appeler mes concitoyens à prononcer entre moi et mes calomniateurs.

« 1er Nota. On vient de voir que, suivant M. Zangiacomi, c'est M. Mauguin qui a dit, dans sa déposition, en parlant de moi, que mon complot n'était qu'*un complot d'escroquerie et un tissu d'abus de confiance*. Il paraît que le même personnage a dit aussi, en voyant la lettre dans laquelle le prince m'écrit : « *D'après mes ordres antérieurs, vous vous entendrez avec Mauguin pour la publication de la brochure :* — Je n'ai point d'ordre à recevoir de ce petit drôle, de ce petit polisson. » C'est après avoir compromis son habit de député et sa toge d'avocat par des propos aussi inconvenants, qu'il aurait ajouté : « Au reste, comme je ne suis point accusé, et que vous voudriez bien me mettre en cause, je me refuse à répondre à toute espèce de questions et à être confronté avec M. de Crouy. » A cette conduite de M. Mauguin, on doit ajouter que la veille il avait écrit au juge d'instruction, en réponse à son invitation de se rendre dans son cabinet, une lettre dans laquelle il lui disait qu'il serait toujours à sa disposition, parce qu'il était du devoir de tout bon citoyen d'obéir à la justice (cette lettre est au dossier). Et lorsque ce bon citoyen se trouve dans la nécessité d'avouer *tout haut des sentiments qu'il professe tout bas,* il se renferme dans sa qualité de député pour se refuser à rendre hommage à la vérité, et croit se justifier en se répandant en lâches attaques contre le prince et contre un prisonnier.

Voilà un de ces parleurs qui surprennent la considération publique ! Il faut le démasquer ; si Dieu me donne vie et maintient mon courage, je remplirai ce devoir d'honnête homme.

2ᵉ NOTA. Quant à l'ordre trouvé dans mes papiers, j'ai déjà dit que je ne les avais pas brûlés parce que j'avais la conviction qu'ils ne pouvaient pas prêter matière à une accusation de complot, et que si le prince m'engageait à ne point conserver ses lettres, c'était dans la crainte de me compromettre vis-à-vis d'une police ombrageuse, non parce que qu'il conspirait. Or, comme je n'ai jamais craint d'avouer hautement mes opinions, je garderai ses lettres, et je les conserverai comme un monument honorable de sa confiance en moi. Mais la vérité est que j'avais mis en ordre tous les papiers relatifs au *Capitole* pour les remettre à mon ami S.-E., afin de publier les motifs de la création de cette feuille, et dévoiler la conduite des individus que j'avais voulu en éloigner.

« Les insinuations publiques que déjà ces hommes avaient cherché à répandre contre moi, m'avaient déterminé à cette démarche, ainsi que l'avis de tous les hommes de lettres honorables que j'avais attachés au *Capitole*, et qui s'étaient retirés, tels que MM. La., Des., Mer., etc.

« L'ami S.-E. se rappelait parfaitement ma promesse de lui remettre tous ces papiers qu'il me demandait chaque jour ; et les hommes de lettres que je viens de citer, déposeraient également de la vérité de ce fait. Ainsi se trouve expliqué l'ordre de tous ces papiers saisis.

« 3ᵉ Nota. Le jour de mon arrestation, j'avais demandé au commissaire de me conduire chez le préfet, qui refusa de me recevoir. Mon intention était de lui dire que les papiers saisis chez moi étaient si peu des indices de complot, que j'avais moi-même l'intention de les publier.

Interrogatoire sur les lettres de M. Jules Ollivier.

« D. Reconnaissez-vous ces lettres comme écrites par M. Jules Ollivier ?

« R. Oui.

« D. Depuis quelle époque connaissez-vous M. Ollivier ?

« R. Des relations amicales existaient entre la famille de M. Ollivier et la mienne...

« D. Il résulte des lettres de M. Ollivier qu'il existait un journal intitulé : *Revue du Dauphiné*, et que vous aviez l'intention de consacrer ce journal à la manifestation de vos principes politiques ?

« R. Il existait à Valence un journal littéraire appelé

Revue du Dauphiné, que j'avais eu un moment l'intention de rendre politique pour y développer mon système; mon projet n'a pas eu de suite, et cette feuille a même cessé de paraître.

« D. Cependant les expressions des lettres de M. Ollivier prouvent qu'il prenait le plus vif intérêt à *votre cause;* car il dit dans une de ses lettres : « J'ai déjà semé de bons grains « qui produiront de bonnes récoltes, et je vous donnerai « un travailleur sur la discrétion duquel vous pourrez « compter. » Que veulent dire ces expressions ?

« R. M. Ollivier en parlant ainsi faisait allusion à des principes politiques dont il désirait la propagation. Quant à la personne à la discrétion de laquelle il fait allusion, c'était sans doute quelqu'un qui aurait bien voulu coopérer au succès du journal, et qui avait peut-être quelque intérêt de position pour cacher ses opinions politiques.

« D. Mais il paraît que M. Ollivier attachait tout son avenir politique au succès de cette cause, à laquelle il paraissait vouloir se vouer entièrement ; enfin, il paraissait attendre avec anxiété des nouvelles d'outre-mer qui devaient fixer sa position ; c'était sans doute du prince Louis, qui devait s'intéresser au journal ?

« R. Il est tout simple qu'un homme de conscience et ayant des principes politiques, attache son avenir au triomphe de ces mêmes principes : il était également naturel que le prince Napoléon dût s'intéresser au succès d'un journal qui devait avoir pour mission de combattre votre système électoral et vos lois de proscription dont l'abrogation devait lui procurer la rentrée sur le sol de la patrie.

« D. Il résulte des lettres de M. Ollivier qu'il était en correspondance avec le prince Louis : que savez-vous relativement à cette correspondance ?

« R. Je ne crois pas qu'il y ait eu une correspondance

régulière entre le prince Napoléon et M. Ollivier ; je crois seulement qu'il y a eu un simple échange de lettres entre eux, motivé sur d'anciennes relations bienveillantes qui avaient existé autrefois entre le roi Louis et M. Ollivier père.

« D. M. Ollivier connaissait-il vos rapports avec le prince Louis ?

« R. J'ai déjà dit que je ne les cachais à personne.

« D. Vous devez vous faire de graves reproches d'avoir ainsi engagé un fonctionnaire public dans des relations politiques qui peuvent compromettre son caractère de magistrat ?

« R. Certainement, je serais vivement affecté que la manifestation publique qui devait avoir lieu par un journal d'opinions aussi légalement avouables qu'honorables, et qui sont hautement partagées par les personnages les plus élevés de notre ordre social, pussent attirer des désagréments à un magistrat aussi estimable que l'est M. Ollivier : ce qui serait d'autant plus extraordinaire que cette manifestation n'a pas eu lieu, le journal n'ayant pas été publié. »

Nous avons exploré les notes que le prisonnier a écrites pendant l'instruction, et l'on a pu reconnaître, dans les parties que nous avons conservées, quelque incomplètes qu'elles soient, quelques-unes des qualités par lesquelles se recommandent les gens de cœur et de probité. Ainsi, il avoue nettement qu'il a voulu la fusion des opinions, l'abrogation des lois exceptionnelles, la réforme électorale, la convocation d'un congrès national pour régler, au nom du peuple, la forme et l'occupation du gouvernement ; il assume sur lui la responsabilité des actes les plus compromettants de ses co-prévenus, et, afin de leur procurer liberté et sécurité, consent à se priver de pièces utiles à sa défense ; il ménage des adversaires qui l'ont volontairement blessé dans son honneur ; il explique et prouve comment il a rendu ses comptes au prince, et pourquoi il aurait des répétitions à lui adresser, comment et pourquoi il a, sans plainte et sans réserve, remis la propriété du *Capitole*, qu'il avait fondé, et que personne n'aurait pu légalement lui disputer : toutes choses qu'on retrouve uniquement dans les sentiments de la plus haute convenance, de la délicatesse la plus scrupuleuse, du patriotisme le mieux compris, de la fermeté et de la résignation de l'homme de parti le plus complet.

Mais le besoin de laisser à ces notes l'ensemble qu'elles exigeaient, nous a fait négliger l'ordre des évènements ; nous revenons donc sur nos pas, avec l'intention de traiter séparément la *correspondance Brougham*, le *voyage de madame de Crouy à Londres*, la *question relative à M. de Medem*, les *papiers de Didier*, la *mise en liberté*, la *lettre à M. Mauguin*, le *mémoire de M. de Crouy*, les *pièces de l'Édimbourg-Castle*, le *passeport de la Russie* : chapitres d'une gravité extrême, et, qui, avec quelques autres faits d'une nature moins importante, constituent la vie de M. de Crouy depuis 1837.

Correspondance Brougham.

Les démarches faites auprès de la rédaction du journal *le Commerce* (voir p. 25) ayant été sans succès, madame de Crouy jugea à propos d'écrire, immédiatement après le refus de M. Lesseps, au prince Napoléon, une lettre pressante, dont le motif se trouve expliqué dans le dernier paragraphe de sa lettre, ainsi conçu :

« Prince ! souffrirez-vous qu'une feuille qui ne vit que de vos subsides, outrage ainsi l'honneur de mon mari, emprisonné pour vous avoir trop ardemment aimé et servi ? Ses odieuses calomnies se répètent, et vous savez ce que peut la calomnie contre un homme sans défense ?

N'imposerez-vous pas silence à ces lâches? Je demande cette justice à V. A., je la demande à genoux : vous me l'accorderez, prince ; et j'en conserverai dans mon âme la plus profonde reconnaissance ; et j'oublierai mes douleurs pour demander à Dieu qu'il vous bénisse....! »

Un ami se chargea de prier lord Brougham de faire mettre cette lettre au *Post-Office*, et près d'un mois plus tard, elle était renvoyée à M. Guillemin, avocat de M. Crouy, avec ce billet :

« Hôtel Meurice, rue Rivoli, ce 1er janvier 1840.

Lord Brougham *vient de recevoir la lettre* qu'il a l'honneur d'envoyer à MM. les défenseurs de M. de Crouy-Chanel.

Il ne peut pas imaginer comment on aura pu croire qu'il se fera le porteur de telles communications.

Bien qu'il se soit disposé à pardonner les erreurs d'une personne qui se trouve dans la position de Mme de C.-C., il prie MM. les défenseurs de son mari de l'avertir qu'il est impossible *d'entretenir la moindre communication avec cette famille*. Il a même la plus forte raison d'être mécontent de ce qui s'est passé. »

Nous n'avons, sur ce billet, que deux remarques à faire : il est daté du 1er janvier, et il y est dit que le lord Brougham *vient de recevoir la lettre*, tandis qu'on nous a affirmé qu'il l'avait eue à son arrivée à Paris, le 14 ou le 15 décembre. Ce qui nous porte à croire cette affirmation, c'est le caractère de la personne qui nous l'a faite, ce sont les circonstances que nous allons rapporter tout à l'heure. Plus bas, lord Brougham parle de l'impossibilité, pour lui, *d'entretenir la moindre communication avec cette famille* : mais il ne s'agissait pas de communication ; c'était probablement une lettre fermée qu'on le priait de jeter à la poste de Londres, et la suscription de cette lettre devait le décider ou à céder à la prière de l'auteur de la lettre, ou à motiver autrement son refus.

La date de ce billet et le billet lui-même peuvent-ils ser-

vir à expliquer l'emploi qui a été fait de la lettre de madame de Crouy ? — Nous allons nous borner à raconter
les événements.

Cette lettre courut les salons de Londres ; lors du voyage
de madame de Crouy, M. de Persigny lui en parla, enfin,
M. de Crouy, dans sa lettre du 2 au 3 janvier, déjà citée
p. 30, écrivait au prince : « Je dois vous prévenir qu'on
sait ici tout ce que vous faites ; le juge d'instruction a cité
des fragments de la lettre que ma femme avait eu l'honneur
de vous écrire, et qui a été envoyée de Londres au gouvernement. »

Comment cette lettre a-t-elle été connue dans les salons
de Londres ? comment, puisque le prince l'avait eue, cela
paraît certain, s'est-elle retrouvée à la disposition de lord
Brougham ? comment est-elle venue dans les mains du juge
d'instruction ?

Toute cette affaire est un mystère impénétrable ; mais
ce mystère semble devoir servir à démontrer que le prince
et M. de Crouy étaient, comme dans un vaste réseau, en-
veloppés d'espionnage et de trahison.

Voyage de madame de Crouy a Londres.

Le chagrin que causaient à madame de Crouy les calomnies dont on accablait son mari ; l'attachement si vif que
M. de Crouy ne cessait de montrer pour le prince, et qui
excitait en lui le désir que celui à qui il s'était dévoué tout
entier apprît directement et personnellement la vérité sur
les événements récemment accomplis ou que le temps allait
accomplir ; l'insuccès de la démarche tentée auprès de lord
Brougham, démarche dont on ignorait les circonstances et
la portée, firent prendre à cette dame le résolution d'aller
à Londres.

Le lundi 27 janvier au soir, madame de Crouy partit (1), sans passeport, avec une dame de ses amies, espérant que cette amie lui procurerait un permis de passage à Boulogne ; cet espoir fut trompé.

Plutôt que de revenir à Paris, madame de Crouy se jeta dans une petite barque de pêcheurs anglais, et gagna en mer, non sans grande peine, le paquebot de Boulogne, où l'on voulut bien l'admettre.

Après l'une des plus mauvaises traversées qu'on ait faites, elle débarqua le vendredi 31, à cinq heures du soir, dans un état difficile à décrire de souffrance physique et de douleur morale.

A peine entrée dans un des hôtels de la cité, et malgré son extrême fatigue, elle envoya chercher M. le comte de..... afin de le consulter. M. le comte de..... lui remit une lettre pour le prince, dans laquelle il nommait la personne qui la lui présenterait, et indiquait la nature de la mission confiée à son zèle et à sa conscience.

Le lendemain au matin, madame de Crouy se rendit à *Garden Terrace*. Elle demanda à parler à *S. A. I. le prince Napoléon*. Un valet de chambre l'introduisit dans une salle où se trouvait, près de la cheminée, un homme portant moustaches. Le valet de chambre dit à madame de Crouy : « Voilà M. de P. » Les bruits injurieux et terribles que madame de Crouy avait si souvent entendu répéter sur ce favori du prince, lui revinrent en mémoire, la troublèrent, la rendirent indécise ; mais se rappelant aussi avec quel zèle

(1) Madame de Crouy était munie de ce billet de son mari au prince :

« J'ose espérer que vous daignerez accueillir et écouter madame de Crouy avec cette bienveillance dont vous m'avez toujours honoré, et dont le malheur qui m'a frappé ne m'a pas rendu moins digne, et j'ai la confiance que les renseignements qui vous seront soumis vous prouveront de nouveau la sincérité des sentiments d'honneur et de dévouement de votre, etc.

son mari avait toujours défendu ce jeune homme dans toutes les occasions, avec quel *respect d'affection filiale* M. de
P. écrivait à M. de Crouy, le courage lui revint. S'adres-
sant donc à M. de P., elle se nomma, et demanda à voir le
prince, afin de remettre en ses mains seules, suivant la
recommandation qui lui en avait été faite, les notes de
l'instruction (celles que nous avons analysées), et des documents d'un grand intérêt. M. de P. lui répondit : « Je ne
crois pas que le prince vous reçoive, ni qu'il reçût M. de
Crouy s'il venait à se présenter lui-même : M. de Crouy
est un brave homme ; mais ce qui a eu lieu est au moins
extraordinaire !... Je profiterai de l'occasion pour vous
demander ce que c'est que cette lettre que *vous prétendez*
avoir écrite au prince, *qui a été connue ici et renvoyée à Paris ?* » La conversation rapide qui s'était établie avait
pris, de la part de M. P., un ton de supériorité blessant
pour madame de Crouy. Cette dame insista pour être annoncée, M. de P. céda, passa chez le prince et rentra
presque immédiatement, disant : « Je l'avais bien prévu, le
prince ne veut pas vous recevoir : Si vous avez des papiers,
remettez-les moi. « Malgré l'indignation que dut lui faire
éprouver une pareille conduite, madame de Crouy se con-
tint assez pour dire, avec l'apparence du sang-froid, à M.
de P. : « Je pense que le prince voudra bien motiver cet
étrange refus. » M. de P. reprit aussitôt : « Le prince ne
veut pas qu'on dise qu'il y a eu, directement ou indirecte-
ment, aucune communication avec M. de Crouy. Cependant, si le procès justifie M. de Crouy le prince lui tendra
encore la main. Mme de Crouy, se levant alors, dit à M. de
P., avec cette fierté de caractère que sa situation justi-
fiait : Monsieur, le prince pourra se repentir d'avoir pu
méconnaître le seul ami sincère qu'il ait eu peut-être ; mais
après la réception qui vient de m'être faite M. de Crouy

ne pourra jamais accepter la main qu'on lui offrirait désormais. »

Madame de Crouy sortit l'âme brisée par les émotions de cette cruelle visite, et se rendit chez le comte de.... qui se hâta d'écrire à M. de P. Ce dernier alla trouver M. le comte de...... et eut une longue conversation avec lui ; puis il retourna auprès du prince. Dans la journée, il écrivit au comte :

« J'ai communiqué au prince la conversation que nous avons eue ensemble, relativement à la demande d'être reçue par le prince. J'ai le regret de vous dire de sa part qu'il ne peut la recevoir, ne voulant avoir aucune communication ni directe, ni indirecte, avec M. de Crouy-Chanel, tant que les débats du procès ne lui auront pas permis d'asseoir un jugement sur toute cette affaire. Quant aux papiers que Mme de Crouy-Chanel peut avoir entre les mains, le prince ne tient pas à ce qu'ils lui soient remis : car, s'il s'agit de lettres autographes, il ne craint pas leur publicité.

Agréez, monsieur, l'expression de mes sentiments d'estime, et des regrets personnels que j'ai de toute cette affaire. Je n'ai pas besoin de vous dire que si, comme je le crois et comme je l'espère vivement, M. de Crouy sort bientôt de cette affaire à son avantage, j'en serai bien content.

« Vᵗᵉ DE P. »

M. le comte de.... donna connaissance de cette lettre à Mᵐᵉ de Crouy qui se décida sur-le-champ à revenir à Paris. Elle écrivit au prince :

« Prince,

En partant demain au matin, j'emporterai la pensée amère de n'avoir pas été comprise, et des conséquences qui pourront en résulter.

« Le *Morning-Hérald* de ce matin contient un article infâme extrait du *Commerce* (journal qui est pourtant sous l'influence de V. A. I.). Ces suppositions sont trop odieuses pour que mon mari ne les repousse pas avec d'autant plus d'énergie que tout ce qui se passe imposera à son honneur et à sa délicatesse de nouveaux devoirs. »

« D. DE CROUY-CHANEL

Mme de Crouy joignit cette lettre aux notes d'instruction et envoya le tout avec ce billet :

« Les papiers que je joins ici sont une partie de ceux qui avaient été confiés à mon dévouement. »

Le 5 février Mme de Crouy était à Boulogne, et le 7 à Paris.

Pourtant, à l'inspection des interrogatoires le prince s'était ému et avait fait courir après Mme de Crouy ; mais elle était partie. On chargea alors quelques personnes de confiance, à cette époque à Paris, de démarches auprès de M. Guillemin. Ce constant ami du malheur s'empressa d'écrire à Mme de Crouy :

« Madame,

« Consolez-vous ! dès hier au soir j'ai eu de meilleurs nouvelles que celles que vous aviez déjà données et que celles que vous apportez. Je les ai apprises ce matin à notre cher prisonnier ; elles ont rafraîchi son cœur. Il m'est impossible d'avoir l'honneur de vous voir aujourd'hui. J'ai un rendez-vous dans l'intérêt de la cause, et demain au matin je vous attendrai à dix heures, pour vous donner le résultat de cette conférence, et tous les autres détails. »

« Agréez, etc.

Alex. Guillmin

« Paris ce 7 février 1840. »

Il paraît que les pourparlers se prolongèrent et que M. de P. vint de Londres ici : car dans une lettre au prince, M. de Crouy s'exprimait ainsi :

« 9 mars 1840.

« Vous avez déjà reçu la dernière lettre que j'ai eu l'honneur de vous écrire ; le même jeune homme qui s'était déjà présenté chez mon ami, est revenu et a dit que *les lettres de Russie étaient toujours en votre pouvoir*.

« Une conférence a eu lieu avec cette personne dont, sans doute, elle aura rendu compte ; il y a huit jours qu'elle devait revenir, et mon ami n'en a pas entendu parler.

« Seulement nous avons appris par deux avis que P. était revenu à

Paris; j'ignore si le fait est exact; mais hier, deux personnes se sont présentées chez mon ami, et n'ont pas voulu laisser leurs noms. Il a présumé qu'elles pouvaient venir de votre part, et comptait bien les revoir hier; mais une lettre qu'il a reçue ce matin, et lui annonçant la perte imminente de son père, l'a obligé de quitter tout de suite Paris; il ne sera de retour que dans huit jours.

« Pendant son absence, il a laissé les instructions nécessaires pour que tout ce qui viendrait de votre part, personne ou lettre, fût mise en communication ou remise de suite à ma femme.

« Chaque jour, la position devient plus grave; tout me donne la certitude qu'elle vous est inconnue.

« Et, dans mon état de captivité, je ne puis confier qu'à deux personnes ma femme et mon ami, les faits que vous devez connaître seul, et de ces deux personnes une seule peut aller vous voir, mais elle ne doit pas s'exposer deux fois au refus qu'elle a reçu; elle attend donc une invitation pour se rendre près de vous, et moi j'attends votre réponse courrier par courrier.

« J'ai l'honneur de vous le dire pour la dernière fois : si cet avis du dévouement le plus vrai devait rester sans réponse, si les faits qui doivent s'accomplir ne répondaient pas à votre attente, ce ne sera pas ma faute; ma parole ou mes écrits ne démentiront jamais mes antécédents d'honneur et de patriotisme; j'ajouterai même encore les sentiments que mon cœur vous a voués; mais d'autres, qui vous trompent ou volontairement ou involontairement, auront porté un coup mortel à la plus noble des causes, au lieu de lui donner une force de vie et de puissance qu'elle n'a pas eue jusqu'à ce jour.

« Si ce malheur arrive, je le redis encore, je n'aurai pas à me le reprocher; j'aurai rempli mon devoir d'honnête homme avec ce calme et cette dignité qui convenaient à ma position, et vous, vous reconnaîtrez, mais trop tard, que, malgré les calomnies et les outrages, je fus, *jusqu'aux limites de l'honneur*, le plus dévoué comme le plus respectueux de vos serviteurs. »

« CROUY-CHANEL. »

Nous avons donné une assez grande étendue aux détails du voyage de Mme de Crouy à Londres parce qu'il en découle plusieurs vérités utiles à faire remarquer :

D'abord, M. de Crouy a fait tout ce qui lui était humainement possible pour éclairer la religion du prince;

Ensuite, des intérêts insaisissables encore ont annihilé les bonnes intentions que le prince avait manifestées dans les premiers moments ;

Et puis enfin ce voyage a été rendu difficile par la crainte d'un empêchement de la police.

QUESTION RELATIVE A M. DE MEDEM.

On a vu, p. 36, que M. de Crouy avait autorisé M. le juge d'instruction à enlever une pièce de son dossier puisque la liberté de M. Charles Durand dépendait de cette autorisation : M. de Crouy donna son consentement le 29 janvier, et le Ier février M. Durand était libre.

Le 18 février on lut dans *La Presse,* journal dirigé par M. Emile Girardin qui recevait, dit-on, les confidences du château :

« La note suivante nous est COMMUNIQUÉE :

« Des bruits de nature à porter atteinte à la dignité du gouvernement russe ont circulé à la suite de l'arrestation de M. Charles Durand, rédacteur du *Capitole*; ces bruits ont été assez légèrement accueillis, et, ce qui paraît étrange, par des personnes que la haute position qu'elles occupent aurait dû prémunir contre des nouvelles si peu fondées. Justement choqué de ce *scandale*, le représentant russe attendait qu'une interpellation lui fût faite à ce sujet par le cabinet français, pour repousser les odieuses insinuations dirigées contre la Russie. Ces interpellations n'ayant pas eu lieu, M. de Medem *a reçu de son gouvernement l'ordre* de déclarer au maréchal Soult que le gouvernement russe *exigeait* que l'on publiât les papiers que l'on prétendait avoir trouvés chez M. Durand, et que l'on rendît publiques les accusations malveillantes contre la Russie ; il ajouta que le gouvernement russe n'avait jamais descendu à des expédients réprouvés par la saine politique, et n'a jamais subventionné *aucun journal* dans un but aussi répréhensible ; qu'il pouvait y avoir divergence d'opinions politiques entre les deux pays ; mais que la Russie avait trop le sentiment de sa force et de sa dignité pour vouloir recourir à des intrigues basses et déloyales. M. le président du conseil a répondu qu'il n'avait jamais eu le moindre doute sur la loyauté du cabinet russe, et qu'il n'avait rien trouvé qui pût l'autoriser à croire à de pareils bruits.

« Il est vrai que M. Ch. Durand, lorsqu'il rédigeait le *journal de Francfort*, recevait un léger secours qui lui a été alloué sur sa demande pour insertions de rectifications ; il paraît même que d'autres gouvernements lui avaient accordé, à la même époque, des secours à peu près semblables ; mais depuis que M. Ch. Durand a quitté la rédaction du *Journal de Francfort*, et depuis la fondation du *Capitole*, le gouvernement russe DÉCLARE N'AVOIR EU AVEC LUI AUCUNE RELATION NI DIRECTE NI INDIRECTE.

« Au surplus M. Ch. Durand a lui-même publié, dans le *Capitole*, une déclaration ainsi conçue :

« M. Ch. Durand, ayant appris que plusieurs journaux ont annoncé « qu'il avait avoué, dans l'instruction, être l'agent du gouvernement « russe, a écrit à M. Zangiacomi, juge d'instruction, pour le prier de « démentir ce fait, qui est un mensonge, ou bien de l'autoriser à le « faire. »

Le *National* et le *Courrier Français* répétèrent cette note le lendemain : le *Capitole* ne s'en occupa que le 12, et le *Journal des Débats* que le 13.

L'article du *Capitole* est signé *Ch. Durand*, et, à l'exception des deux paragraphes que nous allons citer, cet article est une défense du caractère et de la conduite de l'écrivain, défense qui doit rester, ici, en dehors de toute proposition. Voici ces deux paragraphes :

Deux choses sont à considérer dans cet *article* (*c'est* NOTE *qu'il aurait fallu écrire*) : le fond et la forme.

« Pour le fond, plusieurs faits y sont établis, savoir : que les bruits si *ridiculement répandus* au sujet de prétendues relations entre le *Capitole* et la Russie, *sont des bruits faux et calomnieux* ; qu'on n'a pu trouver chez moi aucune correspondance qui justifiât de tels soupçons ; que le cabinet russe a demandé qu'on publiât tout document auquel on attacherait le caractère d'une connivence dans un complot, et *que le gouvernement français a répondu qu'il n'avait connaissance d'aucun document de ce genre*, CE QUI EST VRAI. »

L'opinion du *Journal des Débats* a été tardivement formulée ; mais il fallait s'entendre ! elle est vraiment singulière :

Nous croyons savoir que M. de Medem, en effet, a eu une audience de M. le maréchal Soult ; mais que la conversation n'avait pas eu le moins du monde, de la part de M. le chargé de Russie, le ton hautain et provocateur qu'a la note communiquée. Nous croyons savoir que M. de Medem est venu pour protester, au nom de son gouvernement, que la Russie était *complètement étrangère* aux ténébreuses intrigues dont il a été question.

« Le gouvernement russe *exige*, dit la note, qu'on publie les papiers trouvés chez M. Durand ; c'est-à-dire que le gouvernement russe *veut* que le ministère français intervienne dans une instruction faite par la justice seule. *On peut étant Russe, ignorer les lois françaises ; mais le président du conseil a dû répondre que, dussent les papiers trouvés chez M. Durand entacher la loyauté russe, ces papiers appartenaient à l'instruction, et que personne en France ne pouvait intervenir dans un procès, et supprimer ou publier les papiers de ce procès. Le sceau qu'y a mis la justice est* INVIOLABLE. *La main d'un empereur peut, en Russie, lever ou briser le sceau sacré ; en France cela ne se* PEUT. L'exiger est dont une hardiesse qui n'a pas eu lieu, et pour deux raisons, c'est que M. de Medem n'a pas pu se la permettre, et que surtout M. le maréchal Soult n'a pas pu la lui permettre.

« Mais le gouvernement russe se plaint des propos tenus et des bruits accueillis. Oui, on a parlé de lettres autographes émanées d'une main impériale ; oui, on a parlé d'argent donné par la Russie ; on en a parlé dans le public et partout. *Peut-être s'est-on trompé* ; peut-être a-t-on exagéré. M. le maréchal Soult a dû savoir, à cet égard, ce que savait et disait le public, rien de plus ; *et il l'a su comme le public, sans en être plus certain que le public, sans le savoir d'une autre manière que le public.* La justice seule en a su davantage, *s'il y a eu lieu d'en savoir davantage ;* et la justice s'est prononcée, non sur la culpabilité de la Russie, qui n'était pas en cause, mais sur celle de M. Durand ; elle a rendu une ordonnance de non lieu, ce qui veut dire qu'il n'y a pas de preuves pour poursuivre M. Durand ; ce qui veut dire que M. Durand ne peut pas être traduit devant les tribunaux pour complot soit avec des nationaux, soit avec des étrangers. *Si M. de Medem a passé une note au sujet de cette affaire, M. le maréchal Soult a dû se contenter, pour lui répondre, de lui passer l'arrêt de non lieu rendu sur l'instruction* faite contre M. Durand, en disant qu'on ne pouvait pas s'expliquer pourquoi la Russie voulait qu'on la mît hors de cause, puisqu'elle n'avait pas été en cause, et qu'il s'agissait en tout cela de M. Durand, et non de S. M. l'Empereur Nicolas.

« Sans doute il est fâcheux qu'on médise, mais on médit aussi à Saint-Pétersbourg.

« Que résulte-il de tout ceci? *Que la Russie a, de son propre aveu, en France* et en Allemagne, des journaux dont elle rétribue les insertions rectificatrices, mais que jamais elle ne se sert de ces journaux pour intriguer. Cela était bien convenu avant la conversation de M. de Medem, et cela doit également rester convenu après. La Russie ne se sert de la presse que dans un but honnête, dans une vue désintéressée, dans une pensée d'ordre et de civilisation, nous n'en doutons pas ; et aussi bien, la note assure que M. le maréchal Soult a répondu qu'il n'avait jamais eu le moindre doute sur la loyauté du cabinet russe. Comme M. de Medem apportait au maréchal Soult une attestation que la Russie était fort loyale, le maréchal lui a donné un certificat de loyauté. C'est dans l'ordre.

« Nous finissons en déclarant que cet article-ci, qui est une réponse à la note communiquée, ne nous est nullement communiqué, et c'est ce qui nous fâche. »

Le même jour, le *Moniteur Parisien*, journal des rectifications et des démentis ministériels, publia ces quelques lignes :

« Nous n'avions attaché *aucune importance* à une note publiée ces jours derniers par la *Presse* relativement aux papiers saisis chez M. Charles Durand, et nous n'avons pas cru devoir donner d'explications sur les faits qui s'y trouvaient énoncés, convaincus que ces faits se réfutaient d'eux-mêmes par leur *invraisemblance*. Un journal du matin (les *Débats*), qui ne présente d'ailleurs à ce sujet que des observations très justes, s'étonne de notre silence. *Nous sommes autorisés* à déclarer que M. le chargé d'affaires de Russie *s'est empressé de désavouer* toute participation de la légation impériale à l'article, du reste entièrement inexact, que la *Presse* a publié, et dont ce journal peut seul indiquer la source, s'il le juge convenable. »

Tous les journaux du 14 reproduisirent la note de *la*

Presse, l'article du journal *des Débats*, et l'explication que le ministère avait donnée dans le *Moniteur Parisien*.

Le *National*, qui nous paraît avoir le mieux saisi la question, dit, en parlant de l'article des *Débats* :

« Ce persifflage est certainement fort agréable; mais il a le double inconvénient de compromettre tout le monde et de ne disculper personne. »

Il ajoute :

« Des gens bien informés assurent qu'à la découverte de certains renseignements, le premier mouvement de la cour des Tuileries avait été d'envoyer des passeports à l'ambassadeur russe ; mais, comme la nuit porte conseil, et comme il eût fallu, pour se montrer conséquent, aller peut-être jusqu'à une rupture déclarée, on a jugé prudent de ne pas donner suite à cette impulsion de colère et l'on s'est vengé, par des caquets de salon, des manœuvres hostiles, qu'on n'osait démasquer au grand jour de la cour d'assises ou de la tribune. Rassurée sur l'issue du procès, et voyant fléchir ses adversaires, la diplomatie russe a bientôt repris courage. De là cette note *choquante* et cette espèce de défi adressés par la voie de la *Presse* au très inoffensif président du conseil. »

La *Quotidienne* s'exprime de la sorte :

« Il en restera deux faits saillants : c'est d'abord qu'à Saint-Pétersbourg on fait de l'opposition à la manière du *Charivari* ; et puis qu'à Paris la guerre intestine est dans la dynastie : double aveu dont nous avons peine à concevoir l'habileté en présence des ruptures et des relâchements d'alliances qui se manifestent autour de nous depuis quelque temps. »

Enfin, le 15, vint le *Capitole* pour mettre, en apparence, par la déclaration qu'on va lire, des bornes à une discussion beaucoup trop prolongée.

« Maintenant, dit-il, que chacun a fait son devoir, que les journaux ont défendu l'honneur du pays, que le comte de Medem a défié les preuves contenues dans les papier saisis chez M. Durand, et que le ministère a déclaré ne pas *connaître ces papiers, et ne pas vouloir les demander à la justice*, nous sera-il permis de placer un mot qui termine toute l'affaire? Ce mot le voici : IL N'Y A EU AUCUN PAPIER SAISI CHEZ M. DURAND. »

Les dix derniers mots de cette déclaration furent imprimés en grandes capitales afin de frapper à la fois les yeux et les esprits.

Plusieurs journaux entretinrent encore leurs lecteurs, le 16 et le 17, de cette discussion embarrassée, et puis tout fut fini. D'ailleurs, tout le monde était content, et tout le monde devait l'être, puisque, suivant l'expression de M. Charles Durand, *chacun avait fait son devoir*.

Quelle pitié !

Jamais comédie plus scandaleuse n'avait été jouée vis-à-vis de la France ; jamais vengeance mesquine et basse n'avait mis en œuvre d'aussi petits moyens ; jamais on n'avait employé plus d'audace à abuser de la justice et de la magistrature.

De qui M. Emile Girardin tenait-il sa *note communiquée?* Il a affirmé que M. de Medem y était étranger. En se rappelant les relations du rédacteur en chef de *la Presse*, on peut se livrer à des conjectures hasardées ; cependant on signale des personnages qui ont repris des habitudes de tradition, et se font raconter toutes sortes d'historiettes, passe-temps que les mœurs nouvelles graves et sérieuses ne devaient plus permettre. Les raconteurs ont appris à ces personnages les rebus inventés à la cour de Russie, et il est probable qu'on aura infligé à cette cour cette *note communiquée* en punition.

Il est résulté de cette taquinerie sans dignité et sans valeur, et que le dédain du chargé d'affaire russe a payée en bonne monnaie, — car il faut se souvenir que M. de Medem 'a gardé le plus obstiné silence et n'a répondu à aucune attaque, — il est résulté, disons-nous, une preuve nouvelle de l'antipathie existant entre les gouvernements de Saint-Pétersbourg et de Paris, et qui n'a peut-être pas été sans influence lorsqu'il s'est agi du traité du mois de juillet dernier.

Mais il faut ramener la question à ce qu'elle doit être :

1° Les papiers avaient-ils été saisis chez M. Durand ? — Non.

2° Une pièce trouvée chez M. de Crouy, émanée de M. Ch. Durand, indiquant des rapports avec M. le chevalier de Saint-Georges, personnage éminent en Russie, a-t-elle été retirée du dossier du juge d'instruction ? — Oui, du consentement du principal prévenu, il est vrai, et parce que l'on mettait à ce prix la liberté de M. Ch. Durand, mais enfin, oui !

Si nous parvenons à démontrer que les faits sur lesquels repose notre affirmation ne sauraient être raisonnablement contredits, que deviennent les fanfaronnades du *Journal des Débats* et les dénégations du *Moniteur Parisien* ? — Sottises et mensonges.

M. Durand a été vrai en déclarant qu'on n'avait pas saisi chez lui de papiers pouvant intéresser la Russie : pourquoi, s'arrêtant à cette vérité, n'a-t-il pas expliqué ce qui s'était passé à la Conciergerie ? Il aurait simplifié le débat. A qui, des ministres ou de M. de Medem, a-t-il fait concession de sa plume ? — Nous ne l'interpellons pas, nous ne le traduisons pas en cause : ce n'est de notre part que simple réflexion.

Si M. Durand eût parlé, nous nous tairions aujourd'hui.

Le prince Napoléon écrivait à M. de Crouy, en 1839 :

Le 2 mai : « Dites-moi positivement si Charles (Durand) espère recevoir une lettre relative à moi de Léonard (l'empereur Nicolas) ? »

Le 22 mai : « J'ai reçu vos deux lettres, ainsi que celles qu'elles contenaient. Je suis bien heureux du concours dont vous êtes assuré, et je vous prie de bien remercier Charles du zèle qu'il montre... J'ai lu avec plaisir la lettre de Charles à Orloff; je l'ai envoyée tout de suite... »

Le 14 août : « J'ai reçu toutes vos lettres et celles que Charles m'a envoyées. Je les ai lues avec beaucoup d'intérêt. Je suis bien aise de voir que vos efforts aient déjà eu du côté de Léonard un commencement de succès.... Ses antécédents (à Charles) qui me sont utiles s'il a l'air d'être indépendant de moi, ne me sont que nuisibles si l'on suppose que ses écrits sont dictés par moi : une grande puissance qui m'adopte me relève; mais moi, adopter une alliance étrangère, je me perds... »

Et en 1840, le 9 mars, M. de Crouy commençait ainsi une lettre au prince :

« ... Le même jeune homme qui s'était déjà présenté chez mon ami, a dit que les lettres de Russie étaient toujours en votre pouvoir » (Voir plus haut p. 37.)

Ainsi, on le voit, pas de doute que M. Durand n'eût des intelligences avec la Russie dans un intérêt aisément appréciable maintenant.

Une pièce servant de preuve évidente à ces intelligences était au dossier criminel : le gouvernement en a-t-il eu connaissance, et a-t il voulu en faire usage ? — Ici, à notre tour, nous rapporterons *une note qui nous a été communiquée.*

Parmi les papiers de la procédure, se trouvait un document de la plus haute importance, par les résultats qu'il pouvait entraîner : c'était la copie d'une lettre non signée, écrite par M Charles Durand à l'empereur Nicolas, qui était désigné sous le pseudonyme du chevalier de Saint-Georges.

« Le sens et la formule de cette lettre démontraient que l'empereur de Russie favorisait ouvertement les prétentions du prince Louis-Napoléon.

« On sent combien il importait au cabinet français de soustraire d'une procédure destinée à la publicité par l'éventualité des débats judiciaires, un document dont la révélation aurait eu un retentissement politique d'un caractère fort grave. Ce document compromettait aussi la personne de la main de laquelle il émanait, M. Charles Durand. Cette pièce était le principal élément judiciaire qui eût motivé l'arrestation et la détention de M. Durand : sa soustraction emportait de droit sa mise en liberté. Quel intérêt le gouvernement avait-t-il à élargir M. Durand ? C'est là une explication qu'il faudrait demander à M. Teste, qui, alors garde-des-sceaux, s'introduisait dans la Conciergerie....,, y conférait..... avec M. Durand. A la suite de l'une de ces conférences....., car la démarche faite par le garde-des-sceaux est restée secrète, M. le juge d'instruction fit part à M. de Crouy de l'anxiété dans laquelle son arrestation plongeait M. Durand, ajoutant que si M. de Crouy consentait à ce que la pièce qui incriminait M. Durand fût retirée, celui-ci recouvrerait sur-le-champ la liberté. Guidé par l'impulsion généreuse de son cœur, M. de Crouy déclara à M. le juge d'instruction qu'il assumait sur lui seul la responsabilité de la lettre dont le texte avait compromis M. Durand, et il consentit au retrait de cette pièce de la procédure. Il fut dressé procès-verbal de ce consentement et de cette soustraction.....

« M. Durand fut immédiatement mis en liberté, en vertu d'une ordonnance de la chambre du conseil, qui déclarait n'y avoir lieu à suivre contre lui. C'est dans cette conjoncture que s'engagea, dans les journaux, une polémique *dans laquelle intervint M. de Medem*. Elle s'assoupit bientôt, par la déclaration que M. Durand fit imprimer dans le *Capitole*, qu'il n'existait aucune pièce de nature à accréditer les imputations dirigées contre le cabinet russe par *la Presse*. M. Durand joua sur les mots, et se tira d'affaire par une restriction.

« Mais il importait aux co-accusés de M. de Crouy de puiser ailleurs que dans le procès-verbal, dont la communication pouvait leur être refusée, la preuve que l'on aurait soustrait une pièce dont le texte et les conséquences étaient de nature à réagir d'une manière funeste ou favorable sur la position qui leur était faite dans la procédure. L'un deux pria quatre députés, dont il avait réclamé le bienveillant patronage de faire une démarche en sa faveur auprès du garde-des-sceaux. Ces messieurs, dont les noms seront une juste garantie de la sincérité de ce récit, si on en contestait la valeur, se rendirent, le 25 février, à huit heures du matin, à la chancellerie (1). Après leur avoir fait connaître l'état de la procédure, le garde-des-sceaux dit à ces messieurs que l'affaire était beaucoup plus importante et grave qu'on ne le pensait, que les personnages les plus éminents y étaient compromis, *mais qu'il avait eu soin de faire enlever de la procédure les pièces qui étaient de la nature à signaler ces mêmes personnages.* Puis, tirant à l'écart un de ces messieurs, il lui désigna du doigt le passage du réquisitoire projeté, que lui avait soumis M. Desmortiers, dans lequel se trouvait mentionnée la pièce révélatrice. Cette pièce était celle dont nous avons déjà parlé, et sur laquelle M. Desmortiers insistait, afin de blâmer charitablement la mesure prise par M. Zangiacomi.

« Ainsi, M. le garde-des-sceaux..... avouait à quatre députés, qu'il violait...... Car la pièce qu'il détournait d'une procédure appartenait à toutes les parties compromises dans cette même procédure, et l'enlever à leur insu était commettre..... des infractions.... au préjudice de l'accusé. »

Si l'on a des yeux pour voir et des oreilles pour entendre, on doit être convaincu en ce moment que la note communiquée à M. Emile de Girardin est probablement l'œuvre d'un mécontentement élevé ; que les restrictions de M. Charles Durand appartiennent à un ordre d'idées qu'il n'est pas dans notre convenance d'interroger ; que la mise en liberté de M. de Crouy est le fruit de la soustraction de la pièce russe, que les ministres et les journaux ont été ce qu'ils sont si souvent.....

On devine facilement comment nous avons été à même de révéler toutes les choses qu'on vient de lire, et pourquoi nous avons fait ces révélations : attaqué par les journaux, privé de la publicité des assises, M. de Crouy a éprouvé un très vif regret que son assentiment à l'enlèvement de la pièce russe eût amené sa liberté inattendue. Après les bruits qui ont couru, M. de Crouy sentait le besoin de nous faire bien comprendre quel motif avait pu dé-

(1) Si la sincérité de ce récit était contestée, nous publierions les noms des quatre députés, dont nous invoquerions alors le témoignage.

terminer la Chambre du conseil à rendre une ordonnance de non lieu à suivre : car c'est au peuple que s'adresse notre publication.

PAPIERS DE DIDIER

Comme les évènements s'enchaînent! Un espion veut se venger d'un refus de prêt d'argent, et dénonce M. de Crouy : il s'agissait de la *conspiration des poudres*. C'était une absurdité ; mais il n'y a point d'absurdité pour la police politique. — On découvre des papiers indiquant des rapports avec le prince Napoléon, rapports que nul n'ignorait, et l'on crée un *complot bonapartiste*. Dans ces papiers, il est question du *Capitole,* de M. J. O., neveu de Didier, de M. Barginet, des auteurs de la *Biographie des Hommes du jour* : point de doute, on est sur la trace de la correspondance de Didier.

Nous avions, les premiers, appelé l'attention sur l'insurrection de Grenoble en 1816 dans la notice de M. Berryer (t. IV, 1ʳᵉ part., p.241), par un récit complet des faits, appuyé d'une lettre de M. Barginet à M. le général Donnadieu, et dont nous étions redevables à l'obligeance de ce général.

Quelques mois après son apparition, vers le milieu de novembre, le *Capitole* annonça qu'il s'occupait de réunir la correspondance de Didier, afin de la publier.

« Elle nous fera connaître, disait le rédacteur, le *personnage* qui eut l'heureuse idée de placer le mouvement dont Didier n'était que l'instrument, sous la popularité du grand nom de Napoléon. »

Plusieurs fois, depuis cette annonce, la *Quotidienne* avait pressé le *Capitole* d'accomplir sa promesse, et le *Capitole* l'avait toujours renouvelée.

M. Barginet, qui avait pendant un moment concouru à la rédaction de cette feuille, et l'avait quittée pour le *Commerce de Lyon*, avait déclaré dans son nouveau journal que le *Capitole* ne pourrait point remplir son engagement.

M. Barginet était donc doublement compromis ; M. Jules Ollivier avait été nommé dans l'annonce du *Capitole* ; des relations de convenance ou d'amitié unissaient MM. de Crouy à MM. J. Ollivier, Barginet, et Théodore Perrin (de Grenoble), avocat à la cour royale de Paris (1) ; M. Charles Durand dirigeait en chef la rédaction du *Capitole* ; nous avions écrit longuement sur l'affaire de Didier : des perquisitions furent faites chez tous, sous des prétextes divers (2) ; et, attendu qu'elles ne procurèrent aucune découverte, il ne resta plus que le *complot bonapartiste*, qui

(1) Voir la notice de M. Perrin, t. V, 1re part., p. 339.

(2) On lit dans la *Quotidienne* du 2 février 1840 :

« Une descente de police a eu lieu ce matin chez l'un des auteurs de la *Biographie des Hommes du jour*. Le prétexte était encore cette fois le complot bonapartiste. M. Saint-Edme, qui a reçu la visite des agents de M. Delessert, a été prévenu qu'il serait appelé dans la journée chez M. Zangiacomi, chargé, comme on sait, de l'instruction de ce singulier procès.

« Nous nous étonnions qu'on eût oublié jusqu'à présent les deux écrivains qui, les premiers depuis 1830, ont appelé l'attention publique sur la sanglante affaire de Grenoble dans la biographie de M. Berryer. Il nous semblait que ceux qui cherchent la correspondance de Didier, devaient naturellement songer aux publicistes courageux qui ont révélé au monde politique la lettre si importante de M. Barginet au général Donnadieu. Nous ne nous étions pas trompé ; et la visite qui était sans doute depuis longtemps promise à M. Saint-Edme, n'avait été que retardée.

« On trouve d'ailleurs dans les notes de la Biographie de M. Berryer des anecdotes dont la police devait se souvenir à l'occasion ; par exemple, celle où il est question de l'apparition subite de deux personnages dans la salle du Louvre où était exposé le corps du duc de Berry, et celle qui est relative aux secours anonymes qu'a reçus la concubine de Louvel, jusqu'au moment où, en 1830, on a pu lui assurer une position moins précaire.

« Il paraît que les fouilles qui ont été faites dans l'appartement de M. Saint-Edme n'ont produit aucun résultat satisfaisant pour la police. La correspondance de Didier n'était pas là. »

avait, pour quelques uns du moins, couvert de son manteau les recherches qu'on n'osait point avouer.

MISE EN LIBERTÉ.

Au milieu de ces accusations et de ces bruits divers, M. de Crouy ne savait plus si, à titre de prisonnier, il appartenait à la conspiration des poudres, au complot bonapartiste ou à une mesure de prévention dépendant des recherches de la correspondance de Didier. Ostensiblement, patemment, il était retenu pour le complot : mais l'instruction était terminée depuis bientôt deux mois ! Lassé d'attendre le bon plaisir des juges, et M. Charles Durand ayant été rendu à sa famille, M. de Crouy adressa cette plainte à M. Zangiacomi :

« Paris, ce 2 avril 1840.

« Monsieur le juge,

« Il y a un terme à tout, à la patience d'un prisonnier comme aux lenteurs de la justice : voilà bientôt cinq mois que je suis détenu, voilà près de six semaines qu'une minutieuse instruction est terminée : la justice doit donc être suffisamment éclairée pour rendre sa décision. Si elle veut toujours considérer comme un complot des opinions et des démarches que j'ai toujours hautement et publiquement avouées, qu'elle ose alors franchement me traduire à la barre du pays, ainsi que je n'ai cessé de le demander.

« Dans le cas contraire, qu'elle me rende à la liberté, et que des considérations étrangères cessent d'être mises en balance avec une équitable justice.

« En un mot, monsieur, si je me suis volontairement constitué prisonnier, c'est que je voulais la publicité des débats ; si elle m'est refusée, j'aurai immédiatement recours à la presse pour mettre mes concitoyens à même de prononcer sur les actes de ma vie politique et privée.

« J'ai l'honneur d'être, etc.

« CROUY-CHANEL. »

Cinq jours plus tard, le 7, MM. de Crouy et Barginet quittaient leur prison, et, en donnant cette nouvelle, la plupart des journaux du 9 et du 10 promettaient les mémoires révélateurs des deux derniers prisonniers. Nous ferons remarquer qu'aucun d'eux, ni *le Commerce*, ni *le Capitole*, ne crut devoir renouveler les réflexions, les réticences injurieuses dont le public avait été nourri pendant l'emprisonnement préventif de M. de Crouy : M. de Crouy était libre !

Lettre a M. Mauguin.

En quittant la Conciergerie, le premier mouvement de M. de Crouy avait été d'aller demander à M. Mauguin compte de sa conduite envers lui. Ses amis étant parvenus à lui faire comprendre qu'il mettrait les torts de son côté par trop de promptitude et d'emportement, il suivit leur conseil en confiant à deux personnes de son choix le soin d'une démarche auprès de ce député pour l'amener à une explication satisfaisante, et pour lui remettre, au besoin, la lettre suivante, qui, imprimée alors, n'a été cependant livrée à la publicité que depuis peu de temps : nous la donnons telle qu'elle a été distribuée aux membres des deux chambres, de la magistrature et du barreau.

« Le public ne peut avoir oublié l'accusation dont j'ai été l'objet de la part du pouvoir, ni surtout les accusations que quelques hommes ont eu le courage de déverser sur moi pendant mon emprisonnement préventif. Parmi ces derniers se trouve M. Mauguin. Aussitôt après ma mise en liberté à la suite d'une ordonnance de non-lieu, j'ai dû réclamer de cet avocat, député et journaliste, une sorte de rétractation, et lui faire remettre la lettre suivante :

A M. Mauguin, Avocat, Député.

Monsieur,

« En sortant de la Conciergerie, je crois indispensable de faire une démarche auprès de vous, qui possédez un des organes de la presse, qui avez reçu de nos concitoyens un mandat pour les représenter à la Chambre ; de vous dont la plume habile et la puissante parole ont porté haut la position de publiciste et de législateur, dont l'influence est active sur l'opinion publique.

« Quoiqu'il paraisse inutile de vous rappeler les motifs de mon empressement en cette circonstance, cependant je juge à propos de les consigner ici.

« Le numéro du 1er février dernier, du journal *le Commerce*, dont vous êtes le *propriétaire*, renferme un article sous le titre de COMPLOT BONAPARTISTE. Cet article a pour objet de donner à vos lecteurs une espèce de compte rendu de votre comparution par devant le juge instructeur. Il y est dit que je m'y suis livré à des *tripotages* : que j'ai *harcelé le prince pour tenter quelque entreprise; que tout se trouve réduit aux proportions d'une sotte et misérable intrigue sans consistance et sans valeur*. Enfin, il résulte de l'ensemble de ce document que j'aurais été, dans toute cette affaire, un auxiliaire de la police.

« Votre déposition écrite révèle l'auteur de l'article à cause de la violence des expressions dont vous vous êtes servi dans cette déposition inconcevable. Vous y avez fait insérer textuellement celles-ci, qui, suivant votre opinion, caractériseraient le fait dont j'étais prévenu : *ce complot n'est qu'un complot d'escroquerie et un tissu d'abus de confiance*.

En lisant ou entendant ces odieuses imputations, j'ai éprouvé de justes mouvements d'indignation et de colère. Accabler de la sorte un prisonnier politique en son absence, quand le secret et les exigences de l'instruction l'obligent au silence le plus complet, cela est inexplicable de la part d'un homme qui réunit le double titre d'avocat et de député.

« Malgré le besoin impérieux que j'éprouvais d'aller immédiatement vous trouver, j'ai compris cependant qu'il fallait laisser à mes amis le soin des premières explications avec vous ; et c'est pour y parvenir que j'ai prié M. le général Guillaume de Vaudoncourt et M. Saint-Edme de vouloir bien se charger de provoquer de vous un entretien à ce sujet.

« Ils vous proposeront de rédiger en commun une lettre rectificative. J'espère que mû par un sentiment d'équité auquel vous ne pourriez rester étranger sans commettre de nouveau votre caractère, vous ne vous y refuserez pas, autrement il ne me resterait plus qu'à vous demander, en mon nom propre, la réparation à laquelle les gens d'honneur ne cherchent jamais à échapper.

« Néanmoins, comme il serait possible qu'après avoir tenté aussi légèrement de ternir ma réputation, vous vous crussiez encore en droit de rejeter la réparation que votre conduite me force à réclamer de vous aujourd'hui, je vous déclare que je livrerai cette lettre à la publicité la plus grande, afin que la France entière apprenne qu'ayant commencé par être calomniateur vous avez fini par vous montrer ce que les lois de septembre m'empêchent de vous nommer, mais ce que les hommes de courage et de probité devineront aisément.

«·Retenez bien ceci, Monsieur : en politique, il faut savoir choisir son drapeau, et ne pas sacrifier aux ruses de son ennemi les soldats qu'il couvre, sans quoi l'on court le danger de représailles d'autant plus terribles qu'on demeure alors sans refuge. Le drapeau de la liberté, qui est le mien, ne prête son ombre que momentanément à la faiblesse ou à la trahison.

« Vous pressentez sans doute que cette pensée se rapporte à ce qui précède et en même temps à des choses que je n'ai pas dites dans cette lettre, mais sur lesquelles je reviendrai dans les publications que je me dispose à faire prochainement.

« Recevez, Monsieur, l'assurance de mes sentiments.

CROUY-CHANEL.

« Paris, le 10 Avril 1840. »

« Les personnes que j'avais choisies ont remis cette lettre à M. Mauguin. La longue conversation qu'elles ont eue avec lui n'a amené que des explications sans résultat positif : c'est par ce motif que je livre ma lettre à la publicité, en attendant que je puisse faire paraître le mémoire dont je m'occupe en ce moment (1)

, CROUY-CHANEL.

« Paris, le 10 Avril 1840. »

MM. le général Guillaume de Vaudoncourt et St-Edme s'étant rendus, le 10 avril, chez M. Mauguin, animés du désir d'amener les parties à s'entendre, et n'ayant pu, malgré leurs efforts, décider M. Mauguin à conciliation, ils dressèrent procès-verbal de leur démarche, pour que les

(1) Voyez plus loin le chapître intitulé : *Mémoire de M. de Crouy.*

circonstances n'en pussent être, dans l'occasion, douteuses pour personne : c'est cette pièce importante qui suit.

Procès-verbal d'une conversation avec M. Mauguin, et de la remise a lui faite d'une lettre de M. de Crouy.

« Aujourd'hui dix avril mil huit cent quarante, nous, général Guillaume de Vaudoncourt et B. Saint-Edme, nous nous sommes rendus chez M. Mauguin, député. Après les politesses de présentation, le dialogue suivant s'est établi.

« *Saint-Edme* à M. Mauguin. Nous venons remplir auprès de vous, monsieur, une mission au nom de M. de Crouy-Chanel. M. le général Vaudoncourt va vous dire le sujet de cette mission.

« *Le Général*. Mais je crois, mon cher Saint-Edme, que, plus instruit que moi des faits, vous les expliqueriez mieux à M. Mauguin.

« *Saint-Edme*. Soit.

« Alors, Saint-Edme a dit à M. Mauguin toutes les circonstances énoncées, dans la lettre de M. de Crouy-Chanel, adressée, sous la date de ce jour, à M. Mauguin lui-même, et dont la remise lui a été faite, ainsi qu'il sera dit plus bas ; il lui a manifesté le désir de M. de Crouy d'obtenir quelques lignes d'explication, en termes à la convenance de tous et arrêtés entre nous trois, M. Mauguin, le général et Saint-Edme de telle façon que l'opinion publique, un moment égarée, attendît, pour se former définitivement, la publication du mémoire de M. de Crouy.

« Cette exposition étant terminée, le Général et Saint-Edme ont tenté successivement de faire comprendre à M. Mauguin qu'ayant attaqué l'honneur de M. de Crouy par des inductions fâcheuses dans l'article du 1er février et dans sa déposition écrite lors de son interrogatoire, il y avait justice de sa part, intérêt politique peut-être, à céder à nos instances.

M. Mauguin. Je ne me rappelle pas si j'ai écrit l'article dont M. de Crouy se plaint, ou si j'en ai donné les éléments à la rédaction du *Commerce*; mais enfin *il vient de moi*. A mon retour de l'instruction, j'étais sous l'impression de ce que m'avait raconté M. Zangiacomi, et j'avoue que l'article est encore au-dessous de ce que j'avais éprouvé. Je ne connais point M. de Crouy ; je ne sais rien de l'affaire dont il s'agit ; je n'ai donc pas à approuver ni à improuver ce qui a été imprimé. Seulement, vous me permettrez bien de trouver fort singulier qu'on ait saisi chez M. de Crouy les minutes de ses réponses au prince et les lettres du prince, qu'il aurait dû anéantir ou mettre à l'abri de la police.

Saint-Edme. Dans la visite que j'eus l'honneur de vous faire, au mois de janvier, je vous ai fait connaître comment ces pièces s'étaient trouvées chez M. de Crouy au moment de son arrestation, et les circonstances en seront répétées dans son mémoire. Il n'y a rien d'étonnant que vous ayez oublié ma visite ; mais, en admettant cet oubli, votre article n'en est pas moins injurieux pour M. de Crouy, et, ce qu'il vous demande, tout autre le demanderait à sa place. Une explication n'a rien de blessant pour votre caractère.

« *M. Mauguin.* L'article dont il est question n'est que *l'interprétation* de tout ce que m'a rapporté M. Zangiacomi. Remarquez d'ailleurs qu'on paraissait vouloir me mettre en cause, parce que j'ai toujours été chargé des affaires de la reine Hortense et de sa famille, parce que j'ai vu le prince à mon dernier voyage à Londres, et qu'il me fallait démontrer que j'étais en dehors de tout cela. L'article n'est que la reproduction de ma conversation avec M. Zangiacomi. M. de Crouy se plaint de cet article ! Est-ce que je me suis plaint, moi, d'une de ses lettres au prince, dans laquelle il est dit *que je mange à deux râteliers ?*

« *Saint-Edme.* Je vous ai également expliqué ce propos lors de ma visite du mois de janvier, propos prêté à M. Berryer par des gens que je vous ai nommés. Vous auriez donc tort de vous y appesantir, au moins dans son application à M. de Crouy. Tandis que lui dans ses interrogatoires, et vous le savez, vous défendait à cet égard, votre article le posait en espion devant le public.

« *Le Général.* Ça n'est pas facile à digérer.

« *M. Mauguin.* L'article ne dit pas cela. Au surplus, j'ai pris les choses comme elles m'ont été dites par le juge d'instruction ; et si, en les révélant par la presse, elles ont pris la couleur que vous et M. de Crouy y voyez, je n'y puis rien.

« *Saint-Edme.* Nous nous arrêtons longtemps sur cet article ; mais ce n'est pas seulement cet article qui a excité, passez-moi le mot, le mécontentement de M. Crouy, c'est aussi l'injure que vous lui avez faite à l'instruction.

« *M. Mauguin.* Vous m'avez cité des mots que je n'ai point employés. Je crois qu'ils sont venus de M. Zangiacomi, à titre de question.

« *Saint-Edme.* Pardon, vous vous trompez. Toutefois, je puis facilement rappeler les faits à votre souvenir. Chaque fois que M. de Crouy revenait de l'instruction, il écrivait sur-le-champ ce qui s'était passé.

Voici, en ce qui vous concerne, les notes qu'il a écrites à la suite de son interrogatoire du 8 février.

« D. Vous avez reconnu... que vous avez reçu du prince de... à....
« Pourriez-vous donner l'emploi de cette somme ?

« R. J'ai déjà répondu à cette question... que je croyais n'en devoir
« compte qu'à lui.

« D. Vous êtes dans l'erreur : car le refus que vous faites d'éclairer
« la justice sur ce point donne lieu à deux graves accusations contre
« vous : la première d'avoir soudoyé les sociétés secrètes en leur four-
« nissant le moyen d'acheter des munitions et des armes; la seconde,
« de faire dire que votre *complot n'est qu'une escroquerie et un tissu d'abus*
« *de confiance.*

« (Après m'avoir posé cette question, il m'a dit :)

« Je vous demande pardon de m'être servi de ces dernières expres-
« sions, mais j'ai cru devoir le faire dans votre intérêt parce que la
« question vous sera faite ainsi à la Cour d'assises, attendu que ces ex-
« pressions sont celles dont M. Mauguin s'est servi. Vous les con-
« naissez, vous pourrez y répondre. Et voilà les hommes que vous avez
« cru vos amis !

« R. J'ai déjà repoussé avec indignation l'accusasion d'avoir soudoyé
« les sociétés secrètes, et je crois avoir démontré la fausseté de cette
« accusation. Quant à la seconde, c'est publiquement à la barre du
« pays que je compte renvoyer à la face de mes accusateurs cette in-
« fâme calomnie ! »

« *M. Mauguin.* Ces mots-là ne sont certainement pas dans mon interrogatoire écrit.

« *Saint-Edme.* Pardon encore : les notes disent formellement qu'ils
sont dans votre déposition écrite.

« *M. Mauguin.* C'est une erreur, sans doute. C'est M. Zangiacomi
qui a dit cela.

« *Saint-Edme.* Vous parlez des impressions de l'interrogatoire ! Te-
nez, puisque nous en sommes aux confidences, j'irai plus loin : car
M. de Crouy aurait pu, comme vous, s'adresser à ses intéressés, et
les prémunir contre vous, en leur envoyant copie des *observations* qui
sont dans ses notes, à la suite de son interrogatoire. Je vais vous en
donner lecture.

« On vient de voir, d'après le dire de M. Zangiacomi, que c'est
« M. Mauguin qui a dit, *dans sa déposition,* en parlant de moi, que
« mon complot *n'était qu'un complot d'escroquerie et un tissu d'abus de*
« *confiance.* Il paraît que le même personnage a dit en voyant la lettre

« où le pince m'écrit : « D'après mes ordres antérieurs, vous vous en-
« tendrez avec M. Mauguin pour la publication de la brochure : *Je*
« *n'ai point d'ordres à recevoir de ce petit drôle, de ce petit polisson.* » Ces
« expressions sur le prince ont été prêtées à M. Mauguin par M. Zan-
« giacomi, en présence de son greffier...

« *M. Mauguin.* Je n'ai pas tenu ces propos.

« *Saint-Edme.* Cependant...

M. Mauguin. Ce langage n'est ni dans ma pensées ni dans mes
habitudes.

« *Saint-Edme.* Vous voyez que M. de Crouy aurait pu user d'interprétation.

« *M. Mauguin.* Je n'aurais jamais cru cela de Zangiacomi! quand
je le verrai, je lui laverai la tête.

« *Saint-Edme.* Vous devez mieux sentir maintenant combien il doit
être pénible pour M. de Crouy, d'être sous le coup des accusations
dont vous l'avez rendu l'objet. Je pense que, dans une vue de justice
bien entendue, vous ne pouvez refuser de consentir à ce que nous
désirons obtenir de vous.

« *Le Général.* Je pense que, s'agissant principalement des propos
prêtés à M. Mauguin sur M. de Crouy, et M. Mauguin déclarant ne
pas les avoir tenus, il serait plus simple que M. Mauguin insérât dans
le journal *le Commerce*, qu'ayant eu connaissance des propos qu'on lui
attribue, il croit devoir les repousser.

« *M. Mauguin.* Non, non : je ne puis rien, je ne puis rien.

« *Saint-Edme.* Vous comprendrez que M. de Crouy sera obligé de
traiter, dans son mémoire, cette question *in extenso* ; qu'elle est importante pour le prince et pour lui. Il vaudrait mieux s'entendre.

« *M. Mauguin.* Je ne ferai rien. Quand le mémoire paraîtra, j'en
ferai acheter un exemplaire, si M. de Crouy ne me l'envoie pas ; je le
lirai, et j'indiquerai à la rédaction du *Commerce*, sous quel rapport il
convient de l'envisager. Tous les journaux en rendront compte, et chacun y ajoutera ses propres pensées, *le Commerce* comme les autres.
M. de Crouy n'est pas fondé à publier quoi que ce soit ; il a contre lui
de n'avoir pas réussi. En pareil cas, garder le silence est ce qu'il a de
mieux à faire.

« *Saint-Edme.* Certes, M. de Crouy, privé qu'il est de la publicité
des Assises, sur laquelle il comptait, doit au moins en appeler à l'o-
pinion par un mémoire écrit sans réticence, sans ménagement surtout
pour les personnes qui ont cherché à le flétrir. On aurait porté contre

lui les accusations les plus honteuses. et il se tairait ! Se taire lui est impossible.

« *M. Mauguin.* Si le mémoire renferme des passages qui me blessent, je saurai bien me défendre. Je vous le répète, les mauvaises expressions sur le prince, je ne les ai pas tenues. Cela est si vrai, qu'étant à Londres, j'ai soutenu tout le contraire à M. Bourqueney, notre chargé d'affaires, avec qui je suis lié. Je lui dis, en lui annonçant la visite que je venais de faire au prince : « Voilà un jeune prince qui vous donnera un jour de l'occupation, au train dont on mène les affaires en France ! J'irai trouver Zangiacomi.

« *Saint-Edme.* Ainsi, votre détermination est bien arrêtée ?

« *M. Mauguin.* Bien arrêtée.

« *Saint-Edme.* Je crois, général, que la première partie de notre mission est terminée, qui était toute de conciliation, et qu'il ne nous reste plus qu'à remplir la seconde ?

« *Le Général.* Je n'en vois pas trop la nécessité, puisque M. Mauguin nie les propos qu'on lui prête. Il suffira de consigner ses réponses dans notre procès-verbal.

« *Saint-Edme.* Je ne pense pas comme vous ; nous avons rempli le rôle de médiateurs, il nous faut remplir à présent celui de *facteurs.*

« *Le Général.* Faites comme vous l'entendrez. Mais il me semble que la remise de la lettre n'est pas d'une grande utilité.

« *Saint-Edme.* Voici, monsieur, la lettre que vous écrit M. de Crouy ; nous ne devions vous la remettre qu'après l'insuccès de nos efforts.

« Saint-Edme remit la lettre à M. Mauguin, qui la lut tout entière. Il nous déclara qu'il ne jugeait pas à propos d'y répondre. Nous reconnûmes notre mission terminée, et nous nous retirâmes.

« Fait à Paris, les jours, mois et an que dessus et pour servir à l'authencitité de notre démarche.

« Général G. de Vaudoncourt.

— Saint-Edme. »

Toutes ces choses faites, il sémblait qu'il n'y avait plus, pour M. de Crouy, qu'à publier sa lettre et à préparer son mémoire. Ici le devoir de ses amis recommença ; mais ses amis ne purent parvenir à le faire patienter encore qu'en invoquant son attachement pour le prince Napoléon. Il fut donc convenu qu'un d'eux se chargerait d'instruire le prince de tout ce qui s'était passé, et de réclamer de lui un acte de justice, on pourrait dire de gratitude.

En conséquence, la lettre qui suit fut écrite immédiatement.

« Prince,

« Il est des devoirs que les honnêtes gens n'abdiquent jamais, quels que soient les torts qu'on ait eus à leur égard, parce que la conscience est personnelle : c'est pour satisfaire à l'un de ces devoirs que je me suis chargé de l'honneur de vous écrire.

« Vous trouverez sous ce pli l'épreuve d'une lettre qui va être tirée à dix mille exemplaires : il appartient à la presse de réparer le mal qu'on lui a fait faire durant la captivité d'un homme de probité et de dévoûment.

« Cette impression doit commencer la série des publications du prisonnier élargi ; il a dans ses exigences politiques, comme dans celles plus privées mais non moins sérieuses de chef de famille, à défendre son honneur attaqué : son silence servirait à justifier les horribles accusations dont on l'a accablé.

« Dans notre entrevue avec M. Mauguin, nous lui avons laissé le choix des termes d'une explication qui ramenât l'opinion à la vérité ; M. Mauguin a refusé toute espèce de satisfaction, et le ménager serait se rendre coupable envers soi-même, envers le pays et aussi envers vous.

» Mais reconnaissant la possibilité qu'il entrât dans vos vues d'user de votre influence sur M. Mauguin pour lui faire mieux comprendre la gravité et les nécessités de sa position ; jugeant que vous pourriez vouloir concourir à la réparation des offenses et des torts subis, pendant six mois, par un homme de cœur et d'abnégation, ses amis les plus intimes ont décidé que connaissance vous serait donnée de cet état de choses et que l'on attendrait jusqu'au lundi 20 pour appeler la France à une première confidence des secrets d'une opinion qu'elle s'habituait déjà à respecter.

« Je ne doute pas, Prince, que votre réponse ne satisfasse pleinement aux différents intérêts qui se rattachent aux questions que j'ai dû soumettre à votre appréciation particulière.

« J'ai l'honneur d'être avec respect,

« Prince,

« Votre très humble et très obéissant serviteur,

St.-E.

« Paris, ce 13 Avril, 1840.

« *P. S.* Il m'a paru utile de joindre à l'épreuve de la lettre de M. de Crouy une copie du procès-verbal de la visite faite à M. Mauguin. »

Au terme fixé, le prince n'ayant pas répondu, on discutait la conduite à tenir lorsque intervint M. le général de Frégeville. Comme M. de Crouy n'insistait que pour une satisfaction de quelques lignes, soit de la part du prince, soit de celle de M. Mauguin dans le *Commerce*, le général offrit sa médiation, demandant que les termes de cette satisfaction fussent arrêtés à l'avance, ce que l'on fit sur-le-champ. Voici la rédaction adoptée :

Explications au sujet du complot Bonapartiste.

« Nous avons, dans le temps, et sous l'impression de certaines excitations, rendu compte de faits se rattachant au complot pour lequel diverses personnes avaient été mises en état d'arrestation. On nous a dit que ces comptes rendus paraissaient déverser du blâme sur le caractère de M. de Crouy-Chanel.

« Dans l'esprit de justice qui nous dirige, et afin d'empêcher toute interpétation, nous croyons de notre propre dignité de déclarer qu'on aurait tort d'en tirer des inductions fâcheuses pour l'honneur d'un prévenu qu'une ordonnance de non lieu vient de rendre à la liberté. Nous ne voudrions pas perpétuer par notre silence une erreur préjudiciable à la vérité à la fois à la succeptibilité bien entendue du principal intéressé à cette explication.

Au surplus, si, comme on l'annonce, M. de Crouy-Chanel publie des mémoires au sujet de l'affaire dont la France s'est tant préoccupée récemment, nous ferons connaître à nos lectenrs les révélations qu'ils semblent promettre, et nous serons mieux à même d'émettre un jujement plus exact et plus complet sur des événemens assez mal compris encore aujourd'hui. »

M. le général de Fregeville prit dont la peine d'aller chez M. Mauguin, le 22 avril, de discuter avec lui sa situation vis-à-vis de M. de Crouy, et de lui présenter la rédaction qui précède : M. de Fregeville ne fut pas plus heureux que ne l'avaient été MM. de Vaudoncourt et St-Edme ; M. Mauguin persista dans son silence.

Ainsi donc il est permis de croire que, dans les idées de M. Mauguin, lorsqu'on possède un des organes de la presse, on peut impunément injurier, diffamer, disposer à son gré de l'honneur d'un prisonnier sans être tenu à réparation des offenses. Ce système peut aller à la taille de quelques hommes ; mais il est flétrissant pour ceux qui osent en invoquer le privilège.

MÉMOIRE DE M. DE CROUY. — SON VOYAGE A LONDRES. —
DERNIÈRES DÉMARCHES.

La pensée unique de M. de Crouy était la publication de son mémoire. Mais il pensait, avec ses amis, qu'il fallait employer tous les moyens possibles d'obtenir sans débat la réparation qui lui était due. On lui suggéra la pensée d'un voyage à Londres, parce qu'il n'était pas permis de supposer que le prince se refusât à s'éclairer, et la conviction du prince étant formée, la réparation s'ensuivait.

Il ne s'occupa plus que de son voyage. Le 22 mai, il était à Londres, et, le 23 au matin, il faisait remettre ce billet :

« Prince,

« Ma position m'ayant enfin permis de me rendre à Londres, mon premier besoin est d'en prévenir V. A. I., dont le cœur doit comprendre mieux qu'un autre tout ce qu'un passé indignement calomnié exige de moi. C'est dans cette confiance que j'ose espérer qu'elle voudra bien accorder un moment d'audience à celui qui est avec respect, etc.

Le secrétaire du prince répondit aussitôt à M. de Crouy :

« M. le Marquis,

« Le prince Napoléon vient de recevoir votre lettre, et me charge d'y répondre. — Les événements qui ont eu lieu ont été diversement jugés ; des préventions, sans doute injustes, se sont élevées contre vous, et dans cette pénible circonstance, le prince doit s'abstenir de vous recevoir jusqu'à ce que *vos actes, nets et bien dessinés,* aient montré que l'opinion publique *était le jouet d'une erreur.*

« Je suis peiné que cette conduite, dictée par la raison, me prive du plaisir de me rencontrer avec vous, et je vous prie, Monsieur le marquis, de recevoir l'assurance de ma parfaite considération.

« ALFRED D'ALMBERT.

« Carlton Gardens, 23 mai. »

Attristé d'une décision qui lui semblait contraire à l'équité la plus ordinaire, M. de Crouy envoya sur-le-champ les deux lettres qui suivent :

« Monsieur,

« Votre lettre m'apprend votre nouvelle position ; j'en suis heureux pour vous, et je trouve tout simple que vous suiviez, dans cette circonstance, la conduite dictée par la raison. Seulement, je suis fâché comme vous qu'elle me prive du plaisir de vous assurer de vive voix de ma parfaite considération.

CROUY-CHANEL.

« Londres, 23 mai. »

« Prince,

« Personne mieux que vous ne doit savoir que le *public était le jouet d'une erreur ;* mais avant de faire cesser cette erreur par la publication de mes actes *nets et bien dessinés*, j'ai cru devoir, dans votre intérêt plus que dans le mien, venir en causer avec vous.

« Entre vous et moi, ce n'était plus qu'une question de passé et non d'avenir à examiner, et je venais réclamer un acte d'équité et de justice, rien de plus.

« Quoique je connusse d'avance, par madame ***, la décision que vous venez de me faire connaître, j'avait voulu l'apprendre de vous-même en venant remplir, dans ces graves circonstances, ce que je croyais un devoir.

« Actuellement, si les faits ne répondent pas à votre attente, vous saurez à qui en aura été la faute, et enfin le pays en jugera.

« Je suis, etc.

CROUY-CHANEL.

On conçoit que, de retour à Paris, M. de Crouy, gravement blessé au cœur par l'inconcevable procédé du prince, ait eu la volonté de mettre un terme aux retards qu'éprouvait sa publication. Ses amis usèrent encore de leur influence pour l'empêcher de réaliser son projet, motivant leur opposition sur la bonne volonté de quelques personnes dont le prince devait écouter la voix.

En effet, après plusieurs semaines d'attente, le duc de ... revint à Paris, et, à la suite d'une conférence avec lui, un des amis de M. de Crouy le décida à se charger d'une note particulière, note qui lui fut remise le 28 juin, et dont voici l'extrait :

« M. de Crouy a été offensé dans son honneur et sa réputation, par deux journaux, le *Commerce* et le *Capitole*.

« M. de Crouy doit obtenir une réparation, et le prince Napoléon la lui refusant, il l'obtiendra par la publicité de ses actes. Mais de cette publicité il résultera la preuve écrite de la main du prince :

« 1º Que le *Capitole* et le *Commerce* sont sa propriété, que, par conséquent, c'est lui qui a *autorisé* l'indigne conduite de leurs rédacteurs ;

« 2º Que le prince a l'intention formelle. . . . . le parti démocratique, puisqu'il engage dans plusieurs de ses lettres. . .

« Cette publicité prouvera en outre que le prince a voulu . . de la Russie, etc.

« On comprendra toute la gravité de pareils faits livrés à la France dans l'état où elle est, avec les preuves à l'appui. M. de Crouy ne peut plus garder le silence ; il faut qu'on accorde une juste satisfaction à son honneur attaqué. »

M. le duc de... échoua.

Au mois de juillet suivant, M. S... ramena madame..... à des sentiments de modération conformes à la situation de M. de Crouy ; il leur ménagea plusieurs entrevues. La conviction passa dans l'esprit de cette dame, elle trouva les exigences de M. de Crouy fondées, promit de détromper le prince et d'exciter sa sollicitude pour de bons et loyaux services.

La tentative de madame... eut le sort des précédentes. La détermination de M. de Crouy fut prise, et ses amis, cette fois, se montrèrent unanimes à l'approuver. Il poursuivit la remise des papiers qu'on lui avait saisis (1); il réunit les matériaux de ses mémoires; il classa ses notes; il fixa ses souvenirs; il écrivit : l'affaire de Boulogne lui arracha la plume de la main : le prince était prisonnier !

D'ailleurs, le prince, du fond de sa prison, dégagé de toute influence, livré à lui-même, montre quelque justice en faveur de M. de Crouy. Dans un des volumes imprimés par ordre de la cour des pairs, et contenant les *interrogatoires des inculpés*, on lit, pages 26 à 30 :

4ᵉ Interrogatoire subi par le prince Charles-Louis-Napoléon Bonaparte, le 26 août 1840, *devant M. le chancelier de France...*

1. La dernière des lettres que M. de Crouy ait écrite à M. Franck-Carré était ainsi conçue :

« M. le procureur général,

« Mᵉ Moulin, mon avocat, vient de me faire connaître que vous désirez que je vous désigne les pièces de mon procès dont la remise est nécessaire à mes intérêts.

« Une ordonnance de non-lieu ayant fixé ma position, je crois être en droit de réclamer tous mes papiers, sans exception, puisque surtout ils sont sans valeur pour les contumaces.

« Cependant, dans l'intention de ne pas gêner l'action de la justice, je me hâte d'avoir l'honneur de vous proposer de réunir dans votre cabinet Mᵉ Moulin, et moi, afin d'examiner en commun toutes les pièces de mon dossier, et déterminer celles qui peuvent m'être rendues immédiatement.

« Je profite de cette circonstance pour vous rappeler la demande que j'ai eu l'honneur de vous adresser pour obtenir qu'il soit enfin statué sur la situation du comte ...., et de M. le comte de T., que des affaires de famille appellent à Paris.

« Veuillez agréer, etc.

« CROUY-CHANEL.

« 7 décembre 1840. »

M. Franck-Carré n'a répondu à aucune des demandes de M. de Crouy.

« D. Je suis obligé de vous adresser quelques questions sur un fait important, à l'occasion d'une lettre insérée dans les journaux par l'individu même qu'il concerne. Cet individu, c'est le sieur *Crouy-Chanel*, accusé par [l'un des organes de la presse d'avoir reçu de vous une somme très considérable pour un très indigne objet, répond, dans une lettre en date du 21 août, insérée dans le *Courrier Français* du 22 : *Jamais je n'ai reçu du prince une somme égale à celle dont vous parlez.* Il résulte de cette réponse qu'il aurait reçu de vous de l'argent?

« R. J'ai donné à *M. de Crouy* de l'argent pour le *Capitole*; je ne lui en ai pas donné pour autre chose.

« D. Savez-vous à peu près quelle somme vous auriez donnée au sieur *Crouy-Chanel* pour le *Capitole?*

« R. Environ 60,000 fr. en diverses fois; sur ces 60,000 fr., 50,000 ont dû être déposés par *M. de Crouy-Chanel* pour faire le cautionnement du journal (1).

---

1. On voit, en se rappelant les déclarations de M. de Crouy (page 31), que la mémoire du prince ne lui a pas été fidèle en ce moment. — Nous avons demandé à M. de Crouy s'il pouvait nous édifier sur la quotité des sommes reçues et dépensées par lui : car il était de la plus haute importance, dans son intérêt propre, de répondre catégoriquement aux accusations injurieuses de M. Mauguin. M. de Crouy nous a dit que quoique toutes les notes de nature à permettre d'établir l'emploi des fonds qu'il avait reçus fussent encore dans les mains de messieurs du parquet de Paris, malgré tous ses efforts pour en obtenir la restitution, il croyait pouvoir affirmer qu'il est encore en dehors avec le prince d'une somme de 10,000 fr.

Lors du transfert fait par M. de Crouy de la propriété du *Capitole*, il remit toutes les pièces originales de ses dépenses à M. Lombard qui dut les envoyer au prince. Le lendemain du transfert, M. Lombard compta 10,000 fr. à M. de Crouy à titre d'à-compte sur les sommes qu'il avait avancées, et qui s'élevaient à 20,000 fr.

Donne-t-on des à-comptes à ceux auxquels on ne doit rien ?

La loyauté avec laquelle M. de Crouy nous a donné spontanément ces explications, nous engage à faire observer que le véritable chiffre des sommes adressées par le prince n'a été connu que par les déclarations de

« D. Je crois que votre mémoire ne vous sert pas bien car il résulterait de relevés faits sur des correspondances auxquelles vous n'êtes pas étranger, que vous lui auriez donné environ de 140 à 150,000 fr. ?

« R. C'est possible, mais cependant je doute que cela puisse s'élever aussi haut.

« D. A quelle époque avez-vous fait connaissance avec le sieur *Crouy-Chanel* ?

« R. Il est venu me voir au moment des affaires de Suisse, au mois de juillet ou d'août 1838.....

« L'époque de la visite que *Crouy-Chanel* vous a faite en Suisse, ne coïncide-t-elle pas avec celle à laquelle vous avez recommencé à vous occuper des projets qui ont abouti à la tentative de Boulogne ?

« R. Il n'a pas été question entre nous de conspiration. Il est venu me soumettre le plan d'un journal, plan que j'ai refusé.

« D. Ne l'avez-vous pas accepté plus tard ?

« R. Oui, mais ce n'était plus le même, sans cela je ne l'aurais pas accepté.

« D. La correspondance que vous avez eue avec Crouy-Chanel, et qui s'est trouvée dans ses papiers, prouve que vous vous êtes occupé d'autre chose que de la publication d'un journal ?

« R. La même correspondance doit prouver que j'ai refusé ses propositions.

« D. Vous ne les avez pas toutes refusées ?

« R. Au moins tout ce qui tenait à une conspiration active....

M. de Crouy lui-même, que le prince l'avait fixé à moins de moitié de sa valeur, et que, en comparant les dévoûments connus, on doit douter que les hommes qui se livrent à des accusations si peu fondées contre M. de Crouy, eussent montré dans l'occasion, un désintéressement égal au sien.

« D. N'a-t-il pas fait plusieurs voyages à Londres ?

« R. Oui, Monsieur : la dernière fois qu'il est venu, je n'ai pas voulu le voir, c'était au mois de septembre 1839 (1). Il est venu aussi à Londres depuis son arrestation, mais je n'ai pas voulu le voir non plus.

« D. Vous aviez donc complètement rompu avec lui ?

« R. Oui, Monsieur....

« D. Il ne paraît pas que *Crouy-Chanel* ait employé au *Capitole* toutes les sommes qu'il a reçues de vous ; savez-vous à quel usage il a employé cet argent ?

« R. Je ne lui ai jamais donné d'argent que pour la presse ; quelquefois, il est vrai, il m'a demandé de l'argent pour donner à d'anciens militaires, mais c'étaient des centaines de francs (2).... »

5ᵉ *Interrogatoire, etc. (du 28 août).*

(Après avoir répondu à différentes questions étrangères à M. de Crouy, et au moment de clore le procès-verbal d'interrogatoire, le prince se hâta de prendre la parole, et, sans y être provoqué en aucune façon, il dit au chancelier) :

« Je désire ajouter quelque chose à ce que j'ai répondu avant hier au sujet de *M. de Crouy-Chanel*. Dans une des lettres que je lui écrivis, et qu'on a citée dans les jour

---

1. La mémoire du prince ne lui a pas été, là, entièrement fidèle : M. de Crouy a toujours été reçu par lui ; ce n'est qu'après sa sortie de prison qu'étant allé à Londres, le prince jugea convenable de ne pas le voir.

2. Donc M. de Crouy consultait le prince sur toutes les dépenses qu'il croyait utile de faire. Nous avons lu une lettre de M. de Crouy au prince, dans laquelle il lui demandait l'autorisation de donner une tabatière en or à un personnage désigné. Nous le répétons, toutes les dépenses de M. de Crouy ont été consenties par le prince qui n'en a ignoré aucune.

naux, il est dit que je refuse les propositions qu'il me fait parce qu'elles sont immorales. Je voudrais expliquer ce mot, parce que je ne voudrais pas qu'on pût croire que *M. de Crouy-Chanel* m'avait fait des propositions déshonorantes. M. de Crouy-Chanel voulait que je m'entendisse avec les sociétés secrètes; je m'y suis refusé parce que je ne songeais pas seulement au succès du jour, mais encore au lendemain, et qu'il était contraire à mon opinion de soulever le peuple sans savoir comment ensuite on parviendrait à le contenir. Je tenais à donner cette explication pour mon honneur, et aussi dans l'intérêt de *M. de Crouy-Chanel.*

« D. Vous persistez à dire que toute relation entre vous et le *sieur Crouy-Chanel* a cessé depuis l'instant que vous avez vous-même indiqué ?

« R. Oui, Monsieur. »

Si le silence gardé par M. de Crouy a pu étonner ses concitoyens, que ses concitoyens le jugent maintenant; mais qu'ils le jugent en hommes politiques, à la fois, et en hommes de sentiment.

PIÈCES DE L'EDIMBOURG-CASTLE ; — INTERROGATOIRE DEVANT M. LE PRÉSIDENT DE LA COUR DES PAIRS (1)

Le ·*Courrier-Français* publia, dans son numéro du 13 août dernier, les faits suivants :

« Nous trouvons dans l'*Echo du Nord* les informations suivantes, qui seront sans doute rectifiées par les personnes dont on y parle.

« Les papiers saisis sur le *Castle-of-Edimburg* ont amené de curieuses

---

1. Nous empruntons ce chapitre à l'ouvrage intitulé : *Procès du prince Napoléon-Louis et de ses co-accusés devant la Cour des pairs ; par* B.-ST-EDME. — Paris, Levavasseur 1840, 3ᵉ partie, p. 260 et suiv.

découvertes. Nous allons raconter ce qui se dit à ce sujet dans le public. On doit se rappeler que, l'année dernière, nous avons parlé d'un projet de M. Louis Bonaparte, qui avait pour but de s'emparer du roi et de toute sa famille pendant le séjour qu'ils font chaque année à Eu. Le plan de ce projet avait été tracé par M. de Crouy-Chanel, qui se rendit à Londres pour le proposer à M. Louis Bonaparte. Il passionna l'imagination du jeune homme, qui offrit de suite à M. de Crouy-Chanel les moyens de le mettre à exécution. Ce dernier demanda pour cela une somme de 250,000 fr. qui lui fut comptée. Cette somme ne paraîtra pas encore trop considérable, quand on saura que, pour mettre le projet à bonne fin, il ne fallait pas moins de cinq cents hommes.

« Quand il eut reçu son argent, M. de Crouy-Chanel revint à Paris, et sa première visite fut pour M. le préfet de police, auquel il livra, moyennant 100,000 fr., toutes les indications qu'il possédait. Le coup de M. Louis Bonaparte était manqué. M. le maréchal Gérard fut chargé de lui écrire pour lui dire que tout était découvert, et l'engager à ne pas donner suite à des projets qui ne pouvaient le conduire qu'au ridicule. Cependant, comme déjà quelques personnes avaient été compromises dans cette affaire, il y eut quelques arrestations qui donnèrent lieu à une instruction, et par suite à un arrêt de non-lieu. Aujourd'hui, dit-on, le gouvernement a la preuve qu'il a payé 100.000 fr. ce qui avait été déjà payé 250,000 fr. par Louis Bonaparte.

« Ce n'est pas tout, et l'on a fait, dit-on, des découvertes bien autrement graves, en ce qu'elles compromettent des personnes haut placées dans le monde politique. Il y quelque temps, on a annoncé que le *Commerce* avait été vendu à M. Louis Bonaparte, par l'intermédiaire d'un prête-nom, pour une somme de 400,000 fr. Le fait était parfaitement exact. Depuis quinze jours, le *Commerce* est passé en de nouvelles mains, parce que M. Louis Bonaparte, qui trouvait d'ailleurs que ce journal était de peu d'utilité, avait besoin d'argent. Pour faire de l'argent, il a consenti à perdre sur le *Commerce* une somme de près de 300,000 fr. ; ce journal a été en effet racheté par M. Lesseps au prix de 150,000 fr. »

La *Presse* et la *Quotidienne* du même jour, toutes deux d'après le *Journal du Hâvre*, et le *Courrier-Français*, d'après l'*Écho du Nord*, reproduisirent textuellement ces détails.

Des deux personnes attaquées par cette communication singulière, une seule répondit : ce fut M. de Crouy-Chanel qui, absent lors de l'attaque, s'empressa de revenir à Paris.

A son retour, il adressa aux trois journaux la lettre que voici :

« *A M. le Rédacteur en chef de....*

« Monsieur,

« J'arrive à l'instant à Paris, et l'on me communique votre numéro du 13 de ce mois, dans lequel vous avez rapporté un article extrait du *Journal du Hâvre*, rédigé, dit ce journal, d'après les papiers saisis sur l'*Edimburg-Castle*, et annonçant : 1º que j'ai proposé au prince Napoléon-Louis d'enlever le roi Louis-Philippe pendant son séjour à Eu, et que j'ai reçu de lui, à cet effet, une somme de 250,000 fr.;

« 2º Que j'ai livré à M. le préfet de police, moyennant 100,000 fr,, toutes les indications que je possédais, faisant ainsi manquer l'exécution du plan formé par moi.

« Je donne le démenti le plus formel à l'auteur de toutes ces infamies. Jamais je n'ai eu la pensée du projet qu'on me prête, et le témoignage du prince ne me faillirait pas au besoin, j'en suis sûr ; jamais le prince ne m'a compté une somme égale à celle dont il s'agit ; jamais je n'ai vu M. le préfet de police pour aucune cause.

« L'honneur m'impose l'obligation de vous prier de vouloir bien insérer cette lettre dans votre plus prochain numéro. J'espère, Monsieur, que vous ne me mettrez pas, par votre refus d'insertion, dans la nécessité d'user des droits que la loi confrère aux citoyens calomniés.

« Agréez, Monsieur, etc.

« CROUY-CHANEL.

« Paris, ce 21 août 1840. »

Les trois journaux insérèrent cette lettre dans leur numéro du 22. Le *Courrier Français* jugea à propos de faire précéder la lettre de ces quelques lignes :

« Nous publions la lettre suivante de M. de Crouy-Chanel, non seulement parce qu'elle contient une réclamation, mais parce qu'elle renferme un aveu. En disant qu'il n'a pas reçu du prince une somme égale à celle dont on parle, ne convient-il pas d'une manière implicite qu'il n'a pas les mains entièrement nettes ? »

M. de Crouy-Chanel répondit sur-le-champ, et le *Courrier-Français* n'hésita point à admettre sa réponse dans ses colonnes ; la voici :

« Monsieur,

« Je n'ai qu'un mot à répondre aux observations dont vous avez cru devoir accompagner ma lettre en date d'hier. On peut recevoir des sommes d'argent et conserver toujours les *mains nettes* ; il suffit d'en avoir rendu compte et d'être toujours en mesure de justifier l'emploi qu'on en a fait. Au reste, toutes ces relations avec le Prince Napoléon-Louis sont antérieures à mon arrestation et étrangères par conséquent aux circonstances qui ont amené l'affaire de Boulogne.

« Vous comprendrez, Monsieur, le motif qui m'engage à vous adresser cette courte réponse ; j'ai droit d'en attendre l'insertion de votre loyauté.

« Agréez, etc.

« CROUY-CHANEL.

Paris, ce 22 août 1840. »

Ces publications furent suivies, pour M. de Crouy-Chanel, d'une assignation à comparaître devant M. le président de la chambre des pairs, qui lui fit subir, le 27 août, l'interrogatoire que l'on va extraire du volume que la cour a fait imprimer sous le titre de *Procédure* (p. 236 et suiv.).

« M. LE CHANCELIER. Mon attention a été naturellement appelée sur votre compte par deux lettres que vous avez fait insérer dans le journal *le Courrier Français* ; il résulterait de ces lettres que vous avez reçu de l'argent de *Louis Bonaparte*. A quelle époque avez-vous reçu cet argent ?

« M. DE CROUY-CHANEL. C'est en 1839, à l'époque de la fondation du *Capitole* : cela a duré environ trois mois, depuis le mois de juin 1839 jusqu'au mois d'octobre ou de novembre de la même année.

D. Quelles sommes avez-vous reçues ?

« R. Environ 140,000 francs.

« D. Cette somme a-t-elle été employé entièrement pour le *Capitole* ?

« R. Oui, Monsieur, ou pour différentes commissions très avouables.

« D. Depuis l'époque que vous venez d'indiquer, vos relations avec *Louis Bonaparte* ont-elles cessé ?

« R. Entièrement.

« D. Vous avez cependant fait, depuis ce temps, deux voyages à Londres ?

« R. Je n'ai fait qu'un seul voyage à Londres.

« D. Il me semble cependant que vous avez fait deux voyages.

« R. Cela est vrai ; j'en ai fait un avant mon arrestation, et j'en ai fait un autre depuis ; mais je n'ai pas vu le prince à ce dernier voyage : j'avais cessé toute espèce de relations avec lui.

« D. A quelle époque a eu lieu votre dernier voyage à Londres ?

« R. Au mois de mars ou au mois de mai ; je pourrais préciser l'époque au juste avec mon passe-port.

« D. Pendant ce dernier voyage, avez-vous vu *Louis Bonaparte* ?

« R. Non, Monsieur.

« D. L'aviez-vous vu à votre voyage précédent ?

« R. Oui, certainement.

« D. Dans le dernier voyage que vous avez fait à Londres, avez-vous eu quelque connaissance des projets qui se préparaient ?

« R. Aucune.

« D. Il est cependant surprenant qu'ayant eu avec le prince des rapports intimes, et vous étant trouvé à Londres à une époque si rapprochée de la tentative de Boulogne, vous n'en ayez eu aucun indice ?

« R. Je n'en ai eu aucun.

« D. Qui est-ce qui a rompu l'intimité qui avait existé entre le prince et vous ?

« R. Nous nous sommes divisés seulement sur la question du personnel du *Capitole*. Je voulais renvoyer différents individus, il ne l'a pas voulu. *Je dois ajouter que si j'avais vu le prince à Londres*, IL NE SE-RAIT PAS ICI MAINTENANT.

Les documens qui précèdent donnent lieu à des inductions d'une haute gravité.

Quel est donc l'inventeur des nouvelles données par le *Journal du Hâvre* et par l'*Écho du Nord* ? Évidemment elles sont mensongères autant que calomnieuses : on a pour garans, d'abord, le silence gardé par ces deux journaux après les dénégations si positives de M. de Crouy-Chanel, publiées dans le *Courrier-Français*, la *Quotidienne* et la *Presse* ; ensuite, la déclaration personnelle d'un des membres de la commission de la cour des pairs, faite à l'auteur de cet ouvrage, que les deux feuilles citées avaient commis une *erreur inexplicable*.

Puisqu'il n'est pas douteux que ces nouvelles soient mensongères et calomnieuses, qui donc a pu inspirer assez de confiance aux rédacteurs en chef du *Journal du Hâvre* et de l'*Écho du Nord*, ou exercer sur eux assez d'autorité pour qu'ils aient osé se livrer à un pareil abus, à un pareil excès de la presse ?

On ne saurait expliquer cet acte de leur part que par une de ces manœuvres familières à certains gouvernans, et contre lesquelles l'expérience de nos cinquante dernières années ne nous a pas encore assez mis en garde, manœuvre dont ces écrivains ou leurs correspondans ont été les dupes, et M. de Crouy-Chanel la victime.

C'est ainsi que tous les gouvernemens faibles et vainqueurs dans les luttes politiques, ont, à toutes les époques, usé de ces moyens que la raison publique et la morale réprouveront toujours, de répandre au sein des partis opposans ou vaincus le désaccord par l'irritation des amours-propres, par le soupçon des hommes et par la calomnie. Un signe de déclin pour les états c'est lorsque la police, ce bouge de toutes les mauvaises passions, infiltrant son venin dans les affaires gouvernementales, devient un pouvoir au milieu de tous les pouvoirs et peut disposer à son gré de l'honneur des citoyens.

Il y a aussi dans les partis des hommes qui, cédant à des sentimens coupables ou à une faiblesse de caractère regrettable en eux, assistent la police dans ses écarts : c'est ce qui est arrivé pour M. de Crouy-Chanel, depuis son arrestation du mois de novembre 1839. Malheureux, on en fit le bouc émissaire du parti : les uns le poursuivirent par jalousie inconsidérée, les autres par besoin de nuire ou par l'effet de cette tendance à adopter et à propager les bruits dangereux et méchans. Plus le chef de l'opinion napoléonienne avait reconnu de zèle, de dévoûment, de probité dans les relations de M. de Crouy-Chanel, plus celui-ci devait compter d'ennemis, et plus ces ennemis devaient s'acharner dans leur poursuite. Il faut chercher dans un ouvrage plus étendu et plus spécial (1) tout ce qui se rapporte à ces circonstances de la vie de M. de Crouy-Chanel. Ici, force est de se borner à indiquer l'ordre d'idées sous lequel marchent la plupart des partis, et parmi eux le parti napoléonien.

La dernière des pièces qu'on a lues plus haut, c'est-à-dire l'interrogatoire, démontre que M. de Crouy-Chanel a été l'intermédiaire du prince dans la fondation du *Capitole*, ce qui prouve le degré de confiance que sa conduite avait su lui inspirer ; que la rupture des relations existantes entre eux n'eut pour fondement qu'une divergence d'opinion sur les rédacteurs de la feuille napoléonienne ; que M. de Crouy-Chanel avait été très avant dans la confidence du prince puisqu'il croyait pouvoir puiser assez de force dans la connaissance de la position pour prétendre que s'il eût vu le prince à Londres, il l'aurait détourné de son projet sur Boulogne.

1. *Bibliographie des hommes du jour*, par G. Sarrut et B. Saint-Edme.

Ce qui justifierait au besoin cette opinion de M. de Crouy-Chanel et la nôtre, c'est le passage suivant d'une lettre que lui écrivait le prince, lettre que nous avons sous les yeux :

« Je reçois à l'instant votre quatrième lettre. Je vous remercie de tout ce que vous avez fait; on ne peut être plus actif que vous l'êtes. Je voudrais avoir beaucoup d'amis comme vous... Adieu, je vous prie de compter sur mon amitié. »

Et ces termes de satisfaction et de bienveillance particulière se retrouvent dans un grand nombre d'autres lettres du prince, notamment dans celle qui porte la date du 27 novembre 1839, jour même de l'arrestation de M. Crouy-Chanel à Paris.

Il paraîtrait que la cour des pairs avait l'intention d'appeler M. de Crouy-Chanel à sa barre, car, dans le volume de *Procédure* déjà cité, on lit, à la suite de son nom, ces mots entre parenthèses : ALORS INCULPÉ. Ainsi, au 27 août, M. de Crouy-Chanel était au nombre des prévenus. Les dispositions hostiles du gouvernement ne lui ont donc pas fait défaut jusqu'à la fin.

PASSEPORT POUR LA RUSSIE

Deux mois à peu près s'étaient écoulés depuis que M. de Crouy avait fait viser son passeport pour la Russie, lorsque *le Temps* du 18 septembre 1840 publia cette annonce.

« Une circulaire du comte de Nesselrode, adressée aux agens diplomatiques de la Russie à l'étranger, leur défend de viser le passe-port du sieur de Crouy-Chanel dans le cas où il se proposerait de passer en Russie. »

La circulaire de M. de Nesselrode est vraie : pourquoi cette mesure a-t-elle été prise? qui donc en a donné la nouvelle au *Temps?* — Le motif de cette mesure n'est pas connu, aussi le rattache-t-on à une correspondance de M. Ch. Durand, ou au voyage de M. Mauguin à St-Pétersbourg : car *le Commerce* et *le Capitole* marqueront dans la vie de M. de Crouy ! L'ambassade russe n'a point fait de communication au *Temps.*

Nous entrerons dans quelques détails à cet égard.

Huit jours avant l'annonce du *Temps,* M. Spies, premier secrétaire de l'ambassade de Russie, se présentait chez M. de Crouy d'une manière mystérieuse, refusant d'abord de dire son nom aux domestiques pour se faire annoncer, et, entré dans le cabinet de M. de Crouy, lui demandait à lui-même : Vous êtes bien M. Auguste de Crouy? M. le marquis Auguste de Crouy?

Enfin M. Spies s'expliqua. Il venait, au nom de son ambassadeur, instruire confidentiellement M. de Crouy que M. l'ambassadeur avait reçu une lettre de sa cour par laquelle il était invité à l'engager, lui, M. de Crouy, à ne pas se rendre en Russie *quant à présent.*

M. de Crouy désirant connaître les causes d'une pareille invitation, qui était une défense, M. Spies dit qu'il n'en savait aucune, M. l'ambassadeur n'ayant fait ni observation, ni réflexion. Il ajouta : « Lors du visa de votre passeport, il y a deux mois, votre nom, suivant l'usage à la chancellerie pour tous les passeports, fut envoyé à notre gouvernement; je n'en sais pas davantage. »

Sur la demande de M. de Crouy, si cette démarche était officielle et si elle serait rendue publique, M. Spies répondit que l'ambassadeur et eux étaient les seules personnes qui dussent en avoir connaissance à Paris.

Cette exclusion personnelle ayant été publiée par *le*

Temps, M. de Crouy alla en exprimer son étonnement à la chancellerie russe. M. Spies affirma, de la manière la plus formelle, que l'ambassade et lui étaient aussi étrangers à la publicité donnée à la défense qu'ils l'avaient été à la défense elle-même.

Défense et publicité ne nous paraissent pas devoir s'interpréter autrement que par le changement complet qui s'est opéré dans la politique russe à la suite de l'évènement de Boulogne et du traité d'alliance avec l'Angleterre : car l'empereur Nicolas approuvait le système suivi par le *Capitole,* les lettres de M. de Benckendorff à M. Ch. Durand ne laissent pas le moindre doute à cet égard.

Nous trouvons que l'alliance russe a été parfaitement traitée par M. de Crouy dans un petit écrit qu'il a déposé dans nos mains. Nous avons pensé qu'on serait bien aise de le trouver ici afin d'être à même de juger quel prix on peut attacher aux idées de l'auteur à propos de l'influence que l'alliance russe serait destinée à exercer sur l'avenir de la France.

DE L'ALLIANCE RUSSE

Le nom de l'empereur Nicolas a retenti au milieu d'une grave instruction : le rédacteur en chef d'un journal a été deux mois en prison à cause de ses relations ou de sa correspondance avec ce souverain.

Des notes diplomatiques ont été échangées entre l'ambassadeur de Russie et le président du conseil des ministres.

Des journaux ont reçu des confidences plus ou moins officielles, plus ou moins vraies.

L'un a affirmé, au nom de la Russie, que M. Durand n'avait jamais été l'agent de l'empereur ; l'autre a déclaré au nom du président du conseil, *qu'il n'existait aucune trace de ce fait au procès.*

Cependant, une lettre adressée par M. Durand à l'empereur Nicolas, sous le nom de M. de St-Georges, a été retirée des pièces de la cause.

Un procès verbal existe et prouve cette soustraction, qui me fut imposée comme condition *sine quâ non* de la liberté de M. Durand.

Je ne qualifierai point ce fait; son appréciation appartient à ma défense; mais étant fondateur du journal qui a soutenu l'alliance russe, dont la création est une des bases de l'accusation, je dois à mes concitoyens, à moi-même, de faire connaître les considérations politiques qui amenèrent son existence, et les personnes qui y furent et y sont encore intéressées.

Le prince Napoléon dans son ouvrage si remarquable des *Idées Napoléoniennes*, trace la mission providentielle de la France, de la Russie et des États-Unis, au milieu de cette marche ascendante des nations.

La France, la Russie et les États-Unis sont certainement les trois puissances que leur position géographique et leurs intérêts nationaux poussent à une alliance durable, parce qu'elle a pour but et qu'elle aura pour résultat non-seulement la grandeur et la puissance de ces trois peuples, mais encore l'émancipation et la civilisation de l'espèce humaine.

Un seul gouvernement est un obstacle à cette prospérité toujours croissante des peuples; l'expérience des siècles, la juste appréciation des tendances prouvent que la puissance extérieure de l'Angleterre, sa richesse intérieure, fondée uniquement sur le monopole de son industrie et de son commerce, imposent à son gouvernement l'obligation de l'étouffer chez les autres peuples.

Privé de cette richesse territoriale qui seule fait la base solide de la puissance d'une nation, dévoré par une population immense à l'existence de laquelle un sol ingrat ne peut suffire, le peuple anglais a remplacé par la richesse de son industrie et de son commerce celle que la nature lui a refusée; mais cette richesse factice qui ne prend sa source que dans les besoins des autres peuples, impose à son gouvernement l'impitoyable obligation, pour rendre ces besoins toujours incessans, non-seulement de s'opposer à toute prospérité naissante, mais encore de détruire celles qui existent; aussi le voit-on soulever, tour à tour, les rois contre les peuples, et les peuples contre les rois, protégeant et trahissant les uns et les autres avec une égale impudence : ruiner toutes les industries est partout son unique but : abandonner des Français à Quiberon; brûler Copenhague; trahir des malheureux Grecs à Parga..., sont les jeux infernaux de la politique de ce gouvernement monstre, qui n'a vécu, ne vit et ne peut vivre que de l'exploitation et du malheur du genre humain. La chute d'aussi calamiteux principes sociaux est proche, vingt-cinq ans de paix, et avant tout le blocus continental ont appris aux peuples de l'Europe à se passer de cette industrie anglaise ! Or, cette orgueilleuse Angleterre en cessant d'être la fabrique et le bazar du monde, sera obligée de déposer le bilan de sa puissance, et ce gouvernement de fabricants, de négociants et de banquiers, faisant banqueroute, son crédit étant mort, son papier cessant d'être de l'or, ce géant de force, de puissance et de richesse ne sera plus qu'un cadavre.

La puissance de la France, celle de la Russie et des États-Unis, sont fondées sur le sol, seule source de durée, de véritable richesse et d'indépendance.

Ces trois gouvernemens, non-seulement n'ont pas d'intérêts contraires, mais même chacun d'eux doit désirer la grandeur et la force des deux autres, dans son intérêt personnel comme dans celui de l'humanité en général.

Il est dans l'intérêt de la France, et surtout de l'humanité, que le Canada et les îles des Indes occidentales passent sous le gouvernement libre et protecteur de l'union américaine ; il est dans l'intérêt de la France et de l'humanité que ce gouvernement anglais, aux entrailles de fer, cesse de peser sur plusieurs millions de malheureux Indiens ; il est dans l'intérêt de la France et de l'humanité de voir l'empire grec renaître de ses cendres, de voir de nouveau la croix civilisatrice et protectrice de la liberté et de la dignité de l'homme, remplacer enfin le croissant, ce signe de barbarie, de destruction et de dégradation humaine ; il est dans l'intérêt de la France et de l'humanité de voir sa domination établie dans l'Afrique septentrionale, depuis le détroit de Gibraltar jusqu'à l'isthme de Suez, de voir un empire chrétien et puissant se fonder dans l'Asie-Mineure.

Enfin il est dans l'intérêt de la France et de sa dignité nationale, outragée en 1815, de déchirer les infâmes traités de cette fatale époque, en rentrant dans ses limites naturelles, le Rhin, les Alpes, les Pyrénées et les deux mers.

Eh bien ! tous ces avantages, la régénération entière de l'humanité, sa civilisation, sa prospérité, la paix du monde est dans l'alliance de ces trois puissances, la France, la Russie, et les États-Unis.

Qu'objecte-t-on contre cette alliance russe ? le despotisme de l'empereur Nicolas, l'asservissement de la Pologne, qui font dire à nos hommes d'État, que la France doit préférer l'alliance des principes, celle de l'Angleterre, à l'alliance des intérêts, celle de la Russie : et nous, Français, aux cœurs généreux, nous nous laissons prendre à ce langage de déception et de fraude avec lequel on nous conduit d'humiliations en humiliations depuis dix ans.

Il est tout simple que les privilégiés de notre révolution s'entendent avec les privilégiés de la révolution anglaise. Il est évident que les quelques centaines d'hommes de ce vampirisme parlementaire, qui dévorent les deux pays, ont un intérêt commun, celui de maintenir leur humiliante et sanglante domination sur des millions d'hommes ; mais le peuple français ne doit pas rester dupe et victime.

Le gouvernement d'un seul est encore une nécessité dans ce vaste empire russe, composé de peuples nomades ou demi-civilisés.

C'est au despotisme de deux grands génies, celui de Pierre Ier et de Catherine II, que le peuple russe doit son rang parmi les nations civilisées : ce sont eux qui ont fondé les villes et creusé les ports de Saint-Pétersbourg, d'Odessa et de Sébastopol ; qui ont ouvert ces routes, ces cent canaux qui vont porter la vie de l'agriculture, des arts, de toutes les connaissances religieuses et civilisatrices, au milieu des déserts, et changer la tente errante du Tartare, du Cosaque et du Kalmouck, contre l'habitation stable du cultivateur et de l'artisan.

Quant on examine avec impartialité ces miracles de la civilisation sur les bords de la Baltique et de la mer Noire, où les cités riches et commerçantes ont remplacé des marais et des steppes arides, il faut rendre justice à ce gouvernement russe, seul créateur de cette véritable régénération humanitaire.

A la vue de cet imposant spectacle d'un grand progrès, on est obligé de convenir que ces travaux herculéens de Pierre et de Catherine, et que continue Nicolas, ne pouvaient et ne peuvent encore s'accomplir que par le despotisme le plus absolu, au milieu de ces hordes ou de ces troupeaux d'hommes sauvages esclaves.

L'immense majorité de la Russie n'est encore que dans l'enfance de la civilisation ; elle apprendra à en connaître les faveurs en grandissant à l'ombre de ce despotisme indispensable, qui hâtera l'époque de cette majorité exigée par la nature, chez les peuples comme chez les hommes, pour apprécier les bienfaits de la liberté, sans en abuser.

Alors si ses maîtres ne comprennent pas la nécessité de l'émanciper, le peuple secouera ses chaînes comme le fit notre France en 1789, et réclamera les droits imprescriptibles des hommes libres.

Toutes ces considérations prouvent que l'alliance russe est dans les intérêts de la France et dans celui de son avenir ; l'humanité et la civilisation veulent la domination russe en Orient, comme elles appellent la prépondérance de la France en Occident.

Actuellement reste le reproche de l'asservissement de la Pologne, qui a mérité à la fois l'admiration, les sympathies et les larmes de tous les cœurs généreux et patriotes.

Ce n'est pas à l'empereur Nicolas qu'il faut attribuer les malheurs de la Pologne ; c'est aux Bourbons, aux seuls Bourbons des deux branches, qu'elle doit toutes ses infortunes ! C'est Louis XV, de honteuse et méprisable mémoire, qui en permit d'abord l'asservissement et le partage. Et depuis, lorsqu'elle crut pouvoir se réveiller au bruit du canon de notre révolution de juillet, ce fut encore le ministère d'un Bourbon qui arrêta le noble essor de la France révolutionnaire et libre, qui la portait à sauver ses frères de Pologne, et qui la livra lâchement à ses ennemis, après l'avoir encouragée à sa sainte insurrection.

Pour juger l'empereur Nicolas avec impartialité, dans cette difficile et douloureuse position, il faut s'identifier avec lui, il faut voir en lui, non le roi de Pologne, mais le roi de toutes les Russies, auquel la Pologne avait été laissée comme une conquête par son prédécesseur. Alors on comprendra que la conduite de Nicolas lui était dictée impérieusement par sa double qualité de despote et de conquérant, qui lui imposait l'obligation absolue de vaincre et de soumettre la Pologne, où de perdre à la fois la vie et la couronne.

Ce n'est donc pas l'homme roi, placé dans une si cruelle alternative, qu'on doit accuser des malheurs de cette brave nation ; cette page de sang de son existence est le crime du système qui a avili notre glorieuse révolution : c'est aussi sur lui seul que doit retomber tout le sang des patriotes italiens et espagnols qu'il a d'abord encouragés à l'insurrection, et ensuite abandonnés avec une égale perfidie.

Aujourd'hui l'asservissement de la Pologne est un fait accompli, et de stériles protestations dans des discours parlementaires, loin d'apporter quelques soulagemens à ses malheurs, ne peuvent que les aggraver.

La nationalité polonaise renaîtra de ses cendres, forte et puissante ; une politique habile, loyale et franche, digne des représentants du premier peuple du monde, peut accomplir ce grand acte de justice dû à une nation généreuse, et que réclame également l'intérêt de la France et de l'Europe.

C'est dans son alliance avec la Russie que la France retrouvera ses limites naturelles et ce vieux royaume de Pologne qu'elle respecte et qu'elle aime.

9.

C'est sous l'auspice de cette double alliance que doit renaître, ainsi que je l'ai déjà dit, un empire grec indépendant sur les deux rives du Bosphore, et un nouvel empire chrétien dans l'Asie-Mineure.

Enfin, la France doit de nouveau planter son drapeau régénérateur sur les pyramides et le temple de Salomon, et rouvrir au commerce du monde le passage de la Méditerranée à la mer Rouge, comme la Russie devra étendre son despotisme civilisateur des bords de la Mer Noire jusqu'aux mers des Indes. La France du dix-neuvième siècle, après cinquante ans de luttes dans l'intérêt de la liberté et de l'indépendance nationale, doit vouloir, dans ses alliances, non-seulement des garanties pour sa puissance et la prospérité de son industrie et de son commerce, mais encore elle doit les vouloir également pour tous les peuples de la terre.

Deux grandes nations, la Russie et les États-Unis, ont besoin des mêmes garanties que la France pour elles et pour les autres nations, il est dans leur intérêt que, de Canton à Saint-Pétersbourg, toutes les grandes stations désignées par la nature comme des points de repos aux navigateurs de l'Univers soient pour ainsi dire une propriété commune ; le cap de Bonne-Espérance, Lisbonne, Gibraltar, Malte, Alexandrie, Constantinople doivent être des ports francs et libres, et cesser d'être la propriété unique de gouvernements égoïstes ou barbares.

Est-ce donc dans l'alliance des prétendus principes avec le gouvernement oligarchique de l'Angleterre que la France trouvera la réunion de tous ces avantages, et pour elle et pour l'humanité ? Deux siècles d'expérience, Waterloo, Sainte-Hélène, et ces discussions haineuses et journalières de son parlement ne disent-ils pas suffisamment tout ce que le monde, et la France en particulier, ont à attendre d'une alliance avec ce gouvernement dont l'orgueilleuse tyrannie est aussi insupportable à ses nationaux qu'aux autres peuples.

Ces myriades de pauvres alimentés par une honteuse taxe, ces malheureux paysans de l'Irlande, mourant de faim et et de misère, ne sont-ils pas dans un état plus abject et plus digne de pitié au milieu de ce luxe outrageant et barbare de quelques centaines de privilégiés, que ce paysan serf de la Russie, ou même l'exilé de Sibérie ? Pour ceux-ci au moins une caste riche et orgueilleuse n'insulte pas à leurs souffrances en les qualifiant d'hommes libres, et en les privant de tous les moyens de vivre. de leur liberté ! Amère et ironique déception, digne de ce gouvernement anglais, dont le machiavélisme, l'égoïsme et la barbarie.

sont tels, qu'on peut dire qu'il a effacé tous les parallèles et ne peut être comparé qu'à lui-même.

En Portugal comme aux Indes, au Canada comme aux îles Ioniennes, comme chez ses propres concitoyens, la présence ou le passage de ce gouvernement est marqué comme celui d'une lave dévorante qui ne laisse après elle que la désolation ou la mort.

Et c'est un pareil gouvernement qu'on peut croire l'allié fidèle de la France, lui qui ne peut exister qu'en faisant expirer dans un nouveau Waterloo ou sur un rocher de Saint-Hélène toute nation ou tout homme qui voudrait mettre un terme à sa tyrannnique oppression et à son monopole universel.

Le peuple anglais lui-même fera justice de cette monstruosité sociale et la destruction de ce parlement anglais, de ce dernier repaire du despotisme, sera saluée par les acclamations de l'univers entier, comme le plus beau triomphe de la liberté et de l'égalité.

En attendant, dans la position actuelle des deux peuples, soit qu'on envisage l'alliance anglaise dans l'intérêt matériel de la France, soit qu'on l'envisage dans l'intérêt des principes politiques, elle est aussi antipathique dans l'une de ces hypothèses que dans l'autre ; car les principes d'un gouvernement oligarchique et de priviléges ne peuvent s'allier avec les principes d'un gouvernement démocratique et d'égalité.

Daprès cet exposé de l'utilité de l'alliance russe et des funestes résultats de l'alliance anglaise, on comprendra les causes de la fondation d'un journal qui devait avoir pour mission de démontrer à nos concitoyens la vérité de tous ces faits. Il fallait prouver à la France l'absurdité des bruits répandus à dessein par le système qui nous régit, que la Russie est son ennemie, que son souverain est un vrai croquemitaine prêt à dévorer la France démocratique, si elle ose faire un pas de plus dans les voies de la liberté et de l'indépendance.

Le journal, tout en démontrant la fausseté de ces croyances, devait prouver en outre que l'intérêt de la Russie est que la grandeur et la puissance de la France en Occident égalent la grandeur et la puissance de la Russie en Orient.

L'empereur Nicolas comprend que si la civilisation réclame le despotisme en Orient, la liberté et l'égalité doivent être les bases de l'ordre social en France et dans tout l'Occident.

Ce souverain a voulu prouver qu'il reconnaissait la faute immense commise par l'empereur Alexandre en consentant à imposer deux fois à la France la dynastie des Bourbons dont le règne, outrage vivant à la France nouvelle et révolutionnaire, était sans garantie d'avenir pour la paix du monde.

Il a voulu faire à ce peuple, qui a son admiration et non sa haine, une espèce d'amende honorable en donnant sa fille au fils d'un des héros de la révolution, au petit-fils adoptif de Napoléon.

Ainsi se trouve expliquée la présence de M. Charles Durand, comme rédacteur en chef du journal le *Capitole* ; il était le correspondant intime de l'empereur Nicolas, sous le nom de M. de Saint-Georges.

Les preuves de cette correspondance sont au procès.

Ainsi se trouvent expliqués mes rapports avec un aide-de camp de l'empereur Nicolas ; ces rapports avaient pour but l'intérêt de la France, et ils sont, comme on le voit, la preuve qu'elle peut se soustraire au joug honteux de ces infâmes traités de 1815, non-seulement sans compromettre ses libertés et sa prospérité intérieure, mais encore avec la certitude qu'une main amie et puissante placera son épée dans la même balance que la sienne pour soutenir la juste et noble cause de sa gloire et de son indépendance. . . . .

Nous sommes arrivés au terme du travail que nous nous étions imposé. Historiens sans passion, nous avons raconté sans faiblesse les faits tels que l'examen le plus attentif, et l'enchaînement logique des preuves sont venus les représenter. Nous avons eu à écrire des noms et à révéler des choses que nous aurions voulu pouvoir passer sous silence : nous n'avons écouté que l'entraînement de la vérité et de la justice.

Que s'il ne résultait point, de ce labeur biographique, la démonstration complète que M. de Crouy a été, malgré son fétichisme politique, un homme de probité, d'abnégation personnelle, de dévoûment absolu, nous aurions mal rempli notre tâche, et alors, historiens sévères et impartiaux, nous dirions publiquement nos regrets.

Il nous reste cependant une dernière obligation à satifaire.

Nous n'ignorons pas que, assez généralement, on traite

vec dédain les discussions de noms, de titres, de descen-
ance nobiliaire. Mais il naît dans la vie des nécessités de
elle nature qu'il faut sans hésitation marcher contre les
réjugés reçus : c'est lorsqu'on vous dénie la famille et la
osition sociale dans l'intention d'abaisser votre caractère
t de flétrir vos mœurs, dans le but coupable s'emparer
e l'héritage de vos ancêtres.

Ainsi la *France* du 24 décembre 1839 a extrait ceci d'un
ournal de Londres :

« On lit dans le *Courrier anglais* : « le marquis de Crouy-Chanel
t le fils d'un paysan du département de l'Isère. Il se rendit de Greno-
e à Paris en 1804. Bonaparte ayant, peu de temps après, conçu le
rojet de créer un certain nombre de charges autour de sa personne
our ceux des représentants de l'ancienne noblesse qui se rallieraient à
i, de Crouy-Chanel s'efforça de composer une généalogie qui ratta-
hait sa famille à celle des Humbert, autrefois dauphins de Vienne.
ar ce moyen il arriva à la dignité de chambellan. Après la chute de
empereur, de Crouy-Chanel devint un royaliste renforcé, et il prit
art en 1823 à la croisade contre les cortès espagnoles. Quelque temps
rès, le gouvernement de Ferdinand contracta, par son intermédiaire,
n emprunt qui valut à M. de Crouy une gratification de 400,000 fr.
ette somme ne lui profita pas longemps. En 1825, il était dans le
nuement lorsqu'il fit par hasard la connaissance d'un Russe noble
ès riche et épousa sa fille peu de temps après. »

Copi, auteur allemand, a publié un ouvrage en latin pour
rouver l'origine hongroise des Croï de Picardie, qui, incon-
establement descendent d'honnêtes bourgeois d'Amiens ;
t quoique Schwarnert, autre auteur allemand, ait fait une
éfutation de cet ouvrage et qu'il ait reçu du gouvernement
utrichien une pension de 2,000 fr. à titre de récompense
our cette réfutation, il n'en est pas moins établi, en
rance et en Allemagne, que les Crouy-Chanel ne sont
as les véritables descendants d'André II, roi de Hongrie,

ce qui est une erreur et un mensonge ; une erreur si l'on n'a pas intérêt à s'éclairer, un mensonge si, éclairé, on tire profit de l'erreur.

Dans le désir de rétablir la vérité à ce sujet, nous n'avons point hésité à accueillir la demande que nous a faite M. Auguste de Crouy-Chanel de faire suivre le complément de sa notice biographique du mémoire rédigé par M. Alex. Guillemin, avocat à la cour royale de Paris, et ancien avocat à la cour de cassation, jurisconsulte aussi probe que savant.

Seulement, revenant sur quelques passages de son mémoire, que, par une conscience religieuse respectable, il a dû laisser imparfaits, nous entrerons dans certains détails qui nous ont paru fort curieux.

Et, avant tout, nous dirons que, quoique on trouve dans le mémoire de M. Guillemin, pages 433 à 439 de ce volume, une généalogie des Croy d'Amiens, nous croyons devoir y revenir pour les motifs que nous venons d'indiquer et pour ceux qui suivront ; mais nous serons brefs, voulant nous borner à une simple liste annotée. — Nous déclarons nous servir de deux tableaux généalogiques conduisant en 1823.

Étienne de Croy, premier auteur connu de la famille, qualifié bourgeois d'Amiens en 1163.

Simon de Croy, mayeur d'Amiens en 1208.

Mathieu de Croy, mayeur d'Amiens en 1235.

Jean de Croy, mayeur d'Amiens.

Guillaume de Croy. Il fit ériger en arrière-fief la métairie appelée rue de Croy de Guyencourt en Santerre ; il vivait en 1350. — *C'est le premier individu de la famille qui ait possédé la noblesse.* — Les armoiries de ces cinq de Croy étaient trois oiseaux à la bordure engrelée.

Jean de Croy. Favori de Jean-sans-Peur, duc de Bourgogne, il fut accusé d'avoir conseillé le meurtre du duc d'Orléans (1407) et d'y avoir participé ; il passa trois mois dans un cachot. — *Ce fut la première fois que le nom des Croy d'Amiens figura dans l'histoire*, dit l'auteur de l'Histoire chronologique de la maison royale de France. — Porta pour armoiries un écu d'argent à trois faces de gueules formant sept pièces. — Jean de Croy fut tué à la bataille d'Azincourt, en 1415. — *Agnès de Croy*, fille de Jean, plut, dans un bal, au duc de Bourgogne, qui en fit sa maîtresse : elle donna le jour au *bâtard* Jean de Bourgogne, devenu évêque de Cambrai. — *Telle fut la source des premiers honneurs de la famille Croy d'Amiens* (1).

Jean de Chimay bâtard de Croy, frère d'Agnès, fils naturel de Jean de Croy et de Marie de Craon, laquelle fut mariée, postérieurement à la naissance de Jean de Chimay, *en premières noces*, à Gaucher Torotte. Ce Chimay fit, selon l'usage, une brisure à ses armes.

Jacques de Croy, évêque de Cambrai, né en 1436, duc de Cambrai en 1510, mort le 15 août 1516. On lit dans *le Citateur*, par Pigault-Lebrun, Paris, Barba, 1830, p. 191-192 « Voltaire cite le testament d'un Croui, évêque de « Cambrai, mort en 1517 : il laisse plusieurs legs à ses « bâtards, et déclare qu'il tient une somme en réserve « pour ceux qu'il espère que Dieu lui fera la grâce de lui « donner encore, en cas qu'il réchappe de sa maladie. »

1. *Antoine de Croy*, fils légitime de Jean et frère d'Agnès, devint le favori de Philippe-le-Bon, successeur de Jean-sans-Peur. Louis XI parvint, à force de promesses, à corrompre ce favori. Par son moyen, il réussit à s'emparer d'Amiens et de plusieurs autres villes de la Somme, dont la possession avait été garantie au duc de Bourgogne par le traité d'Arras. Les de Croy, chassés par Philippe-le-Bon, se refugièrent auprès de Louis XI, qui leur donna entre autres seigneuries celle de *Croy-sur-Somme*. Ce dernier *fief ayant appartenu aux descendans de la maison de Hongrie, il se peut que sa possession ait fait naître aux Croy d'Amiens la pensée de s'enter sur cette maison royale*.

Charles, bâtard de l'évêque Jacques de Croy, d'abord se fit prêtre, moine et frère ermite; ensuite apostasia, devint calviniste et se maria.

François de Croy, fils de Charles. Se disait gentilhomme artésien.

François de Croy, fils de François. Il devint Seigneur de Solre-le-Château par le décès de ses cousins. — Ce Jean de Croy est le véritable ascendant paternel des Solre-Croy existant aujourd'hui, lesquels lui ont substitué, mensongèrement, Jean de Solre-Croy, cinquième descendant de Jean de Chimay, bâtard de Croy; mais ils n'ont pas fait attention que Jean de Solre-Croy, né le 14 février 1588, était mort le 26 du même mois à l'âge de douze jours, et qu'ainsi leur usurpation reposait sur une impossibilité. — Les deux fils de ce Jean de Croy formèrent trois branches bâtardes : nous allons les diviser pour en être mieux compris.

Première branche. — Ducs de Croy.

Philippe-Emmanuel-Antoine-Ambroise est devenu seigneur de Solre-le-Château par la mort de son père, Jean, bâtard de Croy, qui précède; mais non pas comte de Solre, cette terre n'ayant point été érigée et comté pour son père ni pour lui.

Philippe-Emmanuel-Ferdinand de Solre, dit comte de Solre sans titres.

Alexandre-Emmanuel de Solre-Croy, dit prince de Solre et prince de Meurs, sans titres, et par l'usurpation la plus scandaleuse.

Emmanuel de Solre-Croy, maréchal de France, se disant prince du Saint-Empire et duc de Croy sans titres et par l'usurpation la plus manifeste.

Anne-Emmanuel-Ferdinand-François de Solre-Croy, se

disant prince du Saint-Empire et duc de Croy, sans titres, et par l'usurpation la plus scandaleuse.

Auguste-Philippe-Louis-Emmanuel de Solre-Croy, fils du précédent, se disant prince du Saint-Empire et duc de Croy sans titres, et par usurpation ; pair de France.

Cette branche subsistait en 1823.

Deuxième branche. — Princes de Solre.

Emmanuel-Marie-Maximilien de Solre-Croy, frère du précédent, se disant prince de Solre sans titre et par usurpation.

Cette branche subsistait en 1823.

Troisième branche. — Ducs d'Havré.

Philippe-François de Solre, fils de Jean, bâtard de Croy, d'où la première branche est également venue, devint seigneur du duché d'Havré par sa femme qui lui apporta cette terre en dot : cette terre n'ayant point été érigée en duché pour lui ni pour ses descendans, il est seigneur d'Havré, mais non pas duc d'Havré.

Ferdinand-François-Joseph de Solre-Croy, seigneur et non pas duc d'Havré, dit prince du Saint-Empire sans titres et par usurpation.

Jean-Baptiste-Joseph de Solre-Croy. — Même observation.

Louis-Ferdinand-Joseph Solre-Croy. — Même observation.

Joseph-Anne-Auguste-Maximilien de Solre-Croy. — Même observation. — Capitaine des gardes et pair de France.

Cette branche subsistait en 1823.

Il suit de cette généalogie que les Croy qui se disent *ducs de Croy, princes de Solre, ducs d'Havré,* dont la souche appartient à la bourgeoisie picarde d'Amiens, non seulement n'ont rien de commun avec la maison royale de Hongrie, malgré les contestations qu'ils ont si imprudemment soulevées ; mais encore qu'ils ne prennent les titres de *ducs de Croy,* de *princes de Solre* et de *ducs d'Havré* que par usurpation.

Tandis au contraire que la filiation *prouvée* de MM. de Crouy-Chanel les fait remonter à André II, roi de Hongrie (Voy. plus loin). Une pièce qui manque au mémoire, et que nous allons donner, c'est le dispositif de l'arrêt de la cour des comptes du Dauphiné du 26 mars 1790 ; le voici :

« Notre dite chambre a donné acte aux-dits Jean-Claude et François-Nicolas de Crouy-Chanel, de la présentation par eux faite, en minutes et grosses originales, des titres et actes énoncés en leur requête ; et en conséquence, faisant droit aux conclusions par eux prises, déclare qu'ils ont suffisamment prouvé leur origine et leur descendance en ligne directe et masculine de Félix de Crouy Chanel, fils d'André, dit le Vénitien, petit-fils du prince Étienne et arrère petit-fils du roi André II… Ce faisant, ordonne que lesdits titres et actes énoncés en leur requête, ensemble ladite requête, seront enregistrés au greffe de notre dite chambre, sur les originaux qui resteront audit greffe jusques après ledit enregistrement, à l'effet de constater l'origine et la descendance desdits de Crouy-Chanel, et de jouir, par eux et leurs descendans en ligne directe, des droits, honneurs et priviléges de noblesse, et armoiries et *autres* résultant desdits titres et actes, et suivant et eonformément aux lois du royaume, etc. »

Ainsi, à l'exemple de :

MM. de Vaudemont et de Lambesc, de Rohan, de Talleyrand, de Carignan et Lucinge, comme issus des maisons de Savoie, de Périgord, de Bretagne et de Lorraine ;

Et des Brunswick, des Commène, des Bourbons et des

Bonaparte, M. François-Claude-Auguste de Crouy-Chanel pouvait, par définition d'état aux termes des articles 71 de la charte de 1814, et 62 de 1830, prendre, dès 1814 et en 1830, le titre de *prince de Crouy-Chanel de Hongrie*.

M. de Crouy n'a pas jugé à propos d'user de ses droits à cet égard, afin de ne point donner un démenti à ses opinions démocratiques, mais il était le maître d'en user.

Qu'on se garde de s'égarer en lisant ce chapitre : nous n'avons pas voulu autre chose que constater un point de fait historique, à savoir qu'il y a une maison de Croy qui a pour origine un bourgeois d'Amiens, et dont les membres, actuels se font appeler *ducs de Croy, ducs d'Havré* et *princes de Solre*; et qu'il y a une maison de Crouy-Chanel, qui a pour souche André II, roi de Hongrie, mort le 7 mars 1235 après un règne de 31 ans, et dont les descendants ne revendiquent aujourd'hui les titres qui leur appartiennent que pour repousser des prétentions injustes, malveillantes, désordonnées.

MÉMOIRE PRÉLIMINAIRE

Après environ six mois de détention préventive, M. de Crouy-Chanel, impliqué dans une instruction politique, fut obligé, par une ordonnance de *non-lieu*, dé renoncer à l'espoir de la publicité des assises et de la justice solennelle du jury ; aussitôt il annonça les Mémoires qui, suppléant au grand jour de l'audience, devaient rétablir la vérité des faits altérés et par l'instruction judiciaire, et par quelques organes de la presse.

Presque tous les matériaux, sauf ceux dont un pouvoir arbitraire ajourne encore la communication, étaient déjà rassemblés au moment de la tentative de Boulogne-sur-Mer.

Il est trop facile de comprendre la réserve imposée jusqu'à ce jour à M. de Crouy-Chanel, surtout en présence de la nouvelle accusation dans laquelle il n'était point partie, pour s'étonner de son silence.

Maintenant cette publication n'a plus d'entraves, mais il n'est pas inutile de dégager la question politique d'un incident purement privé que la famille des Croy, originaire d'Amiens, avait imaginé de susciter à l'occasion des noms patronymiques du marquis de Crouy-Chanel de Hongrie.

Une discussion de ce genre pouvait paraître puérile à certains égards, si la malveillance ne savait pas faire usage de tout pour atteindre son but.

Quelle défaveur d'abord contre l'homme qui aurait commencé par usurper les noms et les titres sous lesquels il a déjà parcouru la moitié de sa carrière !

Il faut s'expliquer.

Pendant la détention du marquis Crouy-Chanel, M⁰ Jules Bonnet, avocat à la cour royale de Paris, adressa à M. Zangiacomi, juge d'instruction, la pièce suivante :

« Par arrêt solennel de la cour de Paris du 12 mai 1821
« il a été fait défense à M. le comte Chanel d'ajouter le
« nom de Croy à celui de Chanel, et la radiation dans
« tous les actes en a été ordonnée. Ce nom, ainsi que l'a
« reconnu l'arrêt, appartenant à la *maison de Croy* repré-
« sentée dans le procès alors existant, par MM. le duc de
« Croy, le duc de Croy-d'Havré, et le prince de Croy-Solre.
« M. Chanel (1), car les qualités de l'arrêt de la cour
« royale ne lui donne ni d'autre titre, ni d'autre nom,
« s'est pourvu en cassation contre l'arrêt du 12 mai 1821.
« Un arrêt de la section des requêtes, du 22 février 1823,
« a rejeté le pourvoi. Cet arrêt ne contient aucunes réser-
« ves sur les titres et qualités. Au surplus, il est constant
« que M. Chanel a figuré à la cour de Napoléon, en qua-
« lité de comte, et jamais la *maison de Croy* ne le lui a
« contesté. Voilà pour le comte Chanel.
« Quant à celui qui prend le titre et le nom de marquis
« de Crouy-Chanel, on déclare en son nom (*Gazette des
« Tribunaux* du 29 janvier 1840) qu'il est cousin issu de
« germain du comte.
« L'arrêt du 12 mai 1821 devrait donc, en justice
« comme en raison, lui être applicable, quoique le même
« individu ait obtenu un arrêt de cassation du 6 avril 1830,
« arrêt entièrement étranger à la *maison de Croy*, mais
« qu'il a obtenu en prouvant qu'il n'avait pas été partie
« dans le procès intenté par son cousin à cette époque.
« On appréciera facilement pourquoi MM. de Croy

1. L'arrêt dit la *partie de Couture*, comme il dit la *partie de Bonnet*, ce qui ne retranche rien aux véritables noms et titres. Le reste de la rédaction relatif aux *qualités de l'arrêt* des œuvres de l'avoué des Croy d'Amiens.

« n'ont pas jugé à propos de faire autant de procès qu'il
« y avait de membres de la famille Chanel. Mais les ma-
« gistrats ne peuvent consentir à ce que, dans une procé-
« dure criminelle, destinée peut-être à retentir dans toute
« l'Europe, on compromette le nom de Croy.

« Il est donc dans l'intérêt public comme dans l'intérêt
« particulier de la *maison de Croy*, que les magistrats veuil-
« lent bien s'opposer à cette usurpation ; et ce qu'ils ont
« déjà fait dans un autre procès où MM. Chanel ont paru
« comme accusés.

« J. BONNET, avocat à la cour, et
« conseil de la maison de Croy. »

Il est inutile de dire que les magistrats n'ont point ob-
tempéré à cette incroyable requête. Le nom du marquis de
Crouy-Chanel a continué d'être inscrit en entier dans tous
les actes de la procédure et dans les décisions qui l'ont terminée.

Cette protestation, qui compte pour rien les principes
en matière de chose jugée, et qui les subordonne au bon
plaisir de la *maison de Croy* ; cette protestation, qui se joue
d'un arrêt des juges suprêmes tout en invoquant la cour-
toisie des magistrats en faveur de la *maison de Croy* ; cette
protestation, qui attend de la justice un acte de complai-
sance pour épargner un nouveau procès à la *maison de Croy* ;
cette protestation étrange était digne de faire suite à l'arrêt
de la cour royale de Paris, qui est tombé sous la censure
de la cour de cassation.

Et l'on comprend que la supplique du conseil de la *maison de Croy* ne saurait mériter plus d'égards que l'arrêt déjà
cassé dont elle a suivi les errements.

Sans vouloir entrer trop tôt dans l'examen du point de
droit, il convient de faire observer à la famille des Croy

d'Amiens qu'en principe et aux termes de l'article 1351 du Code civil : « L'autorité de la chose jugée n'a lieu qu'à « l'égard de ce qui fait l'objet du jugement. Il faut que « la chose demandée soit la même ; que la demande soit « fondée sur la même cause ; que la demande soit entre « les mêmes parties, et formée par elles et contre elles en « la même qualité. »

Or, 1° le nom des Crouy de Hongrie est si peu identique avec le nom des Croy d'Amiens, que l'arrêt du 12 mai 1821 dont ces derniers se prévalent, *leur a dénié les armes de Hongrie.* La supplique se garde bien de rappeler cette disposition ;

2° La suppression du nom de Croy, qui d'ailleurs n'est pas le même que celui de Crouy, n'a été ni pu être ordonnée contre le comte de Crouy-Chanel, que parce qu'il n'était pas énoncé dans son acte de naissance, comme il l'est dans celui du marquis de Crouy-Chanel, son cousin, en faveur duquel a été rendu l'arrêt de cassation. Mais aussi, depuis l'arrêt de la cour de Paris, l'acte de naissance du comte de Crouy-Chanel a été judiciairement rectifié, ce qui, réduisant à rien le résultat de l'erreur de la cour royale à son égard, nécessiterait dans tous les cas une instance nouvelle, n'en déplaise aux Croy d'Amiens ;

3° La supplique avoue que les parties ne sont pas les mêmes.

Ainsi, d'après la loi, l'exception de la prétendue *chose jugée* n'est pas applicable.

Toute la supplique se réduit à ceci : « Nous savons bien « que nous n'avons pas le droit de prescrire au marquis de « Crouy-Chanel d'abandonner la première partie de son « nom ; mais de grâce, et pour ne pas compromettre les « membres de la *maison de Croy* dans toute l'Europe,

« soyez assez bons pour ne lui donner que la seconde
« partie de ce même nom ! »

Maintenant la question soulevée par la supplique peut
être envisagée dans les deux hypothèses, seules possibles,
c'est-à-dire, ou dans l'état actuel des choses, sans autre
procès, ou dans un nouveau débat judiciaire.

Nous allons examiner successivement ces deux hypothèses. Seulement il faut faire observer que la famille des
Crouy-Chanel de Hongrie est en pleine jouissance de ses
noms, de ses titres et de ses armes, tandis que les Croy
d'Amiens sont obligés de renoncer aux prétentions qui les
auraient rattachés à la maison royale de Hongrie, et de
supprimer dans leur écu le blason qu'ils avaient usurpé.

On comprend dès lors, d'une part, que MM. de Crouy-
Chanel n'ont rien à réclamer, et d'autre part, que MM. de
Croy d'Amiens n'ont plus rien à perdre dans la question
principale.

PREMIÈRE PARTIE

LA CAUSE SANS PROCÈS

L'acte de baptême du marquis François-Charles-Auguste
de Crouy-Chanel de Hongrie, en date du 1er janvier 1794
est un titre irrécusable (1).

---

1. Voici la teneur de l'extrait en due forme des registres de la ville de
Duisbourg.

« *Anno Domini millesimo nonagesimo tertio, die trigesimâ primâ decem-*

Jamais il n'a été contesté.

Mais le comte de Crouy-Chanel, son cousin, ayant dirigé une action contre les Croy d'Amiens pour les faire condamner à quitter les armes de Hongrie, il a été réconventionnellement actionné et condamné à la radiation du nom de Croy, dans tous les actes et requêtes où il est ajouté à celui de Chanel.

On sait déjà que la rectification de l'acte de naissance du comte de Crouy-Chanel fait évanouir cette décision en ce qui le concerne.

Et quant aux membres de sa famille qui n'étaient point parties au procès, l'arrêt du 12 mai 1821 ne pouvait, sous aucun rapport, leur être applicable sans violer l'article 1351 du Code civil.

Cependant la cour royale de Paris, par un abus de pouvoir s'est permis de supprimer *d'office* le nom de Crouy dans un arrêt du 16 juin 1828, où figurait madame la marquise de Crouy-Chanel.

Cette suppression ainsi ordonnée d'office, c'est-à-dire sans plaidoirie et sans défense régulière, fut l'objet d'une réclamation de la part de Me Vivien, alors avocat de la marquise de Crouy-Chanel, et aujourd'hui ministre de la justice. Il l'adressa au rédacteur de la *Gazette des Tribunaux* en ces termes :

« bris natus, et anno millesimo septingentesimo nonagesimo quârto, die
« primâ januarii, baptizatus fuit Franciscus-Claudius-Augustus filius
« legitimus prœnobilium parentum ac conjugum Claudii-Francisci DE
« CROUY CHANEL DE HONGRIE du Dauphiné, et Mariæ Carlottæ Bagell,
« levantibus cum è sacro baptismatis fonte Alexandro-Augusto de Pioger et
« Augustâ Joannâ de Pioger. In quorum fidem manu sigilloque propriis
« expeditas dabam Duisburgi ad Rhenum, hac trigesima decembris anno
« millesimo octengentesimo decimo. »

Gesron Savels, *pastor romano-catholicorum.*

« Monsieur le rédacteur,

« Votre feuille de mardi dernier, en rendant compte
« d'un procès jugé par la première chambre de la cour,
« et où j'ai plaidé, a rapporté un incident qui s'est élevé
« au sujet de madame la marquise de Crouy-Chanel. La
« cour a ordonné d'office la radiation du nom de Croy de
« tous les actes de la procédure, en s'appuyant sur un
« arrêt précédemment rendu par elle, et qui avait défendu
« à un M. de Chanel de prendre le nom de Croy.

« Je n'ai pu fournir d'explication sur un fait dont je
« n'avais aucune connaissance particulière, et l'arrêt a été
« rendu sans opposition de ma part. Mais j'ai reçu depuis
« lors des renseignements qu'il importe de publier pour
« rectifier une erreur où la cour a été entraînée par une
« confusion de personnes, pour justifier madame de Crouy-
« Chanel d'un reproche qu'elle n'avait point mérité, et
« pour lui rendre un nom qu'elle doit tenir à conserver. »
« L'arrêt de la cour auquel M. le premier président a
« fait allusion, concerne M. le comte François, qui n'est
« point M. le marquis Auguste de Crouy-Chanel, dont
« la femme m'avait confié ses intérêts, et qui appartient à
« une autre branche que lui. Cet arrêt est fondé, entre
« autres motifs, sur ce que l'acte de naissance de M. le
« comte François ne lui donne que le nom de Chanel ;
« or, l'acte de naissance de M. le marquis Auguste de
« Crouy-Chanel de Hongrie, lui donne tous ces noms
« qu'il porte. Sous ce double rapport l'arrêt ne peut lui
« être opposé. »
« MM. de Solre et d'Havré qui, condamnés sur d'au-
« tres points ont obtenu cette disposition de l'arrêt, ont
« reconnu eux-mêmes qu'elle ne pouvait s'appliquer à

« la branche à laquelle appartient M. le marquis Auguste
« de Crouy-Chanel.

« L'arrêt était du 12 mai 1821.

« Quelques mois plus tard, M. le comte Henri de
« Crouy-Chanel, frère de M. le marquis Auguste, ayant
« fait faire ses publications de mariage, sous le nom de
« Crouy, MM. de Solre et d'Havré y formèrent opposi-
« tion. Ils furent déboutés par jugement du 26 octobre
« 1821, auquel ils ont adhéré.

« Il existe seulement une différence d'une lettre entre
« les deux noms. MM. d'Havré et Solre prennent celui de
« Croy ; MM. de Chanel s'appellent de Crouy ; mais ce
« n'est pas sur ce point que porte la discussion. Les chro-
« niques ont écrit indifféremment et l'un et l'autre de ces
« deux noms qui paraissent s'être altérés par l'effet du
« temps. Au surplus, MM. de Chanel, qui descendent des
« rois de Hongrie, dont ils portent les armes que la cour
« leur a conservées, ne prétendent qu'au nom de Crouy ;
« et MM. de Solre et d'Havré, loin de vouloir le leur
« enlever, tendaient à le prendre eux-mêmes, puisqu'ils
« se disaient aussi descendans de la branche de Hongrie,
« ce que la cour n'a point reconnu.

« Ces discussions, M. le rédacteur, n'ont point d'inté-
« rêt pour le public. Mais puisque la cour les a jugées
« dignes de son attention, au point de s'en occuper *d'office*,
« et que vous avez recueilli son arrêt dans votre utile
« journal, je vous prie, en attendant le pourvoi qui doit
« être formé, d'accueillir une explication qui intéresse
« vivement ceux qu'elle concerne, et qui a pour objet de
« rétablir les faits dans leur vérité.

« Agréez, etc.

« *Signé*, VIVIEN, avocat.

« Paris, le 18 juin 1828. »

Comme l'annonçait cette lettre, un pourvoi en cassation fut, en effet, formé au nom du marquis de Crouy-Chanel de Hongrie.

Ce pourvoi fut admis par la chambre des requêtes ; puis, la discussion devant la chambre civile obtint, à raison de l'excès de pouvoirs commis par la cour royale, au mépris du droit de la défense, toute la latitude que comportait le développement des points de fait et de droit.

En voici l'analyse, telle que l'ont donnée la *Gazette des Tribunaux* du 7 avril, et le *Moniteur* du 9 avril 1830. Elle nous dispensera de toute autre discussion sur la supplique de 1840, dans l'hypothèse d'une prétention purement extra-judiciaire.

COUR DE CASSATION

Audience du 6 avril.

(Présidence de M. le premier président Portalis).

POURVOI DE M. LE MARQUIS DE CROUY-CHANEL.

Une Cour royale peut-elle, D'OFFICE, *sans conclusions d'aucune partie, ni réquisition du ministère public, ordonner une suppression de nom dans un jugement et partout où besoin sera?* (Rép. nég.).

Cette cause, qui depuis longtemps occupe une place dans les fastes judiciaires, vient d'offrir une singularité remarquable en jurisprudence. Après avoir vidé un débat purement pécuniaire dans lequel il ne s'était nullement agi d'une question d'état, la Cour royale de Paris ajouta aus-

sitôt dans son dispositif : «... Et *d'office*, ordonne qu'en
« vertu des précédens arrêts, et à la diligence du procu-
« reur général du roi, le nom de Crouy sera rayé de la
« minute et de l'expédition de la sentence dont est appel,
« *et partout où besoin sera.* »

M. le marquis Auguste de Crouy-Chanel s'est pourvu
en cassation contre cet arrêt.

« Messieurs, a dit Mᵉ Guillemin, son avocat, si l'arrêt
de la Cour royale de Paris, dénoncé à votre censure,
n'était pas sous vos yeux, vous ne pourriez pas y croire !
Cet arrêt juge *d'office* et déclare juger d'office, c'est-à-dire
sans autre mission que celle du *bon plaisir* des juges, que
le marquis de Crouy-Chanel de Hongrie n'a pas le droit
de porter le nom de *Crouy*, le nom inscrit dans son acte
de naissance, le nom de ses ancêtres, le nom qui fonde sa
possession d'état.

« Il n'y avait pas de procès sur ce point, pas de question,
pas de conclusions, pas d'adversaire, par conséquent, pas
même de défense possible. C'est incidemment à un débat
pécuniaire, tout-à-fait étranger à la qualité des personnes,
que la Cour royale, de sa seule autorité, s'est brusquement
emparée du nom de l'une des parties, pour en ordonner
d'office la radiation sur toutes les pièces de la procédure
et *partout où besoin sera.*

« Jamais pareil excès de pouvoir n'avait troublé la jurisprudence ! Toutes les familles seraient menacées dans la
base même de leur union, si ce système d'omnipotence
pouvait trouver grâce devant la loi.

« Avant d'arriver aux moyens de cassation, il est nécessaire de s'expliquer en peu de mots sur l'ancien procès
qui, pendant trois années, occupa les tribunaux de la capi-
tale, pour prouver que l'arrêt attaqué ne saurait y trouver
aucun motif d'excuse.

« En 1820, le comte Claude-François de Crouy-Chanel, cousin issu de germain du marquis Auguste, intenta une action contre MM. de Croy, de Solre et d'Havré, pour les contraindre à quitter les armes de l'ancienne maison royale de Hongrie qu'ils avaient usurpées.

« Il a complètement gagné sa cause sur ce point. Un arrêt du 12 mai 1821 déclare formellement que MM. de Croy, d'Havré et de Solre *n'offrent pas la preuve juridique de leur descendance des rois de Hongrie et de leur possession des armoiries de cette maison*, et il leur fait défense de les porter. Cet arrêt a été pleinement exécuté par eux.

« Au contraire, le même arrêt a laissé le comte Claude-François de Crouy-Chanel dans tous ses droits, quant au nom et armes de Hongrie.

« A la vérité, sur la demande réconventionnelle de ses adversaires, la Cour de Paris a décidé que, d'après les pièces produites, il n'était pas complètement et légalement prouvé que M. de Chanel de Hongrie eût la possession suffisante du nom de Crouy.

« Et pourquoi ? Parce que, dit la Cour royale, il ne rapportait pas les *originaux ou expéditions des titres* sur lesquels il se fondait, mais seulement *un registre intitulé :* Répertoire contenant les pièces, actes et titres compris dans l'enregistrement fait en exécution d'un arrêt de la chambre des comptes de Grenoble.

« Donc, rien n'est définitivement jugé sur ce chef; en telle sorte que si les originaux ou les expéditions des titres sont produits dans une autre instance, la question du nom devra être jugée comme celle des armoiries.

« C'est pourquoi la chambre des requêtes de la Cour de cassation en rejetant le pourvoi, le 25 février 1823, a considéré, en termes formels, que l'arrêt du 12 mai 1821 *laissait le demandeur, à cet égard, dans l'état et possession où il était avant ledit arrêt.*

« Ainsi, bien loin de s'appliquer à tous les autres membres de la maison de Crouy-Chanel de Hongrie, l'arrêt du 12 mai 1821 n'est pas même définitif et absolu contre le comte Claude-François, en ce qui touche le nom de Crouy.

« Après ce premier éclaircissement sur l'ancien procès, il est permis d'ajouter encore que le marquis de Crouy, qui n'y figurait pas, aurait pu répondre à tous les arguments de la Cour royale, si la question eût été régulièrement engagée avec lui.

« La Cour royale avait dit au comte Claude-François : Vous ne représentez pas les originaux ou les expéditions des titres invoqués. Le marquis Auguste de Crouy aurait répondu : *Je les représente.* Et en effet, nous les plaçons sous les yeux de la Cour suprême qui, bien qu'elle ne soit pas juge du fond, est néanmoins juge de la forme authentique des actes.

« La Cour royale avait dit au comte Claude-François : Le nom qui vous est dénié n'est pas consigné dans votre acte de naissance. Le marquis de Crouy aurait répondu : *Il est dans le mien dont je produis l'expédition.*

« La Cour royale avait dit au comte Claude-François : Vous n'avez pas la possession constante. Le marquis de Crouy aurait répondu : *La mienne n'a pas été un seul moment interrompue.*

« Voilà des différences notables de position entre le comte et le marquis de Crouy, différences qui auraient distingué complètement les deux causes sous ce rapport; et voici maintenant les motifs qui devraient en assurer le succès général pour toute la famille de Crouy-Chanel, et pour le comte Claude-François lui-même, du moment qu'il produira ses titres en bonne forme.

« D'abord il est bien remarquable que l'arrêt de 1821 a laissé au comte Claude-François le nom et les armes de Hongrie ; il n'est pas moins remarquable que l'arrêt de 1828 n'a point ordonné dans la cause actuelle la radiation du nom de Hongrie, tout en ordonnant celle du nom de Crouy.

« Et cependant les armes de Hongrie et l'origine qu'elles présupposent ont été déniées par la même Cour de Paris à MM. d'Havré, de Solre et de Croy, qui ont exécuté son arrêt.

« La maison de Crouy-Chanel de Hongrie n'a donc rien de commun, ne veut avoir rien de commun, pas même le nom, avec MM. d'Havré et de Solre. En effet, le nom de *Crouy* n'est pas le même que celui de *Croy* ; et, quant aux familles, elles sont encore bien autrement distinctes l'une de l'autre. La famille de Croy-d'Havré et de Solre descend d'excellens bourgeois, échevins, *mayeurs*, ou maires d'Amiens, qui n'avaient aucun point de contact avec aucune maison royale.

« Je pourrais ajouter bien d'autres observations si la cause était contradictoire avec eux ; mais il faut respecter leur absence ; je me bornerai donc à rappeler qu'ils ont été obligés de faire une *brisure à leurs armes*, et je me renferme, au surplus, dans l'arrêt du 12 mai 1821, exécuté par eux, et dont voici le principal motif en ce point :

« Considérant qu'il résulte des faits de la cause qu'avant « l'année 1335 les parties de Bonnet (MM. d'Havré et de « Solre) ne rapportent aucun titre qui prouve leur origine « et descendance de la maison royale de Hongrie, et que « leur prétention à cet égard n'est appuyée que sur l'opi- « nion diversement énoncée des historiens et des auteurs qui « ont traité de la généalogie de leur maison, opinion « *contredite* par plusieurs et même *démentie* par deux cé-

« lèbres généalogistes (d'Hozier et Chérin), dont l'un at-
« teste qu'on ne pouvait garantir l'origine de la maison
« de Croy audelà de cette époque. »

« Au contraire, la maison de Crouy-Chanel de Hongrie
possède tous les titres qui, sans interruption, rattachent
son origine à Félix de Hongrie, dit *Crouy-Chanel*, fils d'André III, roi de Hongrie, dit *le Vénitien*, et petit-fils d'André II, fils de Béla III et de Marguerite de France, comtesse de Vexin.

« Les expéditions authentiques de tous ces actes sont
jointes au dossier. Ne craignez pas, Messieurs, que je pré-
tende sortir des limites de votre juridiction ; cette production, je l'avoue, est faite pour l'honneur de la cause.
Mais la loi nous y autorise ; car l'abus de pouvoir dont
l'arrêt de la cour royale est entaché appelle une réponse ;
il porte atteinte aux droits sacrés de famille ; et rien de
plus légal, rien de plus rationnel, que de démentir d'abord,
par l'authenticité des titres, la dénégation purement *offi-
cieuse* de l'arrêt.

« La cour de Paris s'est effrayée (elle le déclare) à la
pensée que des fils de rois se soient retrouvés dans la
magistrature, dans le barreau, et jusque dans le greffe !
Sous ce prétexte elle a refusé de vérifier la généalogie du
comte Claude François au-delà de ses plus modestes aïeux ;
et, par une étrange contradiction, ce déni de justice n'a
pas eu le résultat de lui contester les noms et armes de
Hongrie, mais seulement le nom de Crouy ! L'arrêt de
1821 se condamne donc lui-même comme l'arrêt de 1828,
puisque tous deux ils ont respecté le nom prédominant
d'une race royale, tout en retranchant l'un des noms
accessoires.

« Mais indépendamment de cette contradiction, signe
manifeste d'erreur, les arrêts de Grenoble répondent que

plus la famille de Crouy-Chanel, par ses vicissitudes, s'était rapprochée des classes moyennes ou même obscures si l'on veut, plus la vérification solennelle de sa descendance des rois de Hongrie par une cour souveraine avait été scrupuleuse, et plus aussi, par conséquent, elle méritait de respect et de confiance. Vérification mémorable, en effet, et bien digne de foi, que celle qui tout à coup, relève jusqu'à la hauteur d'un ancien trône, la modeste existence d'une famille aussi pauvre qu'honorable, et cela, sous les auspices d'une sévère magistrature, sous la spéciale surveillance du ministère public, sous les yeux et au conspect de toute une population dont les souvenirs viennent s'associer à ce triomphe !

« Je n'ai plus qu'un mot à dire sur *le fait* : c'est que la Cour de Paris a reconnu tous les degrés de la filiation de M. de Crouy-Chanel jusqu'à François-Laurent, major du Fort *Barraulx*, petit-fils de Claude, premier du nom, auquel le connétable de Lesdiguières écrivait, le 15 avril 1658, en le félicitant du courage qu'il avait déployé à la prise de ce fort : « *Je vous aurois fait expédier sur-le-champ des lettres de noblesse, si n'estoit notoire que vos ancestres en octroyoient aux aultres.* » (Cette lettre originale a passé sous les yeux de MM. les conseillers).

« Ainsi donc, et par le fait même de la Cour royale, toute la période obscure des générations de cette famille est devenue lumineuse, et va se renouer avec la même clarté à la période illustrée par des noms que l'histoire a tous consacrés, et qu'elle reporte elle-même jusqu'à leur royale origine.

« Telles sont, Messieurs, les observations qui devaient précéder la discussion des moyens contre l'arrêt dénoncé. Elles prouvent avec pleine évidence que le débat serait au moins sérieux, si les parties intéressées étaient en présence ;

et que, par conséquent, la Cour royale n'avait ni excuse, ni prétexte pour commettre l'abus de juridiction qui lui est reproché. »

Me Guillemin discute ensuite deux moyens de cassation : 1° excés de pouvoirs ; 2° violation et fausse application de la chose jugée.

Sur le premier moyen, l'avocat rappelle les dispositions de la loi du 24 août 1990 sur les principes de la juridiction, et celle de la loi de germinal an XI, sur la police des noms. Sur le moyen de la chose jugée, Me Guillemin, après la discussion de droit, continue ainsi :

« Et non seulement il n'y avait pas identité de personnes entre les justiciables de la Cour royale, lorsqu'elle s'est permis d'ordonner, contre l'un d'eux, une mesure illégale *en vertu d'un précédent arrêt* rendu contre l'autre ; mais il ne pouvait même pas y avoir identité absolue de position.

« Encore une fois, ce n'est pas sur les titres de la famille de Crouy-Chanel que l'arrêt du 12 mai 1821 a prononcé, mais uniquement sur la possession d'état d'un seul de ses membres. Or, toute question de cette nature varie nécessairement d'après les faits et les actes applicables à chacun des réclamants. Ainsi, par exemple, en 1810, M. le comte de Crouy-Chanel, chambellan de Napoléon, avait obtenu des lettres-patentes de son titre de comte, avec ses anciennes armes et son ancien nom ; mais, si le marquis de Crouy-Chanel n'a rien de semblable, il a mieux, il a son acte de naissance même pour premier fait de possession, et profitant de l'avertissement donné par l'arrêt de 1821, il a recueilli les preuves complètes de son origine, et il les produit au grand jour.

« L'acte de naissance suffit d'ailleurs seul pour condamner et mettre au néant le système de la Cour royale. La loi même, l'art. 1er de la loi du 6 fructidor an II, ordonne à mon client de porter les noms sous lesquels il a été baptisé, le 31 décembre 1793, à Duisbourg sur le Rhin, comme *fils légitime de M. le marquis Claude-François de Crouy-Chanel de Hongrie*. Si jamais il quittait ces noms, la même loi lui ordonnait encore *de les reprendre*.

« Il ne s'agit pas seulement ici d'une simple question de vanité nobiliaire, mais bien d'une question de propriété. Le nom des Chanel suffirait, dans leurs actes et leurs titres, aux preuves de leur descendance de la maison de Hongrie, et le commandant du fort *Barraulx* ne portait que ce nom seul lorsqu'il reçut la glorieuse lettre du connétable de Lesdiguières.

« Mais chaque famille a le droit incontestable de réunir, comme titres de propriété, tous les noms sous lesquels elle a été connue à toutes les époques de son existence ; et si la loi du 11 germinal an XI exige des conditions et des formalités pour les changements de noms, aucune loi ne les impose pour reprendre ceux que des actes ou une ancienne possession garantissaient comme patronymiques.

« A qui donc cette faculté appartiendra-t-elle à plus juste titre qu'aux descendans des rois ? S'il ne leur est plus donné de vivre dans la gloire et dans l'éclat de leur origine, qu'il leur soit permis du moins de posséder en paix, dans la retraite, ce débris d'une grandeur qui n'est plus, ce souvenir sans espérance et sans regret, cette consolation sans trouble, cet honneur sans danger, cette décoration sans injustice et sans rivalité.

« N'est-il pas dans les vues de la divine Providence de laisser ainsi épars sur la terre quelques restes des races royales, pour rappeler nos pensées à des couronnes plus durables ? et la première scène d'une sublime révélation ne s'ouvre-t-elle pas, en nous en faisant reconnaître dans un simple artisan, le vénérable descendant d'une foule de rois ?

« L'eau et le feu ne sont pas toujours interdits aux familles détrônées ; elles ne sont pas toutes et tout entières condamnées au néant ; elles peuvent vivre et se perpétuer, et l'envie elle-même doit bien se résoudre à tolérer leurs vestiges partout où il plaît à Dieu de les montrer ! Tous les temps sont pleins de ces mémorables exemples. Nous ne devons donc pas plus nous étonner de voir aujourd'hui, tels que le temps les a faits, le dernier des Comnène, les princes de Suède et les Crouy de Hongrie, que Rome ne s'est étonnée de voir Persée, et Sidon Abdolonyme, au rang de leurs plus modestes habitans.

« Au surplus, ce ne sont pas seulement les noms illustres que l'arrêt dénoncé menace d'un abus du pouvoir, ce sont tous les noms de famille qu'il plairait aux juges de suspecter. Le droit sacré de la défense serait toujours violé dans de pareilles décisions rendues d'office. Celle de la Cour royale de Paris contrevient donc à toutes les lois et à tous les principes de juridiction. »

Mᵉ Guillemin termine ainsi :

« Déjà, dans l'affaire du nom de Latour-d'Auvergne, M l'avocat-général Vatimesnil, au nom d'une magistrature suprême, et avec une énergie qui ne nous appartiendrait pas, reprochait sévèrement à la même Cour ses empiéte-ments. La loi, disait-il, *vous a fait une part assez belle pour vous en contenter*. L'abus de pouvoir est encore plus étonnant dans la cause actuelle, il est même empreint d'une résis-tance préméditée contre les avertissements de la cassation. C'est en vertu *des précédens arrêts de la Cour*, dit l'arrêt dénoncé, que j'ordonne *d'office* la radiation du nom de Crouy. *Des précédens arrêts !* mais il n'en existe qu'un seul relativement à cette famille ! c'est donc à l'arrêt analogue du nom de Latour-d'Auverge que la cour de Paris fait allusion. Voilà pourquoi elle se garde bien de spécifier les arrêts, soit par les noms, soit par les dates. Mais elle persiste dans son système d'omnipotence; elle oublie que le premier devoir des magistrats chargés de l'exécution des lois, c'est de les respecter eux-mêmes, et donner, tout à la fois, les exemples et les enseignements. »

M. Cahier, avocat-général, a examiné avec soin les titres et les arrêts produits à l'appui de la réclamation. Il s'est étonné de ce que, lors des débats de 1821, la cour de Paris n'eût pas vérifié la généalogie du comte de Crouy au-delà de François-Laurent de Crouy-Chanel, major du fort *Barraulx*. M. l'avocat-général a rappelé aussi toutes les preuves de l'illustration de cette famille; il a conclu à la cassation sur les deux moyens principaux.

Après plus d'une heure de délibération, et au rapport de M. Cassaigne, la cour,

« Vu l'art. 2 du titre 8 de la loi du 24 août 1790, et l'art. 61 du Code de procédure civile ;

« Attendu que, d'après ces articles, les tribunaux ne peuvent connaître que des actions dont ils sont saisis par une assignation et sur les conclusions ou réquisitions formelles des parties, ou du ministère public ;

« Attendu, dans l'espèce, que la cour royale de Paris a prononcé *d'office* une suppression de nom; qu'ainsi elle a violé les lois précitées ;

« Casse, *sans renvoi;* ordonne l'impression de l'arrêt et sa transcription sur les registres de la cour royale de Paris. »

Le *Courrier des tribunaux* qui, dans son numéro du 7 avril 1830, rendait compte de la même affaire, y rappelait en ces termes les conclusions de M. Cahier, avocat-général, tendantes à la cassation : « Il les a développées dans une lumineuse discussion ; il a rappelé,

« 1º Claude de Crouy-Chanel, l'un des ancêtres du

marquis de Crouy, le même auquel était adressée la lettre
du connétable de Lesdiguières;

« 2° Jean de Crouy-Chanel, blessé et fait prisonnier à
la bataille de Saint-Quentin, en 1554;

« 3° Louis-Georges de Crouy-Chanel, qui se distingua
particulièrement à la bataille de Cérisoles;

« 4° Hector de Crouy-Chanel, qui sauva, en 1470, la
vie à Louis XI, alors Dauphin;

« 5° Rodolphe de Crouy-Chanel, qui fut administrateur
de la province du Dauphiné, en 1434;

« 6° Jean de Crouy-Chanel, fait prisonnier à la bataille
de Rosbeck, le 27 novembre 1382;

« 7° Guillaume de Crouy-Chanel, qui périt sur le champ
de bataille de Crécy, le 26 août 1346;

« 8° Pierre de Crouy-Chanel qui fit prisonnier le comte
« Édouard de Savoie, à la bataille de Varey, en 1335;

« 9° Enfin, Félix de Crouy-Chanel, fils d'André III, dit
« le Vénitien; et arrière-petit-fils de Béla III et de Margue-
« rite de France, comtesse de Vexin. »

A la suite de ce compte rendu des plaidoiries et de l'arrêt de cassation qui désormais doit garantir la famille de
Crouy-Chanel de tous actes arbitraires relativement à la
possession de ses noms patronymiques, il convient d'ajouter les motifs et le dispositif d'un jugement du tribunal civil de Grenoble, du 21 mars 1839, qui, sur la requête du
comte de Crouy-Chanel et de deux autres chefs des branches
de cette famille, a ordonné la rectification des actes de l'é-
tat civil qui ne portaient pas le nom de Crouy ajouté au
nom de Chanel.

« Attendu, dit ce jugement, qu'il résulte des expéditions
« authentiques d'actes publiés et autres titres, et des piè-
« ces produites à l'appui de la demande formée par les ex-

« posans, que, dans un traité du 1ᵉʳ mars 1279, une des
« parties intervenantes est dénommée indifféremment sous
« les qualités et noms suivants : *Nobilis et potens, ac magni-*
« *ficus vir Dominus Felix dictus* Crouy-Chanelis, noble,
« puissant et magnifique homme, le seigneur Félix, dit
« Crouy-Chanel ; *Dominus* Crouy-Chanelis, le seigneur
« Crouy-Chanel ; *dictus Dominus* Crouy-Chanelis, ledit
« seigneur Crouy-Chanel ; désignation qui ne peut être
« considérée que comme une variété de formules de style,
« ainsi que les exemples en sont fréquents dnas la latinité
« du moyen-âge, et qui doit être prise comme formule in-
« dicative employée dans les actes, *ledit un tel, ledit Seigneur*
« *Crouy-Chanel* ; circonstance qui prouve que le nom de
« Crouy-Chanel, pris par Félix dans l'acte de 1279, est un
« nom patronymique transmissible de génération en géné-
« ration ;

« Attendu que cette dénomination de Crouy-Chanel se
« reproduit dans tous les autres actes qui établissent la fi-
« liation des exposans, de degré en degré et sans aucune
« interruption, circonstance qui établit suffisamment en
« leur faveur la possession légitime du nom patronymique
« de Crouy-Chanel ;

« Attendu que l'authenticité et la vérification juridique
« desdits actes et titres établissant la filiation des exposans
« et leur possession du nom patronymique de Crouy-Cha-
« nel, résultent de deux arrêts de la Chambre des comptes
« du Dauphiné, des 26 mars et 12 juin 1790, rendus con-
« tradictoirement avec le procureur général du roi en la-
« dite cour, en faveur de François-Nicolas de Crouy-Cha-
« nel et de Jean-Claude de Crouy-Chanel, auteurs des ex-
« posans, sur la présentation et l'apport qu'ils firent au
« greffe de ladite chambre des comptes, en exécution d'un

« arrêt interlocutoire de quatre-vingt-trois titres en minu-
« tes originales ;

« Attendu que ces titres, dument examinés et vérifiés,
« conformément aux règles tracées par les diplomatistes,
« ont été enregistrés et déposés au greffe de ladite cham-
« bre des comptes, et transcrits en exécution des arrêts
« sus-énoncés sur un registre faisant partie de la collection
« authentique des enregistrements et vérifications des ti-
« tres de noblesse, lequel registre coté sous l'indication
« suivante : N. 41, *generalia et in Jesum Christum*, ensem-
« ble diverses pièces originales dont il contenait les copies
« enregistrés, des cahiers des protocoles de notaires et re-
« gistres baptismaux dont la chambre des comptes avait or-
« donné l'apport en son greffe, et qui après avoir été en-
« levé dudit greffe, à l'époque de la spoliation des dépôts
« publics, ont été découverts et réintégrés officiellement,
« suivant leur spécialité, au greffe de la cour royale de Gre-
« noble, à celui du tribunal de première instance de la
« même ville et dans les archives de la chambre des notai-
« res de l'arrondissement de Grenoble ;

« Attendu que l'authenticité et la réintégration desdits
« documents dans les dépôts sus-énoncés, sont établis par
« les procès verbaux de vérification et certificats de dépôt
« déjà mentionnés parmi les pièces produites par les ex-
« posans ;

« Attendu en fait que la reconnaissance de l'authenticité
« actuelle des titres produits par les exposans à l'appui de
« leur filiation, résultant des vérifications et autres voies
« sus-énoncées employées pour parvenir à la découverte
« de la vérité, rend inutile l'examen de la question de
« jurisprudence ancienne relative à la compétence exclu-
« sive et souveraine des chambres des comptes en ce qui
« concernait la vérification des titres de noblesse, d'ar-

« moiries, de filiation, d'attribution de noms et surnoms
« se rattachant à la possession d'état et à l'état civil des
« familles ;

« Attendu qu'en vertu des arrêts de la Chambre des
« comptes du Dauphiné, des 26 mars et 12 juin 1790, et
« de la réintégration dans les archives de ladite chambre,
« aujourd'hui déposées au greffe de la cour royale de Gre-
« noble, du registre coté 41, *generalia et in Jesum Christum*,
« dans lequel ces arrêts sont transcrits, la production des
« expéditions extraites de ce registre équivaudrait, en l'ab-
« sence des titres originaux, à la reproduction de ces ti-
« tres mêmes ;

« Par ces motifs, faisant droit à la demande des expo-
« sans, LE TRIBUNAL ordonne la rectification des actes de
« naissance de Claude-François de Crouy-Chanel du 13
« mai 1754 au registre de la paroisse de St-Hugues de
« Grenoble ; de Claude-Henri de Crouy-Chanel, du 15
« juillet 1764, aux mêmes registres ; de Claude-François
« de Crouy-Chanel, du 3 juillet 1775, au registre de la
« chambre des comptes de Dauphiné, coté N. 41, *generalia*
« *et in Jesum Christum*, en ce sens que le nom de Crouy
« sera ajouté à celui de Chanel et le précedera ; ordonne
« que le présent jugement sera inscrit, conformément à
« l'art. 101 du code civil, sur les registres de l'état civil de
« Grenoble, etc. »

Ainsi, désormais, l'arrêt de la cour de cassation du 6
avril 1830 et le jugement du tribunal civil de Grenoble, du
21 mars 1839, ne laissent plus aucun prétexte à l'arbitraire
pour contester extra-judiciairement aux membres de la famille de Crouy-Chanel les noms qui leur appartiennent et
dont ils ont conservé ou recouvré la jouissance conformément aux lois.

Ils n'ont plus rien à faire pour consolider leur possession d'état.

Libre à la famille des Croy d'Amiens d'oser enfin un procès, une attaque régulière.

MM. de Crouy-Chanel les y provoquent de grand cœur ; ils vont même leur communiquer à l'avance, pour éclairer la délibération, les moyens dont ils feront usage contre eux, dans le cas où l'arène judiciaire s'ouvrirait de nouveau entre les deux familles.

SECONDE PARTIE

LA CAUSE AVEC UN PROCÈS.

Aux moyens déjà présentés dans la première partie, nous joindrons bientôt l'examen de tous les titres qui, sur chaque génération, justifient la descendance royale de MM. de Crouy-Chanel.

Mais, avant d'en venir à la question du fond, et sans vouloir l'éluder sous aucun rapport, il est bien permis néanmoins de s'enquérir de l'origine de MM. de Croy d'Amiens, de savoir ce qu'ils sont au juste, et s'ils ont qualité pour attaquer la possession d'état des Crouy de Hongrie.

Cette exception est d'autant plus légitime que ne la pas opposer ce serait reconnaître implicitement l'ancienne prétention de MM. de Croy d'Amiens, bien qu'elle ait été judiciairement proscrite.

Ainsi, on veut bien ne leur objecter aucune fin de non-recevoir tirée de la possession d'état de MM. de Crouy-Chanel, ni des décisions judiciaires qui l'ont consacrée. Loin de là, on appelle hautement et publiquement toutes les vérifications possibles des preuves qui la fondent ; mais on dit à d'anciens adversaires, à ceux qui ont balbutié une menace presque souterraine, on dit aux auteurs de la pro-testation extra-judiciaire : Voyons d'abord qui vous êtes !

Après quoi on exposera, non pas à vous qui n'avez nul droit de le demander, mais au public, mais spécialement à la magistrature qui veille sur l'état des familles, tous les actes et tous les documents qui font remonter les Crouy-Chanel jusqu'à Félix de Hongrie.

Cette seconde partie de la discussion se subdivise donc en deux chapitres, dont le premier sera consacré à la généalogie des Croy d'Amiens, et le second à celle des véritables Crouy.

GÉNÉALOGIE DES CROY D'AMIENS

Peu de jours avant l'arrêt du 12 mai 1821, le défenseur de MM. de Croy d'Amiens avait fait imprimer un *résumé de la cause*, où il disait, page 2 :

« ... MM. Chanel (1) veulent être d'une antique no-
« blesse, ils veulent s'appeler de Croï ;

« Ils veulent être descendus des rois de Hongrie ;

« Ils veulent porter les armes de Hongrie ;

« Ils veulent bien plus, ils veulent forcer le duc d'Havré
« et les ducs de Croï à quitter les armes dont ils sont en

---

1. On affectait de considérer toute la famille de Crouy-Chanel comme partie au procès, tandis que le comte seul était en cause sans aucune des précautions qu'il a prises depuis.

« possession immémoriale, et à renoncer à la descendance
« de cette maison de Hongrie dont leurs titres et l'his-
« toire proclament qu'ils sont issus ;

« Enfin, MM. Chanel sont les agresseurs, les deman-
« deurs originaires dans ce procès ;

« Le délire ne peut aller plus loin. »

Et pourtant ce délire a commencé par obtenir ce que
les adversaires regardaient comme son *nec plus ultra*.

Voici, en ce point, les motifs et le dispositif de l'arrêt :

« ... *Quant aux armes* : considérant que la partie de
« Couture (le comte de Crouy-Chanel) ne prétend point
« à la propriété des armoiries de Croy qui sont d'argent
« à trois faces de gueules, mais à celle des armoiries de
« la descendance de Hongrie, dont elle n'apporte pas la
« preuve (1), qui sont d'argent à quatre faces de gueules ;

« Considérant qu'il résulte des faits de la cause qu'avant
« 1335, les parties de Bonnet (les Croy d'Amiens) ne
« rapportent aucun titre qui prouve leur origine et leur
« descendance de la maison royale de Hongrie, et que leur
« prétention, à cet égard, n'est appuyée que sur l'opinion
« diversement énoncée des historiens et des auteurs qui
« ont traité de la généalogie de Croy ; opinion contredite
« par plusieurs et même démentie par deux célèbres gé-
« néalogistes, dont l'un a attesté que l'on ne pouvait
« garantir la filiation de la maison de Croy, au-delà de
« cette époque ; — que, depuis 1335, les titres qu'ils pro-
« duisent, pour établir cette origine et cette descendance,
« sont quatre diplômes émanés des empereurs d'Allema-
« gne ; que le premier de ces diplômes, donné, le 9 avril
« 1486, par l'empereur Maximilien à Charles de Croy ; le
« second, le 28 juin 1520, à Jacques de Croy, évêque

---

1. Cette preuve a été administrée depuis, conformément à l'arrêt de la
Cour de cassation du 25 février 1823, qui sera cité tout à l'heure.

« de Cambray ; le troisième, par l'empereur Rodolphe, en
« 1594, à Charles-Philippe de Croy ; et le quatrième, par
« l'empereur Léopold, en mars 1664, à Philippe de Croy,
« énoncent bien cette origine et descendance, mais sans
« rappeler ni même indiquer aucun titre à l'appui, et que
« de pareilles énonciations, d'ailleurs très honorables pour
« leur maison, ne peuvent avoir la même autorité que des
« titres authentiques, toujours exigés en matières de preu-
« ves généalogiques ;

« Considérant, quant à la propriété ou possession des
« armoiries de Hongrie, à laquelle prétendent les parties
« de Bonnet, et qui sont d'argent à quatre faces de
« gueules, qu'il n'en est fait aucune mention dans le pre-
« mier et le troisième de ces diplômes ; que le second ne
« parle que des armoiries de Croy, bien désignées et dé-
« taillées comme étant, ainsi qu'elles sont, d'argent à trois
« faces de gueules, lesquelles il donne ou confirme en
« faveur de l'impétrant ; et que le quatrième, après avoir
« rappelé de même les armoiries de Croy, parle bien des
« armoiries de Hongrie comme faisant partie d'un autre
« écusson dit *pectoral* ; mais qu'un examen approfondi de
« ce diplôme fait aussi reconnaître que l'énonciation de
« cet autre écusson dit *pectoral*, dans lequel se trouvent
« les armoiries de Hongrie, doit se rapporter aux armoi-
« ries de la maison de Lorraine dont elles font aussi partie
« et avec laquelle celle des Croy a contracté plusieurs
« alliances ; ce qui, d'ailleurs, est confirmé par l'auteur de
« l'histoire de la maison de France, imprimée en 1730,
« bien postérieurement à ces diplômes, où l'on trouve la
« désignation des armoiries des marquis d'Havresh, ducs
« de Croy, ainsi détaillées : *écartelé au* 1 *et* 4 *de Croy* (d'ar-
« gent à trois faces de gueules), *sur le tout de Lorraine avec*
« *ses écartelures*, dont les premières sont les armoiries de

« Hongrie ; — qu'ainsi ce *pectoral*, ou *petit écu*, doit être
« considéré non comme des armes patrimoniales, mais
« comme des armoiries d'alliances que les intimés n'auraient
« pas même toujours jointes à leurs armoiries, N'ÉTANT
« POINT ISSUS EN LIGNE DIRECTE DES INDIVIDUS QUI LES ONT
« CONTRACTÉES;

« Considérant, enfin, qu'il résulte de leur propre gé-
« néalogie dressée par divers auteurs ou insérée dans plu-
« sieurs recueils, et des preuves faites pour l'admission
« des individus de leur maison dans les ordres de la Toi-
« son d'or, de Saint-Jean-de-Jérusalem et du Saint-Esprit,
« notamment pour Philippe-Emmanuel-Ferdinand-Fran-
« çois de Croy, comte de Solre, troisième aïeul des par-
« ties de Bonnet, mort en 1718, décoré du collier de cet
« ordre, dont les armes sont gravées dans le catalogue
« des chevaliers, imprimé en 1760, que leurs armes pa-
« ternelles et patrimoniales ont toujours été d'argent à
« trois faces de gueules; — qu'ainsi les parties de Bonnet
« n'offrent pas la preuve juridique de leur descendance des
« rois de Hongrie et de leur droit ou possession des ar-
« moiries de cette maison royale;

« Met l'appellation et ce dont est appel au néant, émen-
« dant, met les parties hors de cour à cet égard, etc. »

La rédaction de cet arrêt, recueillie lors de sa pronon-
ciation à l'audience solennelle de la cour royale, par
M. Breton, sténographe, dont le nom seul est une garantie,
portait, dans le considérant relatif aux diplômes *émanés des
empereurs d'Allemagne,* l'explication suivante : *octroyés aux
ancêtres de la maison de Croy, dont les intimés* (MM. d'Havré
de Solre) *ne descendent pas même en ligne directe.*

Cette dernière partie du motif ne s'est pas retrouvée
dans la rédaction définitive de l'arrêt.

Elle donnait encore plus complètement gain de cause

sur ce point au comte de Crouy-Chanel ; elle était le résumé des faits plaidés par son défenseur pour établir que la descendance de MM. d'Havré et de Solre, non-seulement ne pouvait se rattacher en aucune manière à la maison royale de Hongrie, mais ne pouvait pas même appartenir *légitimement* à la maison des Croy d'Amiens.

Il ne nous appartient pas de prononcer entre les deux versions.

Mais celle de l'arrêt officiel établit suffisamment en la personne de MM. de Croy d'Amiens, dans l'hypothèse même de leur légitimité, le défaut de qualité et de droit pour attaquer ou contredire les noms, armes et titres de MM. de Crouy-Chanel de Hongrie.

En effet, les Croy d'Amiens ont été déclarés non recevables et mal fondés dans leur contestation à l'égard du comte de Crouy-Chanel relativement aux armes.

Les avoir exclus et repoussés sur ce point par un *hors de cour*, c'est avoir tout fait pour le comte de Crouy-Chanel lui-même ; c'est avoir nettement distingué la cause des Croy de Picardie, et la cause des Crouy de Hongrie.

Sans doute les Croy d'Amiens ont droit à conserver leur nom et leurs armes ; mais leurs véritables noms, leurs véritables armes. Tant qu'il n'est question que de la famille picarde, rien de mieux : au contraire, du moment qu'il s'agirait d'une prétention à la descendance royale de la maison de Hongrie, l'arrêt leur ferme la bouche : vous n'avez nul droit établi, nulle qualité justifiée à cet égard ; donc *hors de cour* ! Voilà le sens et la portée de cette décision souveraine, à laquelle les adversaires ont acquiescé, et qui forme une barrière contre toute prétention ultérieure de leur part.

Ainsi, ce n'est pas le nom des Crouy de Hongrie, mais bien et uniquement le nom des Croy picards, que l'arrêt de 1821 a déclaré appartenir exclusivement aux Croy d'Amiens, et cela était parfaitement logique. Mais le même arrêt ne s'applique pas et ne pourrait pas rationnellement s'appliquer en faveur des mêmes Croy de Picardie, au nom des Crouy de Hongrie, dont il leur a dénié et la possession et la propriété, par cela même qu'il leur a dénié la descendance et les droits honorifiques de cette maison royale.

Rappelons, dans l'intérêt particulier du comte de Crouy-Chanel qu'un arrêt de la chambre des requêtes de la cour de cassation, du 25 février 1823, intervenu sur son pourvoi contre cette partie de la décision de la cour royale qui lui faisait grief, a déclaré textuellement que *le hors de cour prononcé par l'arrêt attaqué* (du 12 mai 1821), *laisse à cet égard le demandeur* (le comte de Crouy-Chanel), *dans l'état et possession où il était auparavant*; c'est-à-dire que le *hors de cour* n'est pas autre chose qu'une dénégation de droit et de qualité contre MM. de Croy d'Amiens. — D'autre part, la rectification de l'acte de naissance du comte de Crouy-Chanel rend sa position toute différente aujourd'hui quant au nom, et elle met encore plus en relief le défaut de droit et de qualité de la part de ses anciens adversaires.

Enfin, pour terminer sur ce point, l'arrêt du 12 mai 1821 est à l'égard de tous les autres membres de la famille de Crouy-Chanel, *res inter alios judicata*. Aussi c'est comme simple renseignement qu'il est cité (1), sauf réfutation,

---

1. Voici le texte des motifs en ce qui touche l'action intentée par le comte de Crouy-Chanel seul, motifs déjà suffisamment écartés par ceux du jugement de rectification du tribunal civil de Grenoble. Nous ne les rapportons que pour ne rien omettre dans cette cause, bien que maintenant, l'arrêt de 1821 soit sans importance : « Considérant que la partie de Cou-« ture ne peut avoir droit et qualité pour contester aux parties de Bonnet « la possession et l'usage des armoiries de Hongrie, qu'autant qu'elle prou-

pour l'hypothèse désirable où MM. de Croy d'Amiens voudraient rouvrir le débat.

Mais, avant d'en venir à cette réfutation, et incidemment

« verait par titres originaux et authentiques (*et c'est ce qu'a fait depuis M. le*
« *comte de Crouy-Chanel*) sa descendance de cette maison royale :
« Considérant que le titre principal sur lequel elle se fonde et avec le-
« quel elle prétend l'établir, est un arrêt de la chambre des comptes de
« Grenoble, rendu le 26 mars 1790, sur la production des titres faite par
« Jean-Claude et François-Nicolas Chanel, et sur les conclusions du pro-
« cureur-général à cette cour, du 22 du même mois, lequel a déclaré leur
« origine et descendance en ligne directe et masculine des rois d'Hongrie
« suffisamment prouvée ; considérant en fait que la chambre des comptes
« de Grenoble ne réunissait point les attributions de la cour des aides, les-
« quelles étaient réunies à celles du parlement de Dauphiné ; — considé-
« rant que les chambres des comptes étaient essentiellement établies pour
« veiller à la conservation du domaine, au maintien des droits régaliens. et
« à tout ce qui concernait l'ordre public relativement à la comptabilité des
« finances de l'État : — que c'était à raison de cette surveillance qu'elles
« étaient chargées de vérifier et d'enregistrer les lettres de noblesse et tous
« actes et titres nobiliaires, et aussi à l'effet de juger et de régler la finance
« due au roi pour l'indemnité des exemptions qui en résultaient en faveur
« des impétrans ; — mais que sur toutes demandes principales relatives à
« la propriété de noms et armes entre particuliers, la compétence du par-
« lement était exclusive ; considérant, d'après ces principes, que l'arrêt de
« la chambre des comptes de Grenoble, rendu au profit des auteurs de
« l'appelant, même contradictoirement avec le procureur-général stipulant
» pour le roi dans l'intérêt du domaine, n'a pu juger des questions dont la
« décision pouvait préjudicier à des tiers qui n'étaient pas même soumis à
« sa juridiction ; — qu'ainsi et sous ce rapport, cet arrêt ne pouvant être
« opposé aux parties de Bonnet, c'est d'après l'examen actuel, la vérifica-
« tion et la discussion des titres, que l'on doit juger le mérite de la pré-
« tention de la partie de Couture ; — considérant que la partie de Cou-
« ture ne rapporte ni originaux ni expéditions des titres sur lesquelles elle
« fond sa prétention (*ce motif est aujourd'hui comme non avenu après la*
« *production des titres en bonne forme*) ; que sa production se réduit à un
« registre intitulé répertoire contenant les pièces, actes et titres compris
« dans l'enregistrement fait en exécution d'un arrêt de la chambre des
« comptes de Grenoble ; — que ce registre ne supplée pas à la produc-
« tion des titres ; — considérant que, dans l'absence des titres, il ne reste
« qu'à examiner la possession d'état dont les auteurs de la partie de Cou
« ture ont joui ; — considérant qu'il résulte des pièces de la cause et

aux preuves de la généalogie de MM. de Crouy-Chanel, il faut poursuivre et compléter l'exposé des moyens de fait et de droit, qui de rechef doivent faire déclarer MM. de Croy de Picardie, sans qualité, sans titre et sans action.

Et d'abord, dans la supposition même où les auteurs de la protestation de 1840 seraient issus des vrais Croy de Picardie, leur prétention de descendre aussi de la maison royale de Hongrie a été qualifiée en propres termes par l'un des plus célèbres généalogistes de prétention *extravagante*.

Il existe à la Bibliothèque royale, parmi les livres généalogiques provenant du cabinet de Pierre d'Hozier, un exem-

« même du registre produit, que la partie de Couture est, suivant son acte
« de naissance (il est rectifié maintenant) du 3 juillet 1775, fils de Claude
« Chanel, avocat et lieutement de milices à Saint-Domingue, ayant paru
« comme membre du tiers état aux assemblées de sa province, convoquées
« pour les états généraux de 1789 ; (c'est Claude-François, père du mar-
« quis), que son aïeul, Jean-Claude Chanel, était substitut au parlement
« de Grenoble ; que son bisaïeul, Claude Chanel, était greffier de l'élec-
« tion de Grenoble en 1723 ; que son troisième aïeul, Claude Chanel,
« était aussi greffier au baillage de Graisivaudan en 1670, et son quatrième
« aïeul sergent-major (c'est major-commandant) du fort Barraulx en 1642
« (v. p. 17 et suiv.) ; — considérant que les auteurs ci-dessus désignés
« n'ont jamais porté le nom de Croy ; que pendant cette période de temps
« on ne voit pas qu'ils aient pris de qualifications nobles dans les titres
« qui les concernent, et que dans cette possession d'état plus que cente-
« naire, loin d'apercevoir le moindre vestige ou renseignement de la des-
« cendance prétendue des rois de Hongrie, on ne voit pas même que leur
« famille ait figuré dans leur province au rang des nobles ; — considérant
« que l'appelant, demandeur dans la cause, ne rapporte pas la preuve
« complète et légale à l'appui de sa demande, etc. »

L'arrêt de la chambre des requêtes de la cour de cassation, du 25 février 1823, a maintenu l'arrêt du 12 mai 1821 par les mêmes motifs, quant
à la question relative à la compétence de la cour des comptes, et quant à
la question du nom, en se fondant sur l'interprétation de fait abandonnée
à la cour royale, mais comme on l'a déjà vu pages 18 et suiv., le jugement du Tribunal Civil de Grenoble, écartant avec juste raison la question de compétence par la vérification même de l'authenticité des titres
produits et déposés par la famille de Crouy-Chanel, ne laisse plus d'application possible aux deux arrêts des 12 mai 1821 et 25 février 1823.

plaire du *Nobiliaire de Picardie, par Haudicquer de Blancourt,* in-4°, édit. de Paris, 1693, coté L 1083, sur lequel on lit plusieurs notes marginales qu'il est bon de transcrire ici.

A la page 60, alin. 2, commençant par ces mots : *Quant à Jean de Croy seigneur de Cléry, tige de la maison de Boulain-villers,* on lit en marge cette annotation de la main de d'Hozier : *Extravagance* aussi grande à cette maison de « croire qu'elle descend d'un cadet de la maison de Croï, « *qu'à la maison de Croï de s'être si plaisamment imaginé* « *qu'elle sortait d'un cadet de la maison des rois de Hon-* « *grie.* »

A la page 149, où il est question de *Messir Jean de Croy,* il est dit : *Cette maison... est sortie de Marc de Hon-grie, et de Catherine Dame de Croy et d'Araines ;* et d'Hozier annote encore ce passage comme il suit : « Quand une « race se forge une extraction illustre, il faut au moins « qu'il y ait quelque assurance de ce qu'elle prétend éta- « blir. Mais, dans la vision de la maison de Croï, d'être « sortie d'un des fils d'Étienne Ier. roi d'Hongrie, il y a si « peu de bonne foi de la part de ceux qui ont formé cette « chimère, qu'il est inutile de la combattre par de longs « discours pour la détruire. Car, quelque malheureux « qu'ait pu être Marc de Hongrie, le fils d'un roi ne l'est « jamais assez pour s'en venir dans un autre état y épouser « une demoiselle aussi peu riche et d'aussi petite maison « que l'était cette héritière de Croï, par rapport au prince « qui se mariait avec elle. »

Et à la page 150, sur le premier alin., relatif à *Marc de Hongrie,* Pierre d'Hozier ajoute : « Il est ridicule de croire qu'un prince de la maison de Hongrie QUITTE SON NOM « *pour prendre celui d'un mayeur d'Amiens, souvent qualifié bourgeois.* »

La descendance des Croy d'Amiens d'une famille d'échevins de cette ville est du reste si notoire qu'un auteur, Adrien de la Morlière, écrivant sur les *antiquités d'Amiens,* s'écrie à ce sujet : *Telle fut jadis la gloire de notre éche-vinage* !

A l'opinion de Pierre d'Hozier vient se joindre celle de plusieurs autres généalogistes, dont l'autorité n'est pas d'un moindre poids, et notamment celle du savant Chérin, qui, dans un mémoire présenté le 11 mars 1775, déclare qu'il est impossible de faire remonter la filiation de MM. de Croy d'Havré et de Solre, au delà de Guillaume de Croy, qui vivait en 1335.

Ce point de fait a été, au surplus, souverainement inter-prété par la cour royale, dans son arrêt du 12 mai 1821, où elle dit textuellement que l'opinion relative à la préten-tion des Croy d'Amiens à la descendance de la maison royale de Hongrie, est *démentie par deux célèbres généalo-gistes* (d'Hozier et Chérin) *dont l'un a attesté qu'on ne pouvait garantir la filiation de la maison de Croy au-delà de cette époque* (1335).

Voilà pour l'hypothèse toute gratuite où les Croy d'Amiens seraient issus, en ligne directe, masculine et lé-gitime, de l'ancienne maison des véritables Croy de Picardie, en faveur desquels avaient été délivrés les quatre diplômes des empereurs d'Allemagne.

Mais cette filiation ne le leur appartient pas.

En effet, dans l'exposé généalogique reproduit par les lettres patentes du mois de novembre 1773, données pour l'érection des terres de Croy et de Wailly en duché, en faveur de M. le duc d'Havré, on reconnaît deux branches seulement de l'ancienne maison des Croy de Picardie, en les désignant ainsi : *l'une, des comtes devenus ducs d'Arschot, aujourd'hui éteinte ; l'autre, des comtes devenus princes de*

*Chimay, qui subsistent dans les deux branches de Croy-Solre
et Croy d'Havré, établies en France.*

Or, il est constant qu'aucun des nouveaux Croy de Picardie n'a pu se prétendre issu des Croy auxquels ont appartenu les diplômes des empereurs d'Allemagne. C'est ce
qui a été démontré dans le mémoire de MM. Billecocq et
Couture, conseils du comte de Crouy-Chanel. Il y est dit,
à la page 53, où ces diplômes sont discutés : « Et d'abord,
« celui de 1486 aurait été accordé par l'empereur Maxi-
« milien à un Charles de Croy ; celui de 1594 par l'empe-
« reur Rodolphe à un Charles-Philippe de Croy ; celui
« de 1664, qui se confond avec le précédent dont il
« n'offre que la reproduction, par l'empereur Léopold, à
« un Philippe de Croy. Eh bien ! IL NE SUBSISTE POINT DE
« POSTÉRITÉ LÉGITIME D'AUCUNE DES DIVERSES PERSONNES
« DU NOM DE CROY QUI VIENNENT D'ETRE INDIQUÉES. *C'est
« là un fait constant, reconnu, non dénié par les adversaires
« eux-mêmes* qui n'oseraient pas faire plaider devant la
« cour qu'ils soient les descendants directs et légitimes ni
« du Charles de Croy de 1486, ni du Charles-Philippe de
« Croy de 1594, ni du Philippe de Croy de 1664 ; qui
« l'oseraient d'autant moins, que leurs propres lettres-
« patentes de 1773 réprouveraient l'assertion, puisqu'il y
« est dit qu'ils ne peuvent succéder à la qualité de ducs
« de Croy, parce que ce titre *a fini avec la postérité de celui
« qui l'avait obtenu.* Or, c'est un principe incontestable,
« consacré formellement par l'édit de 1711, que les titres
« et dignités ne sont héréditaires *qu'en ligne directe, mas-
« culine et légitime, etc.*

Au défaut de légitimité pour la branche de Chimay, il
reste un Philippe de Croy, ainsi qualifié dans le traité de
la noblesse de de La Roque, in-4°, édit., de Rouen de
1734, page 298 (année 1452) où il est dit : « Là furent

« chevaliers nouveaux faits en grand nombre par le sei-
« gneur de Croy : Adolphe de Clèves, Corneille, bâtard
» de Bourgogne ; *Philippe de Croy, bâtard de Chimay.* »

Les lettres patentes de 1773, surprises à la religion du
souverain, ont mentionné comme légitime ce même *Philippe
de Croy, comte de Chimay*, en ajoutant qu'il *avait été créé
prince du Saint-Empire en* 1486, *par l'Empereur Maximilien.*

Mais en recourant au texte même du diplôme, on voit
qu'il est accordé, comme l'a déclaré l'arrêt du 12 mai 1821,
non point à un Philippe de Croy, comte de Chimay, qui
ne serait autre que le bâtard, mais à Charles, comte de
Chimay, *nobili Carolo comiti de Chimay*, dont il n'existe
point de postérité.

Ici l'intention de la requête sur laquelle sont interve-
nues les lettres patentes de 1773, est trop manifeste pour
qu'il soit nécessaire de la qualifier.

Après avoir examiné les diplômes de 1486, de 1594 et de
1664, le mémoire rédigé par Me Billecocq fait remarquer,
page 54, *à l'égard du diplôme du 28 juin* 1510, *qu'il aurait
été accordé par l'empereur Maximilien à un Jacques de Croy,
évêque de Cambray.* Puis il ajoute des faits que nous ne
croyons pas nécessaire de publier de nouveau, quant à
présent. Il faut avoir connu les consciencieux talent du
rédacteur, ancien bâtonnier de l'ordre des avocats à la
cour royale de Paris et dont le souvenir y sera longtemps
en vénération, pour comprendre que la vérité de la cause
qu'il défendait de concert avec l'honorable Me Couture, a
dû prévaloir alors sur toutes les considérations et tous les
scrupules qui, aujourd'hui, que la nécesisté de pareilles
révélations n'est pas urgente, doivent imposer une autre
circonspection ; et l'avocat soussigné qui a eu le bonheur
de recevoir de bien près, il y a un quart de siècle, les conseils et les exemples du vénérable M. Billecocq, croit

suivre encore son inspiration en s'abstenant ici d'un détail dont on ne s'est point abstenu quant le débat était judiciairement engagé.

MM. de Croy d'Amiens savent déjà par expérience de quel scandale ils seraient de nouveau responsables si la discussion se rouvrait sur toutes les versions de leur généalogie.

Il suffit maintenant de leur rappeler que leurs véritables auteurs ont été obligés de faire des *brisures* à leurs armes.

Plusieurs monuments historiques et généalogiques établissent encore ce point. Ainsi le *Recueil de la noblesse de Bourgogne, Limbourg, Luxembourg, Gueldres, Flandres, etc., par J. Leroux, roi d'arme en titre de la province et comté de Flandres*, porte ce qui suit, page 138 : « Les armes des comtes de Solre sont d'argent à trois faces de gueules, qui est « Croy ; écartelé d'argent à trois doloires de gueules, « les deux en chefs adossées, qui est Renty ; sur le tout « lozangé d'or et de gueules qui est Craon ; écartelé d'or « au lion de sable armé et lampassé de gueules, qui est de « Flandres ; *le grand écu brisé* d'une bordure d'azur chargée « de seize besans d'argent. »

Un certificat du chef de la section historique aux archives du royaume atteste en outre, sur ce passage de J. Leroux, « que les mêmes dites armes se retrouvent *brisées* exac- « tement de la même manière, pag. 119 et 127 de l'ouvrage « de J. B. Maurice, aussi roi d'armes, lesquels, en leur « susdite qualité, étaient juges compétens en matières « d'armoiries ; que les armes sont également *brisées* dans « l'histoire généalogique et chronologique de la maison « royale de France, tom. 5, pag. 655 ; qu'on les retrouve « toujours *brisées* de la même manière dans l'ouvrage de « Jean Scohier (page 54 et 73), généalogistes de la maison « de Croy, dans le dictionnaire de la noblesse, etc., etc. »

Les Croy de Picardie ont essayé plusieurs fois de dénaturer leur armes, même avant d'ambitionner et d'usurper les armes de Hongrie.

Les armes primitives des Croy, anciens mayeurs ou échevins d'Amiens, étaient *trois oiseaux à la bordure engrelée.* La preuve en est dans une quittance de 1368, d'un Pierre de Croy, l'un des membres de cette famille, quittance sur laquelle leurs armes sont apposées et qui a été conservée dans le cabinet de M. de Clérembault, généalogiste du roi.

Il leur a plu ensuite de prendre les *trois fasces de gueules formant sept pièces,* comme on les retrouve dans le *véritable art du blason,* édit. de Paris, 1770.

Le Féron, qui a dressé une généalogie des Croy picards, en leur reconnaissant les mêmes armes, rappelle aussi que l'aîné portait encore la *bordure engrelée.*

On vient de voir encore les mêmes armes à *trois fasces de gueules* dans l'écusson de la branche de Solre, mais accompagnées de la *brisure.*

C'est sans doute pour échapper à ce dernier inconvénient, autant que pour assortir leurs armoiries à leurs prétentions royales, que les adversaires ont définitivement usurpé les armes de Hongrie. Mais il est inutile d'insister sur ce point, puisque l'arrêt même du 12 mai 1821 en a fait complète justice.

Il ne reste plus qu'un mot à dire sur cette partie de la cause, pour expliquer comment la famille des Croy mayeurs d'Amiens espérait confondre ses noms, armes et titres avec ceux des Crouy de Hongrie. C'est que les Croy picards ont d'abord possédé le petit fief de Croy en Santerre, et qu'ils ont acquis ensuite la terre de Croy-sur-Somme, qui anciennement avaient appartenu à la famille des Crouy-Chanel de Hongrie : et la situation de ces deux propriétés dans la même province, facilitait ainsi admirablement la confusion; mais si la différence marquée des deux familles n'a pas échappé à l'investigation des généalogistes, à plus forte raison, doit-on exclure de la maison de Hongrie les nouveaux Croy d'Amiens, qui ne peuvent pas même justifier en leur faveur une descendance *directe masculine et légitime* des anciens Croy de Picardie.

C'en est assez pour établir que les adversaires, déjà mis *hors de cour*, à l'encontre de M. le comte de Crouy-Chanel, pour défaut de droits et qualités en ce qui touche l'extraction royale de Hongrie, devraient à plus juste titre encore, être déclarés non recevables dans toute nouvelle demande contre les membres de la même famille, dont les actes de naissance sont parfaitement conformes à leur possession d'état et à toutes les preuves de leur véritable origine, comme on va le voir dans le chapitre suivant.

GÉNÉALOGIE DES CROUY-CHANEL DE HONGRIE

Ici, plus de discussion nécessaire. Le témoignage irrécusable des titres va parler plus haut, pour les Crouy de Hongrie, que la faveur des cours et la déclamation des diplômes pour les Croy de Picardie.

Ces titres sont, presque tous, des actes de la vie civile; dressés dans la simplicité des anciens temps, ils ont tous aussi leur couleur locale, et, sauf deux ou trois documens encore tout pleins de l'antique grandeur d'une maison souveraine, le surplus des mêmes actes respire la modestie du vieux manoir d'Allevard, en Dauphiné, où l'illustration semble tomber dans l'oubli, à mesure que la descendance royale s'éloigne, et que la fortune patrimoniale décroît. Ainsi les qualifications de *puissant et magnifique seigneur* font successivement place à celles de *noble homme*, puis, parfois, à celles de *noble et spectacle homme*, et enfin aux simples noms dépourvus même souvent de la particule.

Et cependant, aujourd'hui, la généalogie *directe masculine et légitime* des Crouy-Chanel, remontant jusqu'à Félix de Hongrie, fils d'André-le-Vénitien et arrière-petit-fils d'André II, roi de Hongrie, se prouve par la relation et l'enchaînement de tous ces mêmes actes, dont les énonciations sont si différentes quant à la forme nobiliaire.

Il y a donc, dans la vérité de ces rédactions qui s'adaptent ainsi successivement à la décadence des fortunes, sans rien perdre de leur précision généalogique, de nouveaux motifs de conviction pour les esprits judicieux et pour l'impartialité des conscience droites.

On va s'en convaincre par les extraits textuels de tous ces documens, extraits consignés avec le soin le plus scrupuleux dans le jugement du tribunal civil de Grenoble, du 21 mars 1839, et qui nous dispenseront de les extraire nous-mêmes, puisqu'ils se présentent ici sous les auspices d'une double consécration judiciaire ; l'une résultant de ce jugement même ; et l'autre donnée par la cour des comptes de Grenoble, en 1790. On remarquera aussi à la fin de cette justification, avec quelles précautions solennelles a été faite la vérification de l'authenticité des actes, registres et pièces déposés anciennement dans les archives de la cour des comptes et maintenant au greffe de la cour royale. Une commission mixte de magistrats de cette cour, de juges de première instance, de conseillers de préfecture et de diplomatistes, a prononcé, et sa décision ne saurait laisser aucune place au moindre doute. D'ailleurs la cour des comptes avait déjà déclaré, en 1790, contradictoirement avec le procureur-général, que les originaux de tous ces titres généalogiques avaient été produits, et elle était infailliblement compétente pour cette déclaration, lors même qu'elle ne l'aurait pas été sur la question d'état, ce qui sera l'objet de quelques dernières observations.

Jamais pareille démonstration n'a été plus complète.

Voici donc le texte des extraits visés par le jugement de Grenoble :

« Vu les pièces suivantes à l'appui de la demande :

§ I.

« Le récueil des titres de noblesse et filiation des exposans, enregistré au greffe de la chambre des comptes du Dauphiné, ensuite de son arrêt du 26 mars 1790, dont suit l'analyse succincte, savoir : »

Pour les 1er, 2me, 3me, 4me degrés.

« I. Traité fait à Brastole, le 1er mars 1279, entre Félix CROUY-CHANEL, qualifié noble, puissant et magnifique seigneur, fils des seigneurs André Crouy-Chanel, et arrière-petit-fils d'André II, roi de Hongrie, et les habitants dudit lieu, acte reçu par Aynard, notaire impérial, dont l'extrait a été fait par les conseillers du roi, Trinché et Girard, notaires à Grenoble, original en parchemin, auquel était appendu un sceau en cire, décrit par ledit notaire, extrait portant en marge la mention de son contrôle, opéré à Grenoble, le 1er fevrier 1790.

« II. Investiture et quittance de lots, passé le 5 des Ides de décembre 1286, par dame Guigone, dame de la Tour d'Allevard, veuve de Félix CROUY-CHANEL, chevalier, reçue par Hugo Grenisii, notaire d'Allevard, lequel acte a été extrait, vidimé et collationné sur l'original par les conseillers du roi, notaires à Grenoble, sus-dénommés, et égàlement contrôlé à Grenoble, le 1er février 1790.

Pour le cinquième degré.

« I. Quittance passée en 1309, par Ambroisie de Commiers, femme d'Antoine Chanel, chevalier, reçue par Aymo Combri, notaire de Goncelin.

« II. Reconnaissance passée le 16 juin 1336 en faveur d'Antoine Chanel, chevalier, seigneur de la Tour d'Allevard, reçue par Jacobo Lymini, notaire de Saint-Pierre-d'Allevard.

« Lesquels actes ont également été extraits, vidimés et collationnés sur leurs originaux par les conseillers du roi, notaires à Grenoble, sus-dénommés et contrôlés à Grenoble, le 1ᵉʳ février 1790.

Pour le sixième degré.

« I. Traité du 4 février 1327, indiction dixième, entre l'exacteur des péages de Goncelin et nobles Antoine Limin et *Pierre Chanel, dit* CROUY, en qualité de syndics et conseils des communautés du mandement d'Allevard, reçu par Johannes Channeti, notaire d'Allevard.

« II. Fondation faite le 2 juillet 1330, indiction treizième par *noble Pierre Chanel,* en faveur de la chartreuse de Saint-Hugon, reçue par Petrus Revolli, notaire à Goncelin.

« III. Vente passée, le 27 mai 1331, par *Pierre Chanel, fils de noble Antoine Chanel,* reçue par Lantelmus Guenisii, notaire d'Allevard.

« Lesquels actes ont également été extraits, vidimés et collationnés sur les originaux par les conseillers du roi, notaires à Grenoble, sus-dénommés, et contrôlés à Grenoble, le 1ᵉʳ février 1790.

Pour le septième degré.

« I. Reconnaissance passée, le 9 février 1336, par *noble Guillaume Chanel d'Allevard*, acte reçu par Petrus Revolli, notaire de Goncelin.

« II. Vente passée le 17 octobre 1340, par Hugonet Guelis, à *Guillaume Chanel, chevalier*, de rentes à Allevard, acte reçu par Petro Pilati, notaire d'Allevard.

« III. Investiture et quittance de lods passée, le 26 novembre 1340, par messire Duvillard, en faveur de *noble Guillaume Chanel d'Allevard*, acte reçu par Lantelmus Guenisii, notaire audit lieu.

« IV. Traité de partage de biens, du 7 mai 1341, où noble François de Claix et Cuillaume Chanel sont désignés comme arbitres, reçu par Guigues Enyseti, notaire de Grenoble.

« V. Investiture et quittance de lods passée le 17 octobre 1341, par messire Guillaume Chanel, et par Pierre Furbaud conjointemant, acte reçu par Lantelme Guenisii, notaire d'Allevard.

« VI. Testament, du 1ᵉʳ octobre 1349, de Jeanne, *fille de noble Jean de Pons d'Allevard, veuve de Guillaume Chanel, fils de noble Pierre Chanel, chevalier*, acte reçu par Petrus Rigoti, notaire d'Allevard.

« Lesquels actes ont également tous été extraits, vidimés, collationnés sur leurs originaux, par les conseillers du roi, notaires à Grenoble, sus-dénommés, et contrôlés à Grenoble le 1ᵉʳ février 1790.

Pour le huitième degré.

« I. Donation du 13 juin 1380, par Guillaume Conrad,

chevalier, en faveur de *noble Jean Chanel d'Allevard,* acte reçu par Johannes de Senis, notaire d'Allevard.

« II. Obligation passée, le 25 février 1385, par *noble Jean Chanel,* en faveur de noble François Dupeloux, acte reçu par Ludovicus Vinozeti, notaire de Saint-Pierre-d'Allevard.

« III. Quittance passée, le 29 juin 1389, à noble Hector Chanel, constatant que *noble Jean Chanel* fut fils de Guillaume, et qu'il avait épousé noble demoiselle Richarde de Mailles.

« Lesquels actes ont également été extraits, vidimés et collationnés sur leurs originaux, par les conseillers du roi, notaires à Grenoble, sus-dénommés, et contrôlés à Grenoble, le 1er février 1790.

Pour le neuvième degré.

« I. Quittance réciproque, du 8 février 1401, entre les tuteurs de damoiselle Jeanne Dupeloux et Jean Chanel, damoiseau, stipulant au nom d'autre Jean Chanel, son fils, mari de ladite Jeanne Dupeloux, acte reçu par Petrus Revoli, notaire de Goncelin.

« II. Rectification du 28 décembre 1416, par Jean Chaudelet, en faveur de *noble Jean Chanel d'Allevard,* des subastations et mise en possession de fonds à Allevard, que ledit *noble Jean Chanel* avait fait saisir audit Chaudelet, acte reçu par Johannes Dedini, notaire d'Allevard.

« Lesquels actes ont également été extraits, vidimés et collationnnés sur leurs originaux, par les conseillers du roi, notaires à Grenoble, sus-dénommés, et contrôlés à Grenoble, le 1er février 1790.

Pour le dixiéme degré.

« I. Procédure, du 24 août 1434, pour réparations au pont d'Allevard, odonnée par *noble et puissant homme Rodolpe Chanel, châtelain delphinal d'Allevard,* ainsi qualifié audit acte, reçu par Jacobo Dedini, notaire audit lieu d'Allevard.

« II. Quittance passée, le 15 août 1439, par *noble Rodolphe Chanel,* fils de Jean Chanel, damoiseau, de la dot de Marguerite Duclos, sa femme, acte reçu par Johannes Dedini, notaire d'Allevard.

« III. Testament, du 7 avril 1443, de *noble et puissant homme Rodolphe Chanel, fils de noble Jean Chanel,* et de dame Jeanne Dupeloux, tiré du cahier 32 du protocole de Bernard, notaire d'Allevard.

« Lesquels actes, nᵒˢ I et II, ont été extraits, vidimés et collationnés sur leurs originaux par les conseillers du roi, sus-nommés et contrôlés à Grenoble le 1ᵉʳ février 1790, et le nᵒ III, extrait des minutes du notaire Bernard et collationnés sur l'original par le notaire Chabert, détenteur desdites minutes, et les notaires Dufresne et Guerre, ses collègues ; contrôlés Allevard le 28 janvier 1790.

Pour le onzième degré.

« I. Vente passée, le 10 juin 1462, par *noble et puissant homme Hector Chanel,* fils, à messire Rodolphe, de rentes à Allevard, acte reçu par Jean Michel, notaire audit lieu.

« II. Echange, du 22 novembre 1468 entre *noble Hector Chanel, fils de Rodolphe Chanel,* et Nicolas Desseints, de possessions à Allevard, acte reçu par Johannes Michaelis, notaire audit Allevard.

« III. Testament, du 28 décembre 1488, de *noble Hector Chanel, fils de noble et puissant homme Rodolphe Chanel*, tiré du folio 120 du protocole de Bernard, notaire à Allevard. Cet acte, dont l'original a été réintégré dans les archives de la chambre des notaires de Grenoble, ainsi qu'il sera expliqué ci-après, est d'une haute importance pour la justification de la demande exprimée en la requête soumise à l'appréciation du tribunal ; le nom de Crouy, qui ne paraît que rarement dans les actes précédens, et qui ne paraît plus dans ceux passés après cette époque, y est rappelé dès le principe et par intervalle, comme nom patronymique de la famille de Chanel d'Allevard. Il est remarquable, en outre, en ce qu'il constate non seulement la légitimité du degré pour lequel il a été fourni ; mais encore en ce qu'il établit de nouveau, et d'une manière indubitable, l'origine royale de cette famille, notamment dans le paragraphe suivant : *Item dedit et legavit dictus testator nobili Michaeli de Grole uxori Johannis sui filii non heredis enferius instituti, magnam suam crucem auream duodecim adamantibus exornatam, quod portabit in ornamentum et memoriam domini nostri post obitum nobilis Catharinæ Guiffredis dilectæ uxoris dicti testatoris : voluit et ordonavit dictus testator dictam crucem semper esse conservandam omnibus suæ filiæ, quod reportata fuerit ex antiquo tempore per pium et magnificum Andream* Crouy-Chanelis, *optimum ex majoribus dicti testatoris, sanguine regio processum, et quod dicta veneranda crux fuit alias benedicta super sanctum sepulchrum Domini nostri Jesu-Christi Heyrosolimis ante reditum dicti domini* Crouy-Chanelis *ex bello sacro.*

« IV. Quittance passée, le 29 juin 1489, pour et au nom du vénérable François Tromblet, curé d'Allevard, à *noble Hector Chanel*, des arrérages de rentes qu'il devait à raison de la fondation faite par noble Richardes de Mailles, veuve de noble Jean Chanel d'Allevard, tirée du folio 200 du protocole dudit Bernard, notaire d'Allevard.

« Lesquels actes, savoir : les nos I et II ont été extraits, vidimés et collationnés sur leurs originaux par les conseillers du roi, notaires sus-dénommés, et contrôlés à Grenoble, le 1er février 1790, et les nos III et IV extraits des minutes du notaire Bernard, collationnés sur les originaux, par le notaire Chabert, détenteur desdites minutes, et les notaires Dufresne et Guerre, ses collègues ; contrôlés à Allevard, le 28 janvier 1790.

Pour le douzième degré.

« I. Quittance passée le 6 juin 1494, par *noble Jean Chanel* (3e du nom), *fils de noble Hector Chanel d'Allevard*, damoiseau, de portion de la dot de dame Michelle de Grolée, sa femme ; acte reçu par Johannes Ourandi, notaire à Grenoble.

« II. Reconnaissance, passée le 5 août 1528, par *noble Jeau Chanel, fils de noble Hector*, en faveur du recteur de la chapelle de Saint-Sébastien d'Allevard, des possessions de Michelle de Grolée, sa femme, extraite du folio 34 du terrier de la cure d'Allevard, reçu par Dedini, notaire audit lieu.

« III. Donation, du 9 mai 1530, par dame Michelle Grolée de Viriville, femme de *noble Jean Chanel, à noble Catherine, et sa fille*, fille de noble Louis-Georges Chanel, fils de la donatrice, extraite du folio 127 du protocole de Pierre Lymerie, notaire d'Allevard.

« Lesquels actes ont été extraits, vidimés et collationnés sur leurs originaux, savoir le nᵒ I par les conseillers du roi, Trinché et Girard, notaires à Grenoble ; contrôlé à Grenoble le Ier février 1790 ; le nᵒ II par les notaires Chabert,

Dufresne et Guerre, la minute leur ayant été exhibée et à l'instant retirée par Melchior Bouvier, archiprêtre et curé d'Allevard, détenteur des minutes du notaire Odini ; le n° III par Chabert, notaire, détenteur des minutes du notaire Lymerie, et Dufrène et Guerre, ses collègues; ces deux derniers actes contrôlés à Allevard, le 28 janvier 1790.

Pour le treizième degré.

« L'acte, du 9 mai 1530, sus énoncé, est également présenté pour ce degré, en ce qu'il établit que Georges *Chanel*, désigné dans les actes suivans, fut *fils de noble Jean Chanel* (3ᵉ du nom), et de dame Michelle de Grolée de Viriville (rappelé pour mémoire).

« I. Vente passée, le 16 août 1537, par Ennemond Caillat à *noble Georges Chanel*, fils de Jean (3ᵉ du nom), de quelques rentes directes et lods ; acte reçu par Guillelmo Roybety, notaire à Grenoble.

« II. Reconnaissance de noble Jean Didelle, du 8 août 1542, au profit de la cure d'Allevard, où fut présent *noble Louis-Georges Chanel*, extraites du folio 45 du terrier de la cure d'Allevard, reçue par Vincent, notaire au dit lieu.

« III. Vente passée, le 9 décembre 1560, par *noble* Loys-Georges Chanel, écuyer d'Allevard, de cens, sous la réserve de la directe et du cens ancien, acte reçu par Aymé Michiel, notaire d'Allevard.

« IV. Autre acte à la suite du précédent, du 8 mai 1561, portant cession du droit de rachat de la rente spécifiée, au profit de *noble Louis-Georges Chanel*, dans la vente sus-énoncée, acte reçu de La Barrière, notaire.

« Lesquels actes, savoir : les nᵒˢ I, III et IV, ont été extraits, vidimés et collationnés sur leurs originaux par les conseillers du roi, notaires à Grenoble, sus-dénommés, et contrôlés à Grenoble, le Ier février 1790, le n° II également extrait, vidimé et collationné par les notaires Chabert, Dufresne et Didelle, sur les minutes de Vincent, exhibées et à l'instant retirées par Melchior Bouvier, archiprêtre et curé d'Allevard, détenteur desdites minutes, contrôlé à Allevard, le 28 janvier 1790.

Pour le quatorzième degré.

« I. Vente passée, le 8 mai 1543, par *noble Jean Chanel* (4e du nom), *fils de noble Louis-Georges Chanel*, et Janon Sandrot, d'un fonds à Allevard, acte reçu par Chioze, notaire audit lieu.

« II. Testament, du Ier février 1568, de *demoiselle Catherine Chanel, fille de noble Louis-Georges Chanel*, par lequel elle fait un legs à noble Jean Chanel (4e du nom), son frère, extrait du folio 7, *verso*, du protocole de Tarantezin, notaire d'Allevard.

« Lesquels actes, savoir : le n° I, a été extrait, vidimé et collationné sur l'original par les conseillers du roi, notaires à Grenoble sus-dénommés, contrôlé à Grenoble, le Ier février 1790; et le n° II, également extrait, vidimé et collationné sur les minutes de Caran, notaire, par Chabert, détenteur desdites minutes, et Dufresne et Guerre, ses collègues, contrôlé à Allevard, le 28 janvier 1790.

Pour le quinzième degré.

« Le testament, du Ier février 1568 sus-nommé, est également produit par ce degré, en ce qu'il atteste que Claude Chanel, désigné dans les actes subséquens, était neveu de Catherine Chanel, et fils de Jean Chanel (4e du nom) (rappelé pour mémoire).

« I. Le contrat de mariage, du 18 février 1565, de noble Claude Chanel, fils à noble Jean Chanel, avec demoiselle Catherine Charra, fille de noble Jacques Charra ; acte reçu par Noé Roux, notaire d'Allevard.

« II. Acte de baptême, du 24 décembre 1575, d'un fils à noble Claude Chanel, nommé Laurent, servant seulement à prouver l'existence dudit Claude, tiré du folio 8 du registre de la commune de Saint-Marcel-d'Allevard, tenu par Sandrot, curé.

« Lesquels actes, savoir : celui n° I, a été extrait, vidimé et collationné sur l'original par les conseillers du roi, notaires à Grenoble, sus-dénommés, contrôlé à Grenoble le 1er février 1790, et celui n° II a été extrait des registres de la paroisse d'Allevard, par Bouvier, archiprêtre, curé de ladite paroisse, et Gandil, vicaire.

Pour le seizième degré.

« I. Un acte de baptême du 12 novembre 1574, de Philibert, fils à noble Claude Chanel, extrait du folio 5 du registre de la paroisse de Saint-Marcel-d'Allevard.

« II. Contrat de mariage du 8 septembre 1601, de noble Philibert Chanel, fils de noble Claude Chanel d'Allevard et de demoiselle Catherine Charra, extrait du folio 66 du protocole de Poussard, notaire d'Allevard.

« III. Ratification du 3 août 1602, par *noble et spectable Philibert Chanel, fils de noble Claude Chanel* et de demoiselle Clermonde-Hélène Dufaure, sa femme, des accords et partage entre ladite demoiselle et ses sœurs, des biens de leur père ; acte reçu par du Roux, notaire d'Allevard.

« Lesquels actes, savoir, celui n° I, a été extrait des registres de la paroisse de Saint-Marcel-d'Allevard, par Bouvier, archiprêtre, ex-curé du dit lieu, et Gandil, son vicaire ; celui n° II a été extrait des minutes de Poussard, notaire, vidimé et collationné sur l'original par le notaire Chabert, détenteur desdites minutes, et Dufresne et Guerre, ses collègues, contrôlé à Allevard le 28 janvier 1790 ; et celui n° III a été extrait, vidimé et collationné sur les minutes originales par les conseillers du roi, notaires à Grenoble, susdénommés, contrôlé à Grenoble le 1er fevrier 1790.

Pour le dix-septième degré.

« I. Acte de baptême du 30 décembre 1603, de noble François-Laurent Chanel, fils de noble Philibert Chanel, extrait du folio 207 du susdit registre de la paroisse Saint-Marcel-d'Allevard.

« II. Obligation passée le 20 avril 1621, par *nobles Philibert et François Laurent de Chanel père et fils,* reçue par Robin, notaire à Artimonnay.

« III. Mariage du 16 février, 1625, de *noble François-Laurent de Chanel, fils de noble Philibert de Chanel,* reçu par Robin, notaire à Crepol.

« IV. Commission du 20 mars 1612, de la charge de *sergent-major* au fort Baraulx, pour le dit *François-Laurent de Chanel,* signée Louis ; et plus bas : *Par le roi,* signé Letellier.

« V. Lettres patentes du 22 novembre 1664, en faveur de *noble François-Laurent de Chanel.*

« Lesquels actes et pièces, savoir : n° I, extrait des registres de la paroisse de Saint-Marcel-d'Allevard, délivré par Bouvier, archiprêtre, curé du dit lieu, et Gandil, vicaire ; et nos II, III, IV et V, extraits, vidimés et collationnés par les conseillers du roi, notaires à Grenoble, sus-dénommés, contrôlés à Grenoble le 1er février 1790.

Pour le dix-huitième degré.

« I. Acte de baptême du 5 avril 1626, de *noble Claude Chanel*, *fils de noble François-Laurent Chanel* et de demoiselle Antoinette d'Armand de Grisac, extrait des registres de la paroisse de Saint-Hugues de Grenoble.

« II. Commission du 28 octobre 1651, de capitaine d'infanterie italienne, en faveur dudit Claude Chanel.

« III. Contrat de mariage du 3 octobre 1671, dudit *Claude Chanel* (deuxième du nom), *fils de François-Laurent* et de demoiselle Anne Donnet; acte reçu par Pascal, notaire à Grenoble.

« IV. Arrentement passé le 21 août 1679, par le dit sieur *Claude Chanel*, reçu par Rozan, notaire à Grenoble.

« V. Testament du dit *Claude Chanel*, deuxième du nom, du 5 novembre 1683, reçu par Louis Février, notaire à Grenoble.

« Lesquels actes ont été extraits, vidimés et collationnés sur leurs originaux, par les conseillers du roi Trinché et Girard, notaires à Grenoble, et contrôlés à Grenoble le 1er février 1790.

Pour le dix-neuvième degré.

« I. Acte de baptême du 30 janvier 1677, de *Claude Chanel* (troisième du nom), *fils de Claude* et de demoiselle Anne Donnet, extrait du registre de la paroisse de Saint-Hugues.

« II. Congé du 20 janvier 1697, donné par le comte de Viriville, capitaine-lieutenant commandant les gens d'armes du duc de Berry, en faveur dudit *Claude Chanel* (troisième du nom).

« III. Acte de bénédiction nuptiale, du 19 novembre 1713, dudit *Claude Chanel, fils de Claude* et de demoiselle Anne Donnet, avec demoiselle Isabeau Pison, extrait des registres de la paroisse de Saint-Hugues de Grenoble.

« IV. Cession et transport fait le 10 février 1714, par demoiselle Louise Ducros, veuve et héritière du sieur Nicolas Pison, maire de Pontcharra, à *Claude Chanel,* son gendre, de diverses somme à compte de la dot de demoiselle Isabeau Pison, sa femme, acte reçu par Samuel, notaire au mandement d'Avalon et Bayard.

« V. Certificat donné le 9 décembre 1723, par les officiers de l'élection de Grenoble, portant que M. *Claude Chanel*, ancien officier d'infanterie, avait été pourvu et reçu au bureau de la dite élection.

« VI. Traité du 2 janvier 1727, entre noble Claude Pison, seigneur de Montpas, et *Claude Chanel,* agissant en qualité d'administrateur de ses enfants, héritiers de demoiselle Isabeau Pison, leur mère.

« VII. Pension viagère constituée le 28 mars 1738, par M. *Claude Chanel,* en faveur de *François-Paul Chanel,* son fils, pour avoir lieu du jour de sa profession dans l'ordre des frères prêcheurs ; acte reçu par Marchand le jeune, notaire à Grenoble.

« VIII. Testament olographe du 11 juillet 1742, dudit *Claude Chanel* (troisième du nom).

« Lesquels actes, les nᵒˢ I et III, ont été extraits des registres de la paroisse de Saint-Hugues, par Rambaud, vicaire de ladite paroisse ; le nᵒ II a été extrait, vidimé et collationné sur l'original par les conseillers du roi, notaires à Grenoble, sus-dénommés, contrôlé à Grenoble le 1ᵉʳ février 1790 ; et tous les autres produits en originaux ont été enregistrés au greffe de la chambre des comptes de Dauphiné, et textuellement insérés au registre coté 41, *Generalia et in Jesum-Christum*.

Pour les vingtième, vingt-unième et vingt-deuxième degrés, branche aînée ; et les vingtième, vingt-unième et vingt-deuxième degrés, branche cadette.

« I. Acte de baptême du 26 avril 1717, de *noble Jean-Claude Chanel, fils de Claude* (troisième du nom), et de demoiselle Elisabeth Pison, extrait des registres de la paroisse de Saint-Hugues, signé Rambaud, vicaire.

« II. Conventions de mariage sous seing privé, du 28 janvier 1741, du mariage de M. *Jean-Claude Chanel*, avec demoiselle Françoise Lacroix de Roussillon.

« III. Acte de célébration du dit mariage, du 4 février 1741, extrait des registres de la paroisse de Saint-Hugues de Grenoble, signé Rambaud, vicaire.

« IV. Transaction du 27 juillet 1751, entre *noble Jean-Claude Chanel et noble François-Nicolas Chanel*, son frère, en règlement de leurs droits en la succession de leurs père et mère, acte reçu par Girard, notaire à Grenoble.

« V. Acte de baptême du 10 décembre 1741, de *Claude Chanel* (quatrième du nom), *fils de noble Jean-Claude Chanel* et de demoiselle Françoise Peyronnard Lacroix de Roussillon, extrait original des registres de la paroisse de Saint-Laurent de Grenoble.

« VI. Contrat de mariage du 30 août 1760, de M. *Claude Chanel, fils de noble Jean-Claude*, avec demoiselle Élisabeth Naulot, acte reçu et signé Ogier, notaire à Grenoble.

« VII. Acte de célébration du dit mariage, du 1ᵉʳ septembre 1760, extrait de la paroisse de Saint-Hugues de Grenoble.

. « VIII. Brevet de capitaine en second d'une compagnie de dragons, en faveur de *noble Claude Chanel*, du 6 octobre 1778, signé Louis, et plus bas Castries.

« IX. Licitation et traité du 5 avril 1784, entre *noble Jean-Claude Chanel*, fondé de la procuration de *noble Claude Chanel*, son fils, et les sieur et dame Joly, pour les biens qu'ils avaient en commun à Saint-Domingue; acte reçu par Ogier, notaire à Grenoble.

« X. Brevet du 4 janvier 1788, de capitaine d'une compagnie d'infanterie, en faveur de *Claude Chanel*, signé Louis, et plus bas, la Luzerne.

« XI. Quittance finale du 4 juillet 1789, par les sieurs et dame Joly, audit *noble Chanel (Claude)*; acte reçu et signé par Girard, notaire à Grenoble.

« XII. Actes de baptême de, 1° *Françoise-Julie Chanel*, du 20 mars 1762, extrait des registres de la paroisse de Saint-Hugues de Grenoble, ensemble son contrat de mariage du 15 septembre 1788, avec noble Gaspard Lambert d'Hautefare, reçu et signé Girard, notaire, 2° de *Justine-Clémence Chanel*, du 27 avril 1763, extrait des registres de la paroisse de Saint-Hugues de Grenoble; 3° de *Marie Élisabeth Chanel*, du 29 avril 1769, née le 26 novembre précédent, extrait des registres de la paroisse Notre-Dame des Verettes, au quartier de l'Artibonite, île et côte de Saint-Domingue, ensemble son contrat de mariage avec noble Luc-François-Xavier Toscan, seigneur d'Allemond; 4° et enfin de *noble Claude-François Chanel*, fils de noble Claude Chanel (4ᵉ du nom), et de demoiselle Élisabeth Naulot, du 3 juillet 1775, né le 12 juillet 1774, extrait des registres de la paroisse Notre-Dame des Verettes, au quartier de l'Artibonite, île et côte de Saint-Domingue.

« XIII. Acte de baptême, du 11 novembre 1718, de *François-Nicolas Chanel, fils de Claude Chanel (3ᵉ du nom)* et de demoiselle Élisabeth Pison, extrait des registres de la paroisse de Saint-Hugues de Grenoble, signé Rambaud, vicaire.

« XIV. Acte de vente passé, le 14 octobre 1743, par M. de Rocheblave à M. *François Nicolas Chanel* sous le cautionnement de M. *Claude Chanel*, son père, du fief de l'Hortal, Maison Forte-d'Argenson, acte reçu et signé par Mes Revol et Toscan, notaires à Grenoble.

« XV. Quittance finale passée le 14 mars 1744 à *nobles Chanel, père et fils*, du prix de la dite acquisition, le dit acte reçu et signé par Mes Revol et Toscan, notaires à Grenoble.

« XVI. Contrat de mariage, du 14 juin 1753 de *noble François-Nicolas Chanel, fils de Claude Chanel* (3ᵉ du nom) et de demoiselle Élisabeth Pison, avec demoiselle Françoise-Marguerite Samuel, acte reçu et signé par Mes Revol et Accarier, notaires à Grenoble.

« XVII. Acte de vente d'une maison à Grenoble, passé par *noble François-Nicolas Chanel*, seigneur de la Maison-Forte d'Argenson, à M. Revol, procureur au parlement du Dauphiné, acte reçu par Trouilloud, notaire à Grenoble, le 21 janvier 1787.

« XVIII. Actes de baptême, 1º de *Claude-François Chanel* du 13 mai 1754; 2º de *Marie-Emérentiane Chanel*, du 18 juin 1760; 3º de *Claude-Henri Chanel*, officier au corps royal d'artillerie, du 15 juillet 1764; 4º de *François-Zacharie*, officier au corps royal du génie, du 7 septembre 1766 et de *Julie-Marguerite Magdeleine Chanel*, du 19 août 1772.

« Lesquels actes produits en originaux ont été enregistrés par la chambre des comptes du Dauphiné, et textuellement insérés au registre coté 41, *Generalia et in Jesum Christum* ainsi que tous les titres précédents qui établissent la filiation directe et légitime des exposans.

§ II.

Vu la requête en addition de pièces présentées par les auteurs des exposans, et enregistrées par la chambre des comptes du Dauphiné en suite de son arrêt du 12 juin 1790, dont suit l'analyse :

Savoir pour les 1ᵉʳ, 2ᵉ, 3ᵉ, 4ᵉ et 5ᵉ degrés.

« I. Partage de biens, du 9 février 1282, entre les seigneurs FÉLIX CROUY-CHANEL et MARC CROUY-CHANEL frères, fils d'André dit le *Vénitien*, petit-fils du prince Étienne, et arrière-petit-fils d'André, roi de Hongrie, ainsi désignés dans cet acte où l'origine des exposans se trouve formellement rappelée, ainsi que la circonstance qui leur fit prendre le nom de Crouy, et qui explique en même temps pourquoi le même nom est attribué dans plusieurs actes de cette époque à André le Vénitien lui-même. Ces appréciations résultent notamment des passages suivants : *Dominus Felieius dictus Crouy-Chanelis, condominus croviacensis, natu major dicti domini Andreæ, dicti venitiani, et dominus Marcus* CROUY-CHANELIS *frater natu minor dicti domini felicii* CROUY-CHANELIS, *et fillius secundus dicti domini Andreæ dicti Venitiani. Et* plus loin : *cum olim ex memorabili memoria illustris princeps Stephanus in Italiam per gentem Galliam transivisset ante quam Venitas advenisset, jura pactiones, acquisitiones, transactiones, per diversas donationes denariorum et actiones acquisivisset supra terram dominium et castellum Croviaci dictum* CROUY *per donationem intervivos elegisset et instituisset universalem donatorium suum charissimum Felicium illustrem dominum Andream dictum Venitianum.* Les deux frères contractans jurèrent l'observation de l'acte sur les Saitns-Évangiles, *et per animum sanctam ei terribilem illustris regis Hungari, Andreæ proavi, dictorum dominorum fratrum.* Cet acte reçu par Pilati, notaire, fut passé à Allevard dans la tour du Treuil, en présence des nobles hommes et seigneurs d'Aix, Ainard de la Tour, seigneur de Vinay, Raymond d'Agoult, seigneur de Beaurière, Guillaume d'Avalon, Siboud de Clermont, et Girard de Belle-Combe.

« II. Quittance passée, le 27 avril 1282, par le seigneur *Félix* CROUY-CHANEL, en faveur du seigneur *Marc* CROUY-CHANEL, son frère cadet, et en exécution de l'une des clauses de l'acte sus-énoncé. Cet acte est également reçu par Pilati, notaire.

« Lesquels actes, produits par les auteurs des exposans, en grosses originales, et signés au commencement et à la fin du monogramme d'Etienne Pilati, notaire, ont été enregistrés par la chambre des comptes du Dauphiné et insérés textuellement au registre coté 41, *Generalia et in Jesum-Christum.*

Pour le sixième degré.

« Contrat de mariage, du 9 décembre 1308, reçu Lantelme Guenisii, notaire, de *Pierre* CROUY-CHANEL, fils du seigneur *Antoine* CROUY-CHANEL, avec demoiselle Agnès de Sassenage, ainsi désignés audit acte : *Inter nobilem et illustrem dominum Petrum* CROUY-CHANELIS, *filium nobilis domini Antonii* CROUY-CHANELIS *et nobilis dominæ Ambrosinæ de Commeriis, ex unâ parte, et nobilem et egregiam domicellam Agnesiam de Sassenatico dictam de Veraciensi, filiam nobilis et egrigii domini Othomardi de Sassenatico dicto de Veraciensi, ab humanis decessi et illustris et generose domine Ludo-*

vicæ de Sabaudiâ, etiam ab humanis de cessa, ex alterâ. On remarque que, dans cet acte, l'un des plus importans qui aient été produits par les auteurs des exposans, le futur conjoint procède de l'autorité et consentement de *noble Antoine* CROUY-CHANEL, chevalier, et de noble dame Ambroisie de Commiers, ses père et mère, et la future de ceux de noble seigneur François de Sassenage, son tuteur et son oncle, et de noble dame Agnès de Gex de Joinville, épouse dudit François et marraine de la future épouse, et de l'agrément et consentement du dauphin Jean et de Béatrix de Hongrie, son épouse, ainsi qu'il résulte des termes suivans : *Nec non autoritate-voluntate, licentiâ, consensu ac bonâ protectione illustrissimi et magnissimi nostri domini Johannis Delphini amici et protectoris dicti nobilis futuri conjugis, nec non autoritate, voluntate, licentiâ, consensu ac bonâ protectione illustrissimæ et generosissimæ dominæ nostræ* BEATRICIS HUNGARIÆ *uxoris dicti domini nostri Delphini, ipsius nobilis domini futuri conjugis cognatæ.*

« Cet acte est passé à Allevard, dans le château du dauphin, en présence du *très-vénérable seigneur Jean* CROUY-CHANEL, archevêque d'Embrun, et des nobles seigneurs Arthaud de Briançon, Guigues Alleman, seigneur de Valbonnais ; Reymond, seigneur de Mevouillon ; Reynaud de Montauban, seigneur de Montmaur ; Arnaud de Flotte ; Rollet du Peloux ; Arthaud, seigneur de Roussillon ; Hugonet de Fallavel ; Peronnet de Murinais ; Falque Montchenu et Guigues de Béranger, chevalier.

« Lequel acte, produit par les auteurs des exposans, en grosse originale, et signé au commencement et à la fin du monogramme de Lantelme Guenisii, notaire, a été enregistré par la chambre des comptes de Dauphiné, et inséré textuellement au registre coté 41 *Generalia et in Jesum Christum.*

Pour le neuvième degré.

« Lettre missive du, 22 avril 1404, adressée par Dedin, notaire de la Tour en Allevard, au seigneur *Jean de Chanel, chevalier,* avec cette suscription : *Au seigneur Jehan de Chanel, chevalier en la guerre du Viennois, à Estrablins.*

Pour le onzième degré.

« I. Autre lettre missive, du 14 février 1437, adressée par Jean de Bardonneche à très noble *damoiselle des Chanel (Catherine), sœur d'Hector de Chanel, fils de Rodolphe,* avec cette suscription : *A très noble damoiselle, damoiselle Catherine des Chanel, en la maison du seigneur des Chanel, son chier et honoré père, en Allevard.*

« II. Autre lettre missive, adressée, le 23 février 1481, par Bressand, clerc, à Hector de Crouy-Chanel, avec cette suscription : *Au très magnifique seigneur, le seigneur Hector* Crouy de Chanel, *chevalier, en Allevard.*

Pour le treizième degré.

« I. Testament du 8 novembre 1537, de noble, Louis *George de Chanel,* fils à *Jean de* Crouy-Chanel (3ᵉ du nom), et de Michelle de Groléc, acte reçu Lymerie, notaire.

« II. Lettre missive adressée, le 21 février 1541, par Michelle de Grolée au chevalier *Louis-Georges de Chanel,* son fils, avec cette suscription : *A monsieur mon très chier fils, Loys-Georges de Chanel, chevalier, à Lyon.*

Pour le quatorzième degré.

« I. Lettre missive adressée, le 2 septembre 1553, par *Jean de Chanel à madame de Chanel,* sa mère, avec cette suscription : *A madame, madame de Chanel, ma très honorée mère, en Allevard de Dauphiné.*

« II. Autre lettre missive adressée, le 17 juillet 1557, par le même *Jean de Chanel à Louis-Georges Chanel,* son père, avec cette suscription : *A monsieur, monsieur Loys-Georges de Chanel, ancien capitaine des gens d'armes de monseigneur de Coligny, en Allevard de Dauphiné.*

« I. Lettre missive adressée, le 2 avril 1562, par *Claude de Chanel à Jean,* son père, avec cette suscription : *A monsieur, monsieur Jehan de Chanel, mon très chier et honoré père, en Allevard.*

« II. Commission de capitaine de deux cents hommes de pied, adressée, le 22 mai 1594, par François de Bonne de Diguières et de Serres, lieutenant-général pour le roi, et commandant généralement en Dauphiné pour son service, *au capitaine Claude Chanel.*

« III. Lettre missive adressée, le 21 avril 1598, par M. de Lesdiguières *au capitaine Claude de Chanel,* avec cette suscription : *A monsieur monsieur Claude de Chanel, capitaine de deux cents hommes de pied en Allevard.* Cette lettre, signée *Lesdiguières,* est entièrement écrite de la main de ce personnage célèbre. On y remarque le passage suivant : « Je vous aurais fait expédier sur le champ des lettres de « noblesse, comme j'ai fait à mon cadet de Charence, si « n'estait notoire que vos ancêstres en octroyaient aux « autres. »

Pour le dix-huitième degré.

« Transaction d'entre noble *François-Laurent de Chanel, ancien major du fort Barraulx et Claude son fils,* du 2 février 1670; acte reçu Robin, notaire.

Pour le vingt unième degré de la branche cadette.

« I. Brevet de lieutenant en premier au corps royal d'artillerie, du 10 octobre 1787, en faveur de *Claude-Henri, chevalier de Chanel, fils de noble François-Nicolas Crouy-Chanel.*

« II. Lettre de lieutenant en second au corps royal du génie, du 15 décembre 1786, en faveur de *François Zacharie de Chanel, fils de noble François-Nicolas Crouy-Chanel.*

« Lesquels actes et pièces, à partir du neuvième degré, produits par les auteurs des exposants en originaux pour les pièces et en grosses originales pour les actes, ont été enregistrés par la chambre des comptes de Dauphiné, et insérés textuellement au registre coté 41 *Generalia et in Jesum Christum.*

§ III.

« Vu l'expédition des arrêts de chambre des comptes du Dauphiné des 26 mars et 12 juin 1790, desquels il résulte, savoir : de l'arrêt du 26 mars précité, que ;

« La chambre a donné acte à Jean-Claude et François-
« Nicolas Crouy-Chanel, auteurs des exposants, de la pré-
« sentation par eux faite en minutes et grosses originales
« des titres et actes énoncés en leur requête, et en consé-
« quence faisant droit aux conclusions par eux prises, dé-
« clare qu'ils ont suffisamment prouvé leur origine et leur
« descendance en ligne directe et masculine de Félix
« Crouy-Chanel, fils d'André, dont en acte du 1ᵉʳ mars
« 1279, et en celui du 5 des ides de décembre 1286, ce
« faisant, ordonne que lesdits titres et actes énoncés en

« leur requête ensemble ladite requête, seront enregistrés
« au greffe de notre dite chambre, sur les originaux qui
« resteront au dit greffe jusqu'après ledit enregistrement, à
« l'effet de constater l'origine et la descendance desdits
« Crouy-Chanel, et de jouir par eux et leurs descendants
« en ligne directe des droits, honneurs et privilèges et no-
« blesse, et armoiries et autres résultants desdits titres et
« actes suivant et conformément aux lois du royaume. »

Et de l'arrêt, du 12 juin 1790 précité, que :

« La chambre a donné acte auxdits Crouy-Chanel, au-
« teurs des exposants, de la présentation par eux faite en
« minutes et grosses originales des seize titres et actes
« énoncés et analysés en leur requête et joints à icelles et
« visés en détail dans les conclusions du procureur-géné-
« ral, ensemble de la vérification faite par la chambre des-
« dits titres et actes ; ce faisant ordonne que lesdits seize
« titres et actes seront joints et additionnés à l'enregistre-
« ment des autres titres desdits Crouy-Chanel, fait en exé-
« cution de l'arrêt de la chambre, du 26 mars dernier,
« pour chacun desdits seize titres et actes être placés au
« degré compétent suivant les énonciations et indications
« faites en la présente requête et ne faire tout ensemble
« qu'un seul et même corps de preuve de l'origine des sup-
« pliants et de leur descendance en ligne directe et mas-
« culine de Félix Crouy-Chanel, fils d'André dit le Véni-
« tien, dont en l'acte du 1er mars 1279, ci-devant enre-
« gistré, et au traité du partage du 9 février 1282, ci-joint,
« lequel André était fils du prince Étienne, fils d'André,
« roi de Hongrie, qualifié bisaïeul dudit Félix Crouy-Chanel,
« dans ces susdits actes des 1er mars 1279, et 27 avril 1282;
« seront en conséquence les susdits seize titres et actes en-
« registrés à la suite de ceux déjà enregistrés en exécution

« du susdit arrêt du 26 mars et conjointement avec la pré-
« sente requête, les conclusions du procureur-général et
« le présent arrêt. »

§ IV.

Vu l'extrait de naissance, du 31 décembre 1793, de
François-Claude-Auguste de Crouy-Chanel de Hongrie,
l'un des exposants, délivré par le révérend Gerson Savels,
pasteur de la ville de Duisbourg, dûment légalisé.

§ V.

Vu un extrait des registres de la chambre des comptes
de la ci-devant province du Dauphiné, comprenant trente-
sept arrêts de maintenue de noblesse, droits, noms, filiations
et armoiries rendus par ladite chambre.

§ VI.

Vu l'arrêt du préfet du département de l'Isère, du 25
février dernier, rendu conformément au rapport d'une
commission nommée par lui, pour vérifier l'authenticité des
titres anciens dont M. A. Barginet de Grenoble a annoncé
être détenteur, lesdits documents consistant, savoir :

1° Un registre coté 41 *Generalia et in Jesum Christum*,
année 1790, indiqué comme faisant partie de la collection
intitulée *Generalia* dépendant des archives de l'ancienne
chambre des comptes;

2° Deux anciens protocoles du notaire Bernard ;

3° Un ancien protocole du notaire Lymerie ;

4° Un ancien protocole du notaire Ponsard ;

5° Un registre de reconnaissances anciennes reçues par le notaire Vincent ;

6° Un registre de reconnaissances anciennes reçues par Nicolas et Pierre Dedin. père et fils, notaires ;

7° Un registre ancien de baptême de la paroisse de Saint-Marcel d'Allevard ;

Arrêté, qui, sur l'avis de ladite commission, qui en a reconnu l'authenticité, a ordonné le dépôt desdits documents dans les divers établissements publics affectés à leur spécialité.

§ VII.

Vu le rapport du 22 février dernier, de la commission, dont l'avis a motivé l'arrêté précité, ladite commission composée de M. Robin, conseiller de préfecture, président et de MM. Paganon et Demontal, conseillers à la cour royale; Jules Ollivier, juge au tribunal civil; Ducoin bibliothécaire ; Pilot, employé à la conservation des hypothèques; et Crozet, commis greffier à la cour royale, duquel il résulte que tous les titres énoncés en l'arrêt précité, présentent tous les caractères d'authenticité et que notamment le registre coté 41 *Generalia et in Jesum Christum*, fait évidemment partie de la collection intitulée « *Generalia* » existant aux archives de l'ancienne chambre des comptes du Dauphiné ; rapport duquel il résulte encore que tous les titres soumis à l'appréciation de ladite commission, ont été conformément à sa décision, paraphés au commencement et à la fin, par le président et le secrétaire de ladite commission.

§ VIII.

Vu le procès-verbal du 26 février dernier, dressé par Félix Crozet, commis greffier à la cour royale, préposé à la garde des archives de l'ancienne chambre des comptes de Dauphiné, duquel il résulte que le sieur Alexandre-Pierre Barginet, homme de lettres, chevalier de la Légion-d'Honneur, domicilié à Grenelle, près Paris, assisté de Mᵉ A. Ricoud, avoué près la cour royale, a effectué entre les mains dudit Crozet le dépôt du registre coté 41 *generalia et in Jesum Christum*, en exécution de l'article Iᵉʳ de l'arrêté de M. le préfet du département de l'Isère, précité,

§ IX.

Vu l'acte dressé par le sieur Gonon, commis greffier au tribunal civil de Grenoble, le 27 février dernier, duquel il résulte que le sieur A. Barginet, dénommé et assisté, comme au paragraphe huit du présent, a effectué entre les mains dudit Gonon le dépôt du registre des baptêmes de la paroisse de Saint-Marcel d'Allevard, en exécution de l'article 2 de l'arrêté de M. le préfet du département de l'Isère, précité,

§ X.

Vu le certificat délivré le 28 février dernier, par Mᵉ C. Mallein, secrétaire de la chambre de discipline des notaires de l'arrondissement de Grenoble, duquel il résulte que le sieur A. Barginet, dénommé et assisté comme au paragraphe huit du présent, a effectué entre les mains dudit M° Mallein le dépôt, 1° de deux anciens protocoles du notaire Bernard ; 2° d'un ancien protocole du notaire Lymérie ; 3° d'un ancien protocole du notaire Ponsard ; 4° d'un registre de reconnaissances anciennes reçues par le notaire Vincent ; 5° d'un registre de reconnaissances anciennes reçues par Nicolas et Pierre Dedin, père et fils, notaires, en exécution de l'article 5 de l'arrêté de M. le préfet du département de l'Isère, précité, »

C'est à la suite de cette longue série de pièces visées et vérifiées, que le tribunal de Grenoble a rendu son jugement dont les motifs ont été transcrits, page 18.

En voici maintenant le dispositif :

« PAR CES MOTIFS : faisant droit à la demande des exposans,

« LE TRIBUNAL ordonne la rectification des actes de naissance de Claude-François de Crouy-Chanel, du 13 mai 1754, au registre de la paroisse de Saint-Hugues de Grenoble,

« De Claude-Henri de Crouy-Chanel du 15 juillet 1764 au même registre ;

« De Claude-François de Crouy-Chanel, du 3 juillet 1775, au registre de la chambre des comptes de Dauphiné, coté n. 41. *Generalia et in Jesum Christum* ;

« En ce sens que le nom de Crouy sera ajouté à celui *de Chanel et le précédera.*

« Ordonne que le présent jugement sera inscrit, conformément à l'article 101 du Code civil, sur les registres de l'état civil de Grenoble, destinés à constater les naissances pendant la présente année ; que mention dudit jugement et de sa transcription sera faite par le greffier de la cour royale sur le registre n° 41 *generalia et in Jesum Christum,* en marge de l'acte de naissance de Claude-François de Crouy-Chanel, du 3 juillet 1775, transcrit sur ce registre ; et par le greffier du tribunal sur les registres déposés au greffe contenant l'acte de naissance de Claude-François de Crouy-Chanel, du 13 mai 1754, celui de Claude-Henri de Crouy-Chanel, du 15 juillet 1764 ; et en marge desdits actes ; à quel effet le greffier de ladite cour transmettra au procureur du roi copie textuelle de la mention qu'il aura faite afin que ce magistrat veille à ce que la mention ait lieu d'une manière uniforme sur tous les registres ;

« Ordonne que lesdits actes ne seront plus délivrés qu'avec les rectifications ci-dessus prescrites, conformément à l'article 857 du Code de procédure civile ;

« Autorise les demandeurs à faire opérer de semblables rectifications à l'égard de leurs ascendans et parens consanguins, en vertu des motifs sus-énoncés, partout où besoin sera, et à cet effet enjoint à tous officiers de l'état civil ou dépositaires des registres de l'état civil de se conformer au présent jugement.

« Ainsi fait et prononcé en tribunal et audience publique, après délibéré en la chambre du conseil, où étaient présents MM. Accarias, président, Bertrand et Ollivier juges, et Bert, procureur du roi, le 20 mars 1839.

« A la minute, signé Accarias, président, et Gémond, commis greffier.

« Mandons et ordonnons à tous huissiers sur ce requis de mettre le présent jugement à exécution, à nos procureurs-généraux et à nos procureurs près les tribunaux de première instance d'y tenir la main, à tous commandants et officiers de la force publique de prêter main-forte lorsqu'ils en seront légalement requis.

« En foi de quoi le présent jugement a été signé à la

minute par M. Accarias, président, et par le commis greffier, et la présente expédition faite en forme exécutoire au requis de M. Claude-François de Crouy-Chanel, le 28 mars 1839, a été délivrée par le greffier soussigné qui y a apposé le sceau du tribunal. — Deux expéditions en forme exécutoire ont été délivrées, la première à M. François-Claude-Auguste de Crouy-Chanel, le 22 mars 1839, et la seconde à M. Claude-Henri de Crouy-Chanel le 27 du même mois de mars 1839.

« La minute a été enregistrée à Grenoble, le 22 mars 1839, folio 166, case septième, reçu 5 francs, dixième 50 centimes, signé Gagneur. — Collationné. — BIGILLION, greffier. — Pour légalisation de la signature ci-contre de M. Bigillion, greffier, vu par nous président du tribunal civil. — Grenoble, le 30 mars 1840. — ACCARIAS. — GÉMOND.

On voit dans tous ces documents le cachet de la vérité. Ce n'est pas ainsi que l'on invente.

C'est le cours ordinaire des choses de la vie qui est consigné dans les actes les plus simples avec toute sa sincérité.

Que voit-on au contraire dans les lettres patentes et dans les diplômes dont les adversaires se sont prévalus avec tant d'emphase ? l'étalage des grands noms, des grandes illustrations et des prétentions encore plus grandes.

Et ces prétendus titres ont été provoqués dans l'intérêt prémédité des impétrants, et aussi dans la vue d'en imposer, soit sur la question de la descendance des rois de Hongrie, soit sur la généalogie des nouveaux Croy d'Amiens. Mais la cour de Paris elle-même, nonobstant sa décision envers le comte de Crouy-Chanel, a fait justice, sinon complètement du moins en partie, de la jactance des lettres patentes de 1773, et des diplômes d'Allemagne ;

elle a suffisamment suspecté leurs énonciations en ce qui touche des tiers.

Ce qui est inexplicable dans son arrêt, c'est le défaut de vérification généalogique de la maison de Crouy-Chanel au-delà du célèbre major du Fort *Barraulx*.

La cour n'a pas même donné un seul motif pour expliquer cette espèce de déni de justice.

Le jugement du tribunal civil de Grenoble aurait comblé cette lacune, si déjà les anciens arrêts de la cour des comptes du Dauphiné n'avaient pas neutralisé les intentions de l'arrêt de Paris.

Ici la question n'est pas telle que l'avait présupposée la décision de 1821. Il ne s'agit pas de savoir seulement quelle est l'influence, à l'égard des tiers, de l'enregistrement solennel des titres constatant l'origine d'une famille. Non sans doute, rien n'est définitivement jugé dans un pareil débat, à l'encontre de ceux qui n'y ont point été parties ; et les principes de la tierce opposition y sont toujours applicables.

Il faut en dire autant aujourd'hui du jugement du tribunal civil de Grenoble pour le cas où les adversaires actuels auraient l'excellente pensée de se rendre tiers opposans et de r'ouvrir ainsi la discussion.

Mais le point capital, c'est la compétence des magistrats des deux juridictions pour constater le fait de l'authenticité des titres produits devant eux et pour donner en conséquence un caractère probant aux copies des mêmes actes tirées en vertu de leur autorité et sous leur surveillance.

Si la question eût été fixée en 1821, nul doute que le comte de Crouy-Chanel lui-même, nonobstant la position que lui donnait son acte de naissance, non encore rectifié, aurait dû trouver dans les arrêts de la cour des comptes de Grenoble une complète justification de ses droits.

La défense a voulu aller plus loin en sa faveur, et elle a plaidé la compétence absolue de cette ancienne cour sur toutes les contestations généalogiques ; et il faut avouer que les moyens ne manquaient pas à l'appui de la même thèse.

M. le comte de Crouy-Chanel produisait d'une part, le concordat ou accord solennel fait, le 8 juillet 1564, entre le parlement et la Cour des comptes du Dauphiné pour régler leur juridiction en cette matière, et un édit de Charles IX, du mois d'août de la même année, portant approbation de ce règlement où il est dit que MM. de la cour et chambre de comptes connaîtront de *toutes vérifications et entérinemens de lettres de provisions d'offices, privilèges, exemptions... lettres de naturalité, légitimation, incapacité, privilèges, etc.*

Ainsi, relativement aux *privilèges et exemptions* de la noblesse, la compétence de la cour des comptes était complète et même exclusive.

Le parlement, juridiction rivale, a expliqué dans ce sens l'accord de 1564, car tous ceux de ses membres qui ont eu à faire enregistrer et reconnaître leurs titres et leur état civil pour jouir des privilèges et exemptions nobiliaires, se sont soumis eux-mêmes à la juridiction de la cour des comptes. On voit figurer au nombre de ces justiciables le célèbre Salvaing dont le nom seul pourrait en quelque sorte faire ici jurisprudence.

MM. de Crouy-Chanel ont produit, sous les yeux des juges compétens, l'extrait certifié de trente-quatre arrêts relatifs à divers enregistrements où se trouvent notamment avec celui des titres de la famille de Salvaing, ceux de M. Hugues de Lyonne, conseiller du roi en ses conseils, commandeur et maître des cérémonies de l'ordre et milice du Saint-Esprit ; de M. de Laric, conseiller au parlement de Grenoble, et de beaucoup d'autres familles distinguées du Dauphiné. Le greffier certifie en outre que tous les registres n'ont pas été compulsés.

On comprend donc bien que la compétence de la cour des comptes, ainsi consacrée par les magistrats mêmes qui eussent été intéressés à la contredire, et cela sous l'empire d'un édit spécial, ne saurait être soumise à un contrôle étranger à sa spécialité même. C'est pourquoi l'arrêt de la cour de cassation, du 25 février 1823, au lieu d'être aussi affirmatif et aussi tranchant que celui de la cour royale du 12 mai 1821, sur cette question, admet hypothétiquement la compétence de la cour des comptes dans le motif suivant : « attendu qu'en supposant même que les arrêts « opposés de 1790 eussent pu légalement juger la question « dont il s'agit, ils ne pouvaient former des titres irrécu- « sables vis à vis des tiers. »

Ce dernier motif explique tout, et nous dispense d'examiner à fond l'ancienne compétence de la cour des comptes de Grenoble.

Sans doute, jamais les tiers ne peuvent être compromis par des décisions rendues sans qu'ils aient été entendus ni appelés. Mais le droit juridictionnel n'existait pas moins dans les limites légales. Il existait surtout dans sa plénitude pour la vérification des titres et actes produits à l'appui des demandes d'enregistrements. Eh bien ! cela suffit relativement à la question d'authenticité des productions faites devant cette cour. Or, ses arrêts ont déclaré que les pièces originales servant de fondement à la demande avaient été produites, ils en ont ordonné la transcription sur ses registres, contradictoirement avec le procureur général du roi, évidemment partie dans la cause quant à la question de vérification et d'enregistrement, et par conséquent aussi quant à la question de l'authenticité des titres originaux.

Donc les copies ainsi *tirées par l'autorité du magistrat* (art. 1335 du Code civil), *parties présentes*, font la même foi que les titres eux-mêmes.

Enfin, lors du jugement du tribunal civil de Grenoble, toutes les investigations possibles ont été faites contradictoirement encore avec le ministère public, avec toutes les conditions requises et telles que les aurait désirées l'arrêt même du 12 mai 1821 ; conséquemment, le jugement de rectification de 1839 doit fermer la bouche à tous les adversaires qui n'auront pas formé tierce opposition, comme ils y sont loyalement invités.

Tout lecteur impartial peut facilement saisir la vérité dans ce débat, où elle est présentée sans autre influence que celle des faits et des actes.

ALEXANDRE GUILLEMIN,

avocat à la Cour Royale, ancien avocat
à la Cour de Cassation.

Paris, le 25 septembre 1840.

1840-1873

Rendu à la liberté, M. de Crouy parut vouloir renoncer aux agitations de la politique et ne s'occuper que d'affaires industrielles.

Il avait, vers cette époque passé un traité avec le marquis de Jouffroy pour la mise en pratique d'un système de chemin de fer dont ce dernier était l'inventeur (*Notons à ce propos que lors du dernier accident de chemin de fer à Charenton, un journal Parisien parlant des améliorations à apporter dans l'exploitation des chemins de fer, préconisait le système du marquis de Jouffroy et demandait qu'on en fît l'application au moins sur les nouvelles lignes en création*).

Adonné tout entier à l'éducation de ses enfants, il fut, au mois de février 1846, frappé dans ses affectious les plus vives et dans ses espérances les plus chères, par la mort de son fils unique enlevé en bas âge.

Pour chercher une diversion à la douleur qu'il ressentait, il reprit ses anciennes relations politiques, et en 1847, nous le retrouvons à la Cour de Louis-Philippe, accrédité secrètement auprès du roi et principalement de sa sœur Mme Adelaïde, par la Cour de Rome, ou du moins par de hauts personnages qui paraissaient, à cette époque, devoir prendre la direction des affaires ecclésiastiques.

Sans avoir besoin de faire le jour sur ces relations, dont M. de Crouy fut à cette époque l'intermédiaire entre la Cour de Rome et celle des Tuileries, il suffit d'établir qu'elles furent intimes et témoignaient de la plus haute confiance envers la personne qui en était chargée.

La lettre suivante que nous prenons au hasard dans cette correspondance assez volumineuse suffirait à en témoigner.

Évêché de Montpellier, 6 septembre 1847.

Prince,

Votre long silence m'inquiète. Êtes-vous malade ? ou n'avez-vous pas pu, jusqu'à présent, remettre ma lettre du 11 août et le pli qui l'accompagnait *(ce pli, pour Mme Adélaïde, venait de Rome, écrit de la main du Saint-Père)*. Dites-moi vite, je vous en conjure, quelque chose, car...

Voilà les affaires bien gâtées ici, vis-à-vis de là-bas ! C'est à n'y rien comprendre ! J'attends, bon Prince, un mot qui me tire d'inquiétude et vous prie d'agréer mes plus vrais et plus respectueux sentiments.

† Charles
Évêque de Montpellier.

M. de Crouy sans cesse en route de Rome à Paris et de Paris à Rome remit à Louis-Philippe une note des plus prophétiques, due à la plume du père Ventura, Général de l'Ordre des Théatins, de laquelle nous extrayons ces deux citations, bien curieuses à méditer, dans la situation politique actuelle de la France.

« *Louis-Philippe sera le premier et le dernier roi de sa dynas-*
« *tie !*

« *Il ne léguera à ses enfants qu'un nom que rien de noble, de*
« *généreux, de juste, de véritablement grand n'aura recommandé*
« *et que bien de honteux souvenirs auront flétri. Il passera sur*
« *la terre en ne laissant après lui qu'une trace de boue.......* »

Sur ces entrefaites, Madame Adelaïde mourut, et sa mort fut un malheur pour la politique de la Maison d'Orléans.

M. de Crouy revint à Rome et c'est alors que Sa Sainteté lui donna pour ses deux filles les lettres de grande naturalisation romaine.

Peu de jours après, il recevait le brevet de commandeur de l'ordre de Saint-Grégoire-le-Grand sous les noms de prince Auguste de Hongrie, prince et marquis de Crouy-Chanel ; le titre original signé du cardinal Lambruschini, fut visé à l'ambassade de France à Rome, le 29 février 1848, par M. de Broglie, premier secrétaire de l'ambassade.

Treize ans plus tard, le 17 juin 1860, le Général Eynard, secrétaire général de l'ordre de la Légion d'honneur, écrivait, par délégation de M. le Grand Chancelier, à M. le prince de Crouy-Chanel.

Monsieur le Prince,

« J'ai l'honneur de vous adresser l'autorisation que S. M. l'Empe-
« reur a bien voulu vous accorder pour accepter et porter la décoration
« de Commandeur de l'ordre de Saint-Grégroire-le-Grand.

Pour le Grand Chancelier de la Légion d'honneur
et par délégation,

Le secrétaire général de l'Ordre

GÉNÉRAL EYNARD.

A cette lettre était jointe l'autorisation annoncée, revêtue des signatures de l'Empereur et du Grand Chancelier, duc de Malakoff.

Quelques jours après celui où M. de Crouy avait reçu du pape les insignes de l'Ordre de Saint-Grégoire-le Grand, les événements du 24 février avaient leur retentissement à Rome ; les Français résidants s'y formèrent en

Comité ; ils' organisèrent une représentation nationale,
M. de Crouy en prit la direction. Par ses soins le drapeau
de la République fut arboré sans désordre à l'hôtel de
l'ambassade, et le pape fut amené à reconnaître le nouveau
gouvernement de la France et à en donner l'assurance aux
membres de la Commission improvisée que M. de Crouy
fut invité à lui présenter par la lettre suivante :

« D'all Anticambra Pontifica

Del Quirinal li 8 marzo 1848.

« Si previenne il Sig. principe de Crouy-Chanel Che Sua Santita
« si degnera ammeter lo all' udienza nel giorno di domani, 9 Ct,
« all'ore 5 1/2 promeridiane, cogli altri suoi colleglii francesi. »

Il maestro di Camara di S. S.

DI MEDICI

Lorsque le nouvel ambassadeur arriva à Rome, il n'eut
qu'à continuer les bonnes relations maintenues par le président improvisé de la commission de la représentation nationale improvisée.

———

La révolution de février 1848 avait ouvert les portes de
la France aux membres de la famille Bonaparte.

Le prisonnier de Ham, l'ancien ami du marquis de Crouy-
Chanel était devenu successivement Président de la République française, et quatre ans plus tard, Empereur des
Français. Quel coup de fortune pour celui que nous avons
vu, courtisan des jours de détresse, payer de sa liberté en
1839, son attachement aux idées napoléoniennes et à la
personne de leur représentant. Aussi, s'attend-on à le

voir, profitant de ce revirement de la destinée, s'attacher à la personne de celui dont il avait été un des premiers à poser devant le pays, la candidature à la magistrature suprême.

Il n'en fut rien cependant, car satisfait d'assister au triomphe des idées qu'il avait si ardemment soutenues il se tint à l'écart, et ne demanda rien au gouvernement impérial, ni places ni honneur. D'un autre côté sa santé fortement ébranlée par les agitations et les fatigues d'une vie qu'il n'avait jamais songé à ménager, sa fortune qu'il avait prodiguée en toutes circonstances, et qui se trouvait par conséquent réduite à peu de chose, tout lui faisait un devoir de songer à prendre du repos.

L'empereur Napoléon III, se souvenant de la dette de reconnaissance qu'il avait contractée envers l'ancien fondateur du journal *le Capitole* dont la tête avait été pendant neuf mois, (en 1839 et 1840) en face de l'échafaud, accorda sur sa cassette particulière, à M. de Crouy-Chanel, une pension dont le chiffre officiel fut fixé à 3000 fr.; hâtons-nous d'ajouter que par un de ces retours vers le passé, si fréquents chez le souverain dont la bonté et la générosité sont passés en proverbe, ce chiffre officiel fut sensiblement modifié, et que M. de Crouy était fier de faire connaître à tous, qu'après avoir dépensé d'une manière chevaleresque au service de toutes les causes justes une fortune considérable, il en était réduit à vivre des bienfaits de son souverain, de l'homme dont il avait été un des premiers à préparer l'avènement, et pour lequel il avait souffert.

Les événements qui suivirent la restauration impériale en France et particulièrement la guerre de Crimée faite contre la Russie avec le concours de l'Angleterre furent pour M. de Crouy, un renversement complet des sentiments et des idées qu'il avait sur la politique extérieure de la France, et qu'il avait fait connaître dans la note parue à la suite de son procès de 1840, sur la nécessité pour la France de s'allier étroitement à la Russie, que nous avons reproduite.

Le Prince Louis-Napoléon avait à cette époque la même manière de voir que M. de Crouy, et M. de Persigny lui-même partageait cette opinion qu'il avait affirmée dans l'*Occident Français*, en un article énergique dont nous détachons cette phrase : « *Il ne restera pas pierre sur pierre de la Babylone britannique.* »

Depuis lors les exigences de la diplomatie, les nécessités d'une situation nouvelle purent modifier la conduite et peut-être même les sentiments de l'Empereur et de son ministre. Le Prince de Crouy, au contraire, s'était fortifié dans les siens. Il persista à croire que le grand empire d'Occident doit avoir pour allié le grand empire d'Orient, et que les efforts combinés de ces deux puissances doivent tendre à l'amoindrissement de l'Angleterre et de son influence..

Les années qui suivirent furent pour M. de Crouy, une époque de calme et de recueillement. Il s'occupa de la composition d'un grand ouvrage, l'*Idée chrétienne* qui devait dans sa pensée, constituer le vrai Code social, destiné à assurer la stabilité de tous les gouvernements et la prospérité progressive de tous les peuples.

Napoléon III, qui s'était donné la mission de relever le principe d'autorité, dut porter ses vues sur tous les abus, qui entravaient l'existence de ce principe. De ce nombre étaient les usurpations des titres nobiliaires, qui se multipliaient tous les jours. Dès 1857, sur un premier rapport de M. Delangle au Sénat, les hautes classes de la société s'étaient émues.

Des brochures furent publiées parmi lesquelles on distingue celle ayant pour titre : *La noblesse et les titres nobiliaires dans les Sociétés chrétiennes, par Auguste de Hongrie, Prince de Crouy-Chanel, chevalier de Malte et de Saint-Louis, commandeur de l'Ordre de Saint-Grégoire-le-Grand* (Paris, 1857, chez Dentu).

Dans cette Brochure, le Prince de Crouy-Chanel établit fort nettement sa situation et celle de sa famille. « *Prince par définition d'État* » et comme il entendait que ce titre ne put jamais être contesté à lui et aux siens, il se pourvut auprès du garde des sceaux pour en provoquer la vérification par le Conseil du sceau.

Le Prince crut devoir donner directement à l'Empereur avis de sa requête au Conseil du sceau. Il le fit par la lettre suivante qu'il accompagne d'une copie de sa demande à M. le Référendaire.

« Sire,

« C'est pour obéir à la voix de l'honneur, que j'ai toujours combattu publiquement au milieu des péripéties de ma douloureuse vie, les calomnieuses et clandestines menées de mes ennemis, contre l'authenticité de mes titres et ceux de ma famille.

Plusieurs notices biographiques, divers articles de journaux et enfin ma brochure sur la noblesse ont mis au grand jour nos droits légaux à l'existence sociale d'où découle mon titre de Prince par définition d'État, comme aussi mes sentiments religieux et politiques, et mon profond dévouement à Votre Majesté.

« Aujourd'hui, pour compléter cette œuvre de restauration individuelle et de la famille, je viens soumettre à la connaissance officielle du Sceau des titres les divers arrêts et jugements rendus par les cours et tribunaux français, la décision des députés de la Hongrie, la reconnaissance par les deux derniers Empereurs d'Autriche, Ferdinand et François-Joseph, à divers membres de ma famille du droit de porter la croix de Malte, comme descendants d'André II, roi de Hongrie, et enfin, tous les titres et actes, au nombre de quatre-vingt-onze, qui ravivent, génération par génération, les siècles de lutte, d'oubli et de misère qui séparent ma famille de son berceau royal et la réintégrèrent dans ses droits d'après les lois nobiliaires qui décident que, pendant les siècles d'épreuve, les droits et les titres d'une maison dorment sans jamais s'éteindre.

« Mais en faisant remettre à S. Exc. le ministre de la justice, par la référendaire M. Ferrand, les documents légaux ci-dessus indiqués, et une demande officielle dont ci-joint le duplicata, je crois devoir déclarer à Votre Majesté, qui daigne toujours me donner des preuves de sa souveraine bienveillance que ce n'est pas pour moi, dont la vie de vieillesse et de souffrance s'éteint chaque jour, mais comme chef d'armes de ma maison et pour les héritiers de mon nom et de mes titres, que je fais cette démarche dont ils soldent tous les droits de chancellerie.

« Si donc, Votre Majesté daigne l'approuver, je la supplie de vouloir bien la recommander à son ministre, non comme une grâce à obtenir, mais comme un dernier acte de justice à accorder à un vieux et fidèle serviteur, qui est toujours avec un profond respect.

« Sire,

« De Votre Majesté, etc.

« Signé P. de Crouy-Chanel. »

Le Conseil du Sceau des titres fut saisi de la requête. Vainement M. le Commissaire impérial déposa-t-il des conclusions de non prise en considération, l'enquête fut confiée aux investigations consciencieuses de M. Langlais, une des lumières du Conseil d'État. — Un an et seize jours plus tard, après une enquête aussi minutieuse que loyale et en contradiction aux conclusions du rapporteur, le conseil se déclara incompétent tout en déclarant que le gouvernement autrichien reconnaît l'origine royale du requérant.

Cette décision fut notifiée au prince par la lettre suivante que lui adressa M. Ferrand, référendaire :

« Prince,

« Il résulte de la décision du Conseil Impérial du Sceau des titres dont j'ai eu l'honneur de vous donner communication que la demande primitivement formée n'était pas celle que vous auriez dû présenter.

« Le conseil, en constatant sur le rapport de M. Langlais, dont un exemplaire vous a été officiellement remis, votre descendance des anciens rois de la dynastie des Arpad, et en vous traçant la marche que vous auriez dû suivre, reconnaît, par cela même, votre titre de prince étranger, comme étant une conséquence de votre origine.

« Pour vous conformer à l'avis du conseil, vous devez donc présenter une demande d'autorisation de porter en France un titre étranger (art. 1er du décret du 5 mars 1859), ce qui n'est plus qu'une question de forme en présence du décret du 12 juin 1860, qui vous autorise déjà, sous le titre de Prince de *Crouy-Chanel* à porter la décoration de commandeur de l'ordre de Saint-Grégoire-le-Grand.

« J'attends maintenant vos ordres pour présenter cette nouvelle demande.

« J'ai l'honneur d'être, avee un profond respect,

« Prince

« Votre très humble et très obéissant serviteur

« A. Ferrand.

« Paris 10 juin 1861. »

Le Prince crut qu'il lui convenait mieux d'en appeler à l'opinion publique.

L'étude histotique de M. Germain-Sarrut « *Les fils d'Arpad* » fut publiée.

Cette publication eut un retentissement considérable. Tous les journaux en parlèrent.

On lui chercha une portée politique qu'elle n'avait pas eue en principe.

Les évènements dont l'Italie était le théâtre, avaient violemment agité tous les hommes d'action de l'émigration hongroise ; de nombreux témoignages de sympathie furent envoyés au prince de Crouy-Chanel tant par les Hongrois proscrits que par ceux restés dans leur partie.

De pressantes invitations lui furent adressées de faire paraître un manifeste à la nation hongroise.

Cédant à de si chaleureuses et si honorables sollicitations, M. de Crouy se résolut à entrer dans l'arène, et il le fit avec autant de dignité que d'énergie.

Le 10 novembre 1861, il adressait à M. de Metternich et à l'Empereur d'Autriche les lettres suivantes :

« Monsieur l'Ambassadeur,

« Il est des situations personnelles qui imposent des obli-
« gations exceptionnelles ; je me crois dans l'une de ces
« situations.

« Sous l'empire de cette pensée, je viens d'écrire à Sa
« Majesté l'Empereur François-Joseph, la lettre ci-jointe
« que je prie Votre Excellence de vouloir bien lui faire
« parvenir directement.

« Veuilez agréer, Monsieur l'Ambassadeur, avec mes
« remercîments anticipés, l'expression de mes sentiments
« distingués et de haute considération.

« *Auguste de Hongrie,* PRINCE DE CROUY-CHANEL.

« Paris, le 10 nov. 1861. »

« *A Sa Majesté l'Empereur François-Joseph.*

« SIRE,

« Les événements marchent aujourd'hui en Europe avec
une célérité qui devance et déjoue toutes les prévisions
humaines ; ces événements sont à la veille de se préci-
piter.

« Dans cette grande lutte préparée par le réveil des
nationalités, l'homme peut à peine pressentir les destinées
impénétrables que lui réserve la Providence.

« La couronne dont le pape Sylvestre II ceignit la tête

de mon illustre et vénéré aïeul saint Étienne est encore aujourd'hui sur celle de Votre Majesté.

« Y sera-t-elle demain ?

« Dieu seul a le mot de cette énigme.

« Depuis cinq siècles les fils d'Arpad sont restés en oubli, victimes de crimes inouïs, proscrits, dépouillés, enfants de père empoisonnés, expiant dans l'abandon la gloire de leurs aïeux.

« Après cinq siècles, ce nom est tiré de l'oubli précisément parce qu'à cause de notre pauvreté on nous contestait notre filiation.

« Ce dernier outrage a comblé la mesure. Chef d'armes de la race d'Arpad, je me suis redressé dans mon légitime orgueil et j'en ai appelé à l'équité de tous.

« Et voilà que ce nom d'Arpad, courageusement prononcé par une voix amie, a réveillé les échos des bords de la Tiza, et que mon humble requête au conseil du sceau de France s'est trouvée transformée ; que pour tous, je suis devenu un prétendant ou tout au moins un candidat.

« Sire, ce fait est grave, en quelque sorte providentiel, et dès cet instant il nous impose des obligations et des devoirs réciproques.

« Le jour où la Hongrie déploiera l'étendard national, j'irai me placer sous la bannière de mes pères. Ma vieillesse répondra à ce cri de ma conscience : « Dieu le veut.

« *Je ne marcherai pas à la conquête d'une couronne*, j'irai combattre pour l'indépendance de ma patrie originelle dont les privilèges sont méconnus.

« Dieu seul sait quelle serait l'issue de la lutte, si le glaive était tiré du fourreau. Cette lutte, Sire, sera votre œuvre, l'œuvre de vos conseillers.

« Il en est temps encore peut-être. Que Votre Majesté respectant les lois nationales et les privilèges de la Hongrie,

lui en rende le plein et entier exercice, le calme renaîtra ;
Votre Majesté sera forte de l'affection d'un peuple reconnaissant à laquelle viendront se joindre les bénédictions
d'un vieillard dont la voix pourrait encore se faire entendre aux fils des Huns, si Votre Majesté ne mettait fin au
système de compression inspiré par de funestes conseillers.

« Sire, aujourd'hui je supplie votre jeunesse de se gran-
dir à la hauteur de père de la patrie ; demain si ma voix est
méconnue, le cri sacré de l'indépendance retentira dans
toute la Hongrie.

« Je souhaite religieusement que Votre Majesté appré-
cie le sentiment qui m'a dicté cette lettre et La prie d'agréer
l'hommage de la respectueuse déférence, avec laquelle j'ai
l'honneur d'être, Sire, de Votre Majesté

« AUGUSTE DE HONGRIE,

« Prince de Crouy-Chanel.

« *Paris, le* 10 *novembre* 1861. »

Peu après, le Prince se rendit à Turin où il descendit à
l'hôtel de la Grande-Bretagne ; par une coïncidence for-
tuite, M. Kossuth vint à quelques jours de là loger dans
le même hôtel. Des articles de journaux firent connaître
à tous la présence à Turin du fils d'Arpad. Les visites furent nombreuses, et la correspondance active. Des réunions
eurent lieu dont la portée politique ne dut échapper à personne, surtout lorsque différents journaux eurent publié

la lettre suivante, écrite par le général Klapka, à la suite
d'un repas auquel il avait assisté, et dans lequel il s'était
senti déborder par l'enthousiasme qu'excitait, chez les Hongrois proscrits, la présence au milieu d'eux du descendant de leurs anciens rois.

A monsieur le Rédacteur en chef des NATIONALITÉS.

Monsieur,

« Un incident qui pourrait donner lieu à des interprétations malveillantes m'oblige de m'expliquer nettement
sur la position de l'émigration hongroise.

« Un gentilhomme français, le prince Crouy de Hongrie offre sa coopération à l'affranchissement de la patrie
de ses ancêtres. Comme notre cause est celle de la
liberté qui est commune à toutes les nations nous accueil-
lerons toujours fraternellement tout ami qui voudra s'associer à nos efforts.

« Mais comme les traditions de la famille de Crouy ont
déjà fourni l'occasion à de présomptueux amis ou à des
ennemis malicieux de poser ce vieillard chevaleresque en
prétendant et de donner ainsi une couleur d'aventure à
l'œuvre patriotique de l'émancipation hongroise, il est de
mon devoir de déclarer hautement que nous, Hongrois à
l'étranger, protestons unanimement contre tout intérêt
privé et contre tous les prétendants quels qu'ils soient qui
voudraient faire du champ de bataille de la liberté une
arène d'ambition personnelle.

« Nous ne reconnaissons que la volonté de la nation.
Toutes nos pensées comme tous nos efforts n'ont qu'un

but c'est de rendre la nation à elle-même et de la mettre en mesure de disposer librement de ses destinées.

« Que le prince de Crouy réunisse ses amis en France pour conquérir de nouvelles sympathies à la Hongrie ; qu'il vienne se ranger au moment décisif sous notre drapeau, nous saurons apprécier ses sentiments généreux.

« Mais dans le cas où sa présence pourrait susciter quelque embarras pour l'accomplissement de notre mission, nous ferions appel à sa loyauté et nous sommes persuadés que cet appel serait entendu.

« Agréez, etc.

« GEORGES KLAPKA.

« *Turin, le 26 mars* 1862. »

Le Prince de Crouy répliqua immédiatement par la lettre suivante :

« Monsieur et honoré Général,

« Je lis dans le journal *les Nationalités* paru ce soir une lettre dont j'ai hâte de vous remercier.

« Il est toujours très bien d'aller au-devant des interprétations et des insinuations malveillantes auxquelles un incident, certes bien futile, pourrait donner lieu, et il y a loyauté de votre part, à en avoir pris occasion pour bien dessiner le rôle de chacun.

« Vous avez trop bien apprécié le mobile qui dirige ma conduite, la pensée qui m'inspire, pour que je ne considère pas comme inutile de vous faire une nouvelle profession de foi ; mais laissez-moi vous dire que je m'estimerai heureux et fier de marcher, au jour de la lutte armée et décisive, à côté de l'héroïque défenseur de Comorn, sous les drapeaux de nos pères.

« En attendant, faisons faisceau de nos forces, de nos relations, de nos influences, créons les moyens, ne soyons qu'un, et bientôt, il nous sera possible de faire entendre à nos frères de l'intérieur le dernier mot d'ordre de l'insurrection : le cri de la délivrance.

« Je suis heureux, Monsieur et honoré Général, de vous renouveler l'expression de mes sympathiques sentiments et de ma haute considération.

« AUGUSTE DE HONGRIE,

« Prince de Crouy Chanel.

« *Turin, 27 mars 1862.* »

La lettre du Général Klapka fut pour le Prince de Crouy, une occasion de dire son but et de poser ses véritables prétentions. Il ne la négligea pas.

Sa personnalité grandissait par la publicité que ses adversaires, disons mieux, ses ennemis donnaient à chacune de ses paroles, à chacun de ses actes. Lui cependant se tenait dans la plus grande réserve. Toutefois, Garibaldi étant venu à Turin, le Prince eut avec lui deux entrevues sérieuses, à la suite desquelles, Garibaldi a dû se croire autorisé à faire, dans un moment opportun, appel aux fils d'Arpad et aux hommes d'action de l'émigration hongroise, dont l'organe accrédité parlait en ces termes du Prince : « *Le Prince de Crouy sera mille fois le bienvenu au milieu des Hongrois qui n'hésiteront pas à tenter le sort des combats.* »

C'est à la suite de ces entrevues que, le 12 mai 1862, il adressait au Général Klapka la lettre et la déclaration suivante :

« *A Monsieur le Général* GEORGES KLAPKA, *à Londres.*

« Très-honorable Général,

« Votre vie ayant toujours été une preuve incessante d'un noble et courageux dévouement à la patrie, j'ai l'intime conviction que vous lui en donnerez une nouvelle et grande preuve en acceptant les fonctions de généralissime que vous décernent, *sur ma proposition*, non-seulement vos braves compagnons d'armes, mais encore l'immense majorité de vos concitoyens ; tous comprennent que l'épée du commandement, mise dans une main forte et dévouée, peut seule briser les dures chaînes du despote étranger, et que vous seul avez droit, par votre génie patriotique et militaire, à notre haute et entière confiance.

« Certes, pour accomplir la sainte mission de délivrer la patrie, nous avons de périlleux obstacles à surmonter, de redoutables ennemis à vaincre ; mais les difficultés ne peuvent qu'encourager et non effrayer l'héroïque défenseur de Comorn, dont le commandement suprême étant l'expression vraie d'une imposante majorité nationale, toute jalouse rivalité restera impuissante pour entraver sa marche triomphale vers le but glorieux de la délivrance.

« Prouvons tous, mon cher Général, un égal dévouement absolu à la sainte cause des nationalités ; ayons tous une aussi loyale abnégation, et, croyez-en ma vieille expérience, toutes vos prévisions d'indépendance et de liberté s'accompliront, et avec vous et par vous. Le vieux fils d'Arpad aura la consolation de mourir sur le sol de notre patrie libérée.

« Acceptez donc avec confiance la sainte mission qui vous appelle à être le sauveur de cette patrie si justement chère à tous les cœurs hongrois, et veuillez agréer, très honorable Général, la nouvelle et sincère assurance de mes sentiments dévoués et affectueux et de ma plus haute considération.

« AUGUSTE ARPAD DE HONGRIE, Prince DE CROUY-CHA-NEL.

« *Turin, le 12 mai 1862.* »

« DÉCISION DE LA MAJORITÉ DE L'ÉMIGRATION HONGROISE DÉCERNANT LES FONCTIONS DE GÉNÉRALISSIME AU TRÈS-HONORABLE GÉNÉRAL GEORGES KLAPKA.

« Au nom de Dieu et de la patrie opprimée,
« La majorité de l'émigration hongroise,
« Sur la proposition du soussigné, AUGUSTE ARPAD DE HONGRIE, *Prince de Crouy-Chanel* ;
« CONSIDÉRANT que les droits d'un homme comme d'un peuple à la liberté et à l'indépendance sont imprescriptibles, d'après toutes les lois divines et humaines ; qu'ainsi il est non-seulement facultatif, mais que c'est même un devoir pour tout homme comme pour tout peuple de revendiquer, par tous les moyens en son pouvoir, son existence d'homme libre ou de peuple indépendant, surtout quand ils ont été traîtreusement et violemment dépouillés de cette liberté et de l'indépendance dont ils étaient en possession légale depuis plusieurs siècles ;

« CONSIDÉRANT que l'empereur d'Autriche se disant indûment roi de Hongrie, a forfait en cette dernière qualité à tous ses devoirs, en violant les institutions et les lois dont la juste et paternelle observation pouvait seule placer ou maintenir sur sa tête la couronne de saint Étienne, et qu'ainsi, par sa forfaiture, il a prononcé lui-même sa déchéance et délié tout citoyen, comme la nation entière, de tout serment de fidélité à sa personne ;

« CONSIDÉRANT que, sous la compression de l'état de siège et des actes arbitraires et sanguinaires d'un régime de terreur, les citoyens isolés, pas plus que la nation collective, entièrement dépouillés de leurs armes, ne peuvent dans ce moment manifester sur le sol de la patrie leur indignation et se soulever contre une si flagarante et si révoltante violation de tous leurs droits ;

« CONSIDÉRANT que si l'insurrection contre toute tyrannie sanguiraire et usurpatrice est le plus saint des devoirs pour tout peuple opprimé, l'insurrection est de plus, pour tout Hongrois, *un droit* qui fut légalement reconnu et proclamé dans la *bulle d'or*, par le roi André II, notre vénéré aïeul contre tous ceux de ses successeurs qui violeraient ce pacte fondamental des libertés nationales ;

« CONSIDÉRANT que si, en présence de la patrie opprimée, l'insurrection est à la fois un devoir, un droit pour tout Hongrois, ce devoir et ce droit appartiennent surtout au descendant légitime de ce roi qui a eu la gloire de les sanctionner ; à ce descendant qui les revendique *non comme un prétendant à sa couronne,* DONT LA NATION LIBRE EST SEULE DISPENSATRICE, mais *comme un soldat de plus de son émancipation ;*

« CONSIDÉRANT qu'avant d'en appeler à l'insurrection, les représentants de la nation ont inutilement cherché à réveiller dans le cœur du jeune despote le sentiment de ses devoirs; que la lettre que le soussigné lui a également écrite en date du 10 novembre 1861, lui rappelant ces mêmes devoirs et lui manifestant les siens, est restée sans réponse;

« Considérant que les braves descendants des compagnons de ses pères, au milieu desquels il est venu se placer, n'ont comme lui qu'une seule aspiration, l'amour de la patrie, de son indépendance et de sa liberté, mais que leur noble et héroïque dévouement s'irrite ou se décourage dans une funeste inaction, perpétuée, depuis douze ans, par le manque d'*unité* dans *la direction et l'action* de cette lutte suprême de l'indépendance contre le despotisme;

« Considérant que cette unité de direction et d'action ne peut s'obtenir et se constituer sérieusement et utilement que par la concentration du commandement en une seule main habile et forte, qui seule peut conduire à une prompte et heureuse solution la sainte guerre de l'indépendance nationale;

« Considérant que le très-honorable général Geoges Klapka, par son génie et courage militaire, par sa haute, active et intelligente probité et son caractère à la fois ferme et conciliant, rallie à lui toutes les sympathies patriotiques non-seulement de ses braves compagnons d'armes, mais encore celles de l'immense majorité de ses concitoyens;

« Par tous ces motifs, et voulant mettre un terme aux malheurs de la patrie.

« Sur la proposition du soussigné :

« La majorité de l'émigration hongroise, qui seule peut se prononcer aujourd'hui officiellement,

« Déclare, reconnaît et proclame,

« Ledit très-honorable général Georges Klaka, généralissime de toutes les forces nationales, avec pouvoir de nommer à tous les grades et fonctions, de rendre tout décret ou ordonnance, de signer et contracter tout engage-

ment au nom de la nation, de nommer et former tout comité de gouvernement, d'administration et d'armement,
ou de les dissoudre, suivant sa volonté; enfin, de faire
tous les actes quelconques que peut inspirer le génie patriotique d'un grand citoyen investi de l'autorité suprême,
pour accomplir le vœu universel de la DÉLIVRANCE en chas-
sant le despote étranger et en assurant à toujours le triomphe de la souveraineté nationale, représentée par la diète
librement élue, et ayant seule mission de constituer la nation
et son futur gouvernement.

« Fait et décidé par la majorité de l'émigration hongroise, dont les divers membres ont déposé ou envoyé leur
volonté ÉCRITE entre les mains du soussigné.

« AUGUSTE ARPAD DE HONGRIE.
« Prince DE CROUY-CHANEL.

« Turin, le 12 mai 1862. »

A la même époque le prince de Crouy-Chanel avait
fait parvenir une requête au cardinal Primat de Hongrie,
à l'effet de lui signaler le scandale résultant du dépôt dans
les vitrines du museum de Pesth, des restes du roi Bela III,
son ancêtre, dont le tombeau avait été découvert à Ferhœ,
et de lui demander pour ces vénérables reliques une sépul-
ture digne d'elles. La lettre du Prince, répandue à profusion
en Hongrie, produisit dans toutes les classes de la société
une émotion profonde.

« La police autrichienne prit l'alarme. L'empereur
François-Joseph ordonna la translation des restes du roi
Bela III, à la cathédrale de Bude, et le lieutenant de l'Empe-
reur pour la Hongrie fit paraître une circulaire qui mena-

çait de poursuites criminelles tout Hongrois qui correspondrait avec le prince de Crouy-Chanel.

De son côté, le baron Nyary mettait sous presse son travail sur les « *Droits des Arpad* » et le capitaine Kapolnay son résumé historique intitulé. Les « *Arpad vivent encore.* »

Pendant ce temps, le général Klapka restait indécis. Son patriotisme lui criait d'accepter l'offre des officiers.

Mais, d'un autre côté, il craignait que le commandement suprême qu'on lui décernait ne fût que fictif, et qu'en fin de compte il lui fallût céder devant la révolution.

Le 30 mai, il fit pourtant un effort, et il adressa à M. Louis Kossuth la lettre suivante :

A M. Louis Kossuth.

« Il y a quatre ans, la marche des évènements nous avait obligés de reprendre plus sérieusement l'œuvre de la délivrance de notre malheureuse patrie ; c'est alors que nous avons formé avec notre noble ami, le comte Ladislas Teleki, et sous sa présidence, le comité national hongrois.

« Nous avons servi la cause aussi bien que les circonstances et les moyens restreints dont nous disposions le permettaient.

« L'arrestation de Ladislas Teleki, sa malheureuse fin furent le premier coup que notre organisation à l'étranger eut à subir ; des trois membres, l'un avait cessé de vivre ; vous étiez à Londres, moi à Genève, retenu *par le soin d'intérêts privés.*

« Mon intention était alors de vous proposer, soit la reconstitution, soit la dissolution complète du Comité. Cédant aux instances de mes amis politiques, j'avais ajourné toute démarche dans ce sens. *Des circonstances impérieuses* ME FORCENT, aujourd'hui, A ME RETIRER ENTIÈREMENT.

« Ma santé a souffert considérablement dans ces derniers temps ; mes affaires particulières réclament une place plus grande dans mes préoccupations ; je ne pourrai donc plus, désormais, me vouer directement à nos intérêts politiques que d'une manière très insuffisante.

« Assurément, *mes vœux les plus sincères suivront religieusement ceux dont le temps, les efforts et l'activité* seront consacrés au triomphe de notre cause, mais je ne saurais y engager plus longtemps *ma responsabilité*, je ne puis pas y attacher plus longtemps *mon nom*. Je me retire donc en renonçant désormais *à toute intervention dans la direction des affaires de l'émigration hongroise ;* si je dois rentrer un jour dans la *politique militante,* ce ne sera que *sur un appel du pays.*

« Après quelques années de travail non interrompu *pour le bien de ma malheureuse patrie,* je rentre *dans la vie privée,* emportant avec moi la conviction intime que j'ai consciencieusement rempli *mes devoirs.* Il me reste encore l'espoir que ma retraite ne préjudiciera en rien à notre cause, et que, *sans mon concours* aussi, pourront *briller sur mon pays,* dans un avenir prochain, les premiers rayons de *la liberté reconquise.* Que jusque-là la concorde unise étroitement tous les éléments patriotiques à l'étranger : garder pur et sans tache l'honneur du nom hongrois, c'est le premier des devoirs, et je sais qu'aucun de mes compatriotes n'y faillira.

« Agréez, etc. »

« G. Klapka. »

« Londres, le 30 mai 1862. »

Ce n'est que sept jours plus tard que le général Klapka donna copie de ce document au prince de Crouy, par lettre chargée.

Copie de la lettre de M. le général Georges Klapka à M. le prince de Crouy-Chanel.

Monsieur le Prince,

« J'ai reçu votre lettre du 12 mai, comme aussi la déclaration de plusieurs de nos compatriotes exilés, me proposant la direction exclusive des affaires de l'émigration hongroise.

« Permettez-moi, monsieur le Prince, de vous soumettre en retour, une copie de la lettre que je viens d'adresser à monsieur Kossuth ; vous verrez, que loin d'accepter les propositions qu'on me fait, je ne saurais pas même consentir à les discuter.

» Je suis touché de cette nouvelle preuve de confiance que me donnent mes compagnons d'exil, mais d'autre part je suis profondément affligé en voyant, au milieu du nos malheurs et de nos épreuves, des patriotes qui, méconnaissant nos véritables intérêts, les compromettent en provoquant parmi nous la *discorde* et la *division*.

• Je profite de cette occasion, monsieur le Prince, pour vous rappeler les paroles que j'ai eu l'honneur de vous adresser le 28 mars, et la réponse qui les a suivies.

« Nous ne reconnaissons que la volonté de la nation.
« Toutes nos pensées comme tous nos efforts n'ont qu'un
« but : c'est de rendre la nation à elle-même, et de la met-
• tre à même de disposer librement de sa destinée.

« Que le prince de Crouy-Chanel réunisse ses amis en
« France pour conquérir de nouvelles sympathies à la Hon-
« grie ; qu'il vienne se ranger au moment décisif sous notre
« drapeau, nous saurons apprécier ses sentiments généreux.

« Mais dans le cas où sa présence pourrait susciter quel-
« que embarras pour l'accomplissement de notre mis-
« sion, nons ferons appel à sa loyauté, et nous sommes
« convaincus que cet appel sera entendu. »

« Le jour suivant paraissait votre réponse qui contenait .

« *Vous avez trop bien apprécié le mobile qui dirige ma con-
« duite, la pensée qui m'inspire, etc., etc.* »

« Le moment me paraît venu, pour moi, de vous renouveler cet appel ; pour vous, de remplir votre promesse.
Car, malgré vos protestations incessantes, on vous attribue
des prétentions qui ne sauraient trouver place dans notre
programme.

« Veuillez agréer, monsieur le Prince, l'assurance de
ma considération la plus distinguée, avec laquelle j'ai l'honneur d'être,

« Votre très-dévoué, »

« GEORGES KLAPKA. »

Cette lettre donna lieu à la réponse suivante :

Réponse de M. le Prince Crouy-Chanel.

Monsieur et honorable Général,

« Votre lettre datée de Londres, 30 mai, et mise chargée
à la poste de Paris, le 6 juin, m'accuse réception de la
mienne du 12 mai, datée de Turin, que j'ai eu l'honneur
de vous remettre *personnellement* ici, ainsi que la déclaration motivée de vos compagnons d'armes, qui vous délè-
guent, SUR MA PROPOSITION, et au nom de la patrie opprimée, l'autorité du commandement supérieur.

« Au lieu d'accepter ce commandement (*ainsi que je croyais pouvoir l'espérer d'après nos conversations*), vous m'envoyez copie de la lettre que vous écrivez à M. Louis Kossuth, lettre dans laquelle vous lui faites connaître les motifs qui vous déterminent à vous retirer du comité hongrois, que vous aviez constitué avec lui et le malheureux comte Teléki, qui fut aussi mon ami.

« En vous retirant du comité, vous croyez devoir me rappeler les expressions de votre lettre du 28 mars dernier, et votre appel à ma loyauté, et aussi les expressions de ma réponse en date du lendemain 29 mars, et vous terminez votre nouvelle lettre en me disant : « Le moment me « paraît venu, pour moi, de renouveler cet appel ; pour « vous, de remplir votre promesse ; car, malgré vos *pro-* « *testations incessantes*, on vous attribue des *prétentions qui* « *ne sauraient trouver place dans notre programme.* »

« En même temps, je trouve dans votre lettre à M. Kossuth ces phrases : « Je rentre dans la *vie privée*, emportant « avec moi la conviction que j'ai consciencieusement rempli « mes devoirs, et il me reste encore l'espoir que ma re- « traite ne préjudiciera en rien à notre cause, et que sans « *mon concours* aussi pourront briller sur mon pays, dans « un avenir prochain, les premiers rayons de la liberté « reconquise ... » Enfin, vous lui dites aussi : « Si je dois « rentrer un jour dans la *politique militante*, ce ne sera que « sur un appel du pays, etc. »

« Actuellement, voici ma réponse.

« Si vous aviez accepté la délégation du commandement supérieur, que je vous offrais au nom de vos compagnons d'exil, je vous réitère ici l'assurance formelle que je vous eusse obéi en tout point, sans *mot dire*, car je ne me considère (vous commandant) que comme un *soldat de plus de l'émancipation*, et non comme un prétendant à la couronne de saint Etienne (voir le cinquième considérant de la délibération motivée entre vos mains). Mais puisque vous rentrez dans la *vie privée*, ainsi que vous le déclarez dans une lettre à M. Kossuth, je crois que vous n'avez plus une *volonté politique* à émettre, l'abdication de votre personnalité politique vous faisant, ce me semble, perdre tout droit de faire un appel à ma personnalité, à ma loyauté politique; comme aussi en cessant, de votre propre autorité, d'être l'expression d'un programme, vous ne pouvez, je pense, conserver le droit de me dire : « Vos prétentions ne sauraient trouver place dans notre programme. »

« Mais d'homme à homme, de gentilhomme à gentilhomme, vous me trouverez toujours disposé à répondre franchement, loyalement, sans détours, à tout appel à ma loyauté; ainsi pour toute réponse à ces paroles de votre lettre : « Malgré vos protestations incessantes on vous at-« tribue des prétentions, etc. » je vous remets ci-joint copie d'une lettre que m'a fait l'honneur de m'écrire M. Emile de Girardin et ma réponse à cette lettre. Cette réponse vous prouvera que *mes prétentions sur ma patrie originelle* ne sont autres que les vôtres : c'est de faire briller sur elle dans un *avenir prochain les premiers rayons de la liberté reconquise;* j'ajoute de plus, et avec conviction, que c'est avec la continuité de votre *patriotique concours* et non *sans votre concours*, comme vous le dites avec une trop juste tristeste, que brilleront sur la patrie ces *premiers rayons de la liberté reconquise;* — c'est vous-même qui, sous l'empire de vos nobles sentiments, en prenez le formel engagement, en déclarant que vous rentrerez dans la *politique militante sur l'appel du pays;* — or, c'est la patrie en deuil et opprimée qui vous convie à vous placer à la tête de ses libérateurs; car lorsque la patrie est sous le joug d'un odieux despotisme, où est cette patrie qui constitue le pays, sinon dans les quelques hommes d'énergie et de courage qui sont sur un terrain où ils peuvent manifester leur volonté et organiser leur action patriotique !

« Où était la partrie pour tout Suisse, pendant que le pays était sous l'oppression de l'étranger, sinon dans la personne de Guillaume Tell et de ses quelques braves compagnons, qui surent donner un corps à l'insurrection et chasser les oppresseurs ?

« Où était la patrie pour tout Espagnol pendant que les Maures opprimaient le pays, sinon au milieu de ces quelques preux, soldats réfugiés dans les montagnes des Asturies, qui obtinrent par de nombreux et héroïques combats l'entière libération de la terre natale ?

« Eh bien ! Général, aujourd'hui, la patrie hongroise enchainée, bâillonnée par l'étranger, réduite à l'impuissance, attend le signal de sa délivrance de quelques milliers de braves, hommes d'intelligence et de cœur, proscrits forcés ou volontaires, qui ont foi, comme vous et moi, dans un prochain avenir d'indépendance et de liberté.

« Repoussez donc vos tristes pensées de retraite, sachez mépriser *certaines jalousies* et surmonter *certaines déceptions*, quelque amères qu'elles soient pour votre cœur si noble et si loyal, et soyez, jusqu'à la délivrance de la patrie, le généralissime de tous vos braves compagnons, qui vous acclament en vous redisant ces paroles de nos dernières conversations : « Que l'héroïque défenseur de Comorn « doit mourir avec nous sur la brèche, ou ne rentrer dans « la vie privée qu'après la victoire. »

« J'attends donc avec confiance de vous une nouvelle et décisive réponse.

« Quant à moi, Général, je suis venu me placer sous le drapeau de nos pères avec la ferme volonté de mourir à côté de ce drapeau, et à côté de vous si vous le prenez en

main, mais aussi avec l'espérance de contribuer à sa victoire par mes incessants et énergiques efforts, et de mourir sur le sol de ma patrie originelle et libre.

« Tel est le dernier mot du vieux fils d'Arpad, qui vous
prie, Monsieur et honorable Général, d'agréer la nouvelle
et sincère expression de ses sentiments dévoués et affectueux et de sa très-haute considération.

Prince DE CROUY-CHANEL.

Londres, le 14 juin 1862.

« *P. S.* J'ai eu la visite de M. Horn, qui est parti de
Paris pour Londres, le même jour que vous en partiez pour
Genève. Nous avons longuement causé..... et après avoir
lu sa lettre à M. Kossuth, du 31 mai, on comprend toute
la vôtre datée de la veille et adressée au même M. Kossuth, et surtout on comprend la portée de ces paroles :
« Je ne saurais y engager plus longtemps ma responsabi-
« lité, etc. » Votre volonté d'abstention n'était donc que
trop juste, vous ne pouviez accepter la responsabilité d'actes..... auxquels vous n'aviez pas participé..... Ah ! si vous
aviez accepté *l'autorité unique,* vous ne craindriez plus,
Général, d'attacher *votre nom* aux grands actes de délivrance
de la patrie, actes qui émaneraient de vos généreuses ins-
pirations... c'est du moins l'intime conviction d'un homme
franchement patriote et d'un vieillard ami qui attend votre
réponse. »

Le Prince de Crouy crut devoir communication de ces
diverses pièces aux signataires de la déclaration, il les fit
autographier et les leur adressa avec la lettre qui suit.

*A Messieurs les généraux, colonels, officiers et autres membres
de l'émigration hongroise, qui ont offert, sur ma proposition,
le commandement supérieur à M. le général Georges Klapka.*

« Messieurs et chers compatriotes,

« Dans le but de hâter la délivrance de la patrie, nous
avions cru devoir offrir l'autorité et la dignité de généralissime au très-honorable général Georges Klapha ; je crois
donc de mon devoir de vous envoyer la copie de sa lettre
en réponse à cette marque de haute confiance, et aussi de
vous remettre ci joint la copie de ma réponse à cette
lettre.

« Cette réponse disant hautement mes *prétentions*, j'ose
croire que tout patriote hongrois les admettra dans son
programme; mais j'ai pensé que c'était à vous, et non à
moi à répondre à la phrase suivante de sa lettre, qui me
dit : « Je suis profondément affligé en voyant, au milieu
« de nos malheurs et de nos épreuves, des patriotes qui,
« méconnaissant nos véritables intérêts, les compromet-
« tent en provoquant parmi nous la *discorde* et la *division*. »

« Sans doute, ce n'est point à vous que l'honorable
général a voulu faire allusion en parlant de *discorde* et de
division ; à vous qui, depuis douze ans, supportez avec une
si admirable et si énergique résignation les *malheurs* et les
épreuves de l'exil ; à vous, qui attendez toujours dans un
morne et douloureux silence le signal du combat depuis
si longtemps promis à votre bouillant courage.

« Mais, quels que soient ceux auxquels s'adresse ce
reproche, mérité ou non ; quels que soient ceux qui *compromettent* les *véritables intérêts* du pays et *provoquent la dis-*

corde et la division, par des paroles, des actes ou des écrits, qui blessent soit les justes susceptibilités personnelles, soit surtout l'honneur et la dignité nationale, je n'en suis pas moins persuadé que l'honorable général doit surtout être *profondément affligé* que sa correspondance, livrée à la publicité, sans doute involontairement, soit devenue un sujet de joie pour les ennemis de la Hongrie et un sujet d'amère tristesse pour ses amis.

« Au reste, si M. le général Klapka croit devoir persister dans sa volonté de rentrer dans *la vie privée*, c'est à vous à manifester la *vôtre* sur les conséquences de son refus d'accepter l'autorité supérieure, comme aussi c'est à vous à exprimer votre sentiment sur sa démission de membre du Comité hongrois.

« Mais, dans tous les cas, sachons fouler aux pieds tous nos griefs personnels ; faisons tous l'abnégation patriotique de nous-mêmes, en formant un fraternel faisceau de tous les courages et de toutes les intelligences pour combattre et vaincre le despote étranger, et bientôt *la nation sera en mesure de disposer librement de ses destinées.* Enfin, soyez assurés que vous trouverez toujours en moi un fidèle écho de vos sentiments patriotiques, et que je serai heureux et fier de contribuer avec vous à rendre à ma patrie originelle, non seulement son indépendance et sa liberté, mais aussi sa haute prépondérance sociale.

« Ce juste et grand but de toutes nos opérations sera atteint, parce que la cause de la liberté des hommes et de l'indépendance des peuples est la plus sainte des causes, dont Dieu lui-même a voulu être le divin martyr, pour en assurer la jouissance à l'humanité entière. Ainsi donc, si Dieu nous destine à être de nouveaux martyrs de cette sainte cause, nous mourrons du moins avec la certitude d'avoir coopéré à son triomphe.

« Si vous partagez, comme je n'en doute pas, cette foi profonde en la protection divine et en votre courage personnel et national, soyez assurés que la Hongrie redeviendra bientôt ce qu'elle fut jadis, une grande nation libre, un peuple-roi.

« C'est avec ces pensées d'espérance, Messieurs et chers compatriotes, que je vous prie d'agréer la nouvelle assurance de ma très-haute considération et de mon sincère et affectueux dévouement.

> « AUGUSTE ARPAD DE HONGRIE,
> Prince de CROUY-CHANEL. »

> « Londres, le 18 juin 1862. »

De son côté, le général Klapka avait fait autographier sa lettre à M. Kossuth. Elle était livrée à la publicité ; l'*Alleanza* la reproduisit suivie d'observations qui motivèrent de la part des principaux officiers de l'émigration une réplique en ces termes :

A Monsieur le rédacteur en chef du journal les NATIONALITÉS.

« Monsieur le rédacteur,

« Nous lisons dans l'*Alleanza* quelques lignes qui précèdent la publication de la lettre du général Klapka à M. Kossuth, *lettre sur laquelle nous aurons à nous expliquer plus tard.*

« Ces quelques lignes renfermant contre le vénérable représentant de la famille ARPAD des expressions outrageantes, je proteste, tant en mon nom qu'AU NOM DES PRINCIPAUX OFFICIERS DE L'ÉMIGRATION, contre un pareil oubli de tout sentiment patriotique envers l'homme que nous som-

mes heureux de voir s'associer à nos efforts pour reconquérir l'indépendance de la Hongrie.

« Veuillez, je vous prie, nous prêter les colonnes de
votre journal pour rendre cette protestation publique. »

« HUMER KUPA, »

« *Ancien colonel de 1849 de l'armée hongroise.* »

« Turin, le 18 juin 1862. »

Un mois après Garibaldi qui cherchait toutes les occasions de susciter des ennemis à l'Autriche, pour favoriser
l'affranchissement complet de sa patrie de la domination
de la maison de Habsbourg, qui d'ailleurs avait eu à plusieurs reprises des entrevues soit avec le Prince de Crouy,
soit avec les chefs de l'émigration hongroise, adressait aux
vaillants chefs et défenseurs de la nationalité hongroise,
la proclamation suivante :

HONGROIS !

Que fait la Hongrie ?

Cette noble nation, que déjà le victorieux Ottoman a vu
se lever soudain toute armée pour défendre la civilisation
de l'Europe ; cette nation, devant laquelle se sont courbés
suppliants les superbes empereurs d'Habsbourg, demandant
aide et miséricorde, dort donc et pour toujours !

FRÈRES HONGROIS ! la révolution est à vos frontières.
Aiguisez votre regard, et sur les murs de Belgrade vous
verrez flotter le drapeau de la liberté ; prêtez attentive-
ment l'oreille, et vous entendrez les fusillades des Serbes
qui, tous debout et armés pour la défense de leurs droits,
combattent franchement un despotisme abhorré.

Et vous, que faites-vous ? Vous, peuple fort, qui n'avez pas le malheur qu'a subi un temps l'Italie d'être partagée entre sept tyrans ; vous, peuple de guerriers, qu'attendez-vous aujourd'hui ? Avez-vous donc brisé vos épées ? Avez-vous oublié vos martyrs, renié vos serments de vengeance ?

Ou vous fieriez-vous aux promesses artificieuses de vos oppresseurs ? Ajouteriez-vous foi à ceux qui vous conseillent d'accepter les offres insidieuses de l'Autriche, qui paraît aujourd'hui disposée à vous accorder vos droits, mais qui se prépare déjà à vous trahir et à vous reprendre par la force ou par la fraude ce qu'elle vous donne à contre-cœur ? Pourriez-vous compter sur la bonne foi et la loyauté d'un gouvernement voleur et traître, qui, après le désastre de Vilagos, dépouilla une nation entière de ses richesses ? Ou écouteriez-vous qui, moins impudent, mais également coupable, vous berce du fol espoir d'accomplir votre affranchissement par les expédients de la légalité, désormais démontrés insuffisants pour racheter les peuples ; ou, pis encore, qui vous exhorte à attendre des secours étrangers.

Vous aussi, un dépotisme féroce vous opprime ; vous aussi, vous avez l'Autriche qui, comme un rocher sur le cœur, vous coupe la respiration ; l'Autriche dont vous avez plus d'une fois sauvé l'Empire, l'Autriche qui, pour vous récompenser de lui avoir prêté plus d'une fois le bouclier de vos puisantes poitrines, a violé vos lois, anéanti vos statuts, tenté d'abolir votre langue, peuplé des meilleurs citoyens les terres de l'exil, rempli d'échafauds toutes vos villes. Vous manquerai-il la foi en vous-mêmes, en vos forces, en votre valeur ? Mais n'oubliez pas qu'en 1848 vous n'aviez qu'à poursuivre hardiment votre route triom-phante jusqu'à Vienne, pour briser à jamais le trône ensan-glanté des Habsbourg. — Aujourd'hui les temps sont plus propices ; aujourd'hui la Russie n'étendra pas une main secourable à l'Autriche pour annihiler vos efforts ; elle a été payée par trop d'ingratitude ; et la Prusse, l'ancienne rivale de l'Empire, ne la défendra pas non plus contre vos attaques.

Malheur à la Hongrie ! — Malheur à tous les peuples opprimés — si vous obéissiez à tous ces conseils fallacieux et lâches, si vous croyiez possible entre vous et l'Autriche tout autre pacte que la haine et la guerre.

Oh ! ne laissez pas, frères, échapper une occasion propice. Les Serbes combattent pour la liberté, pour l'émancipation de toute une race opprimée et avilie. — Et vous aussi, vous avez besoin de liberté ; vous aussi, opprimés, avilis, vous avez le droit, plus que le droit, le devoir de remonter au rang que vous ont mérité vos gloires, vos vertus, et les services que vous avez rendus à la civilisation. Les Serbes et les Monténégrins combattent contre le despotisme.

Courage ! vous êtes forts, pourvu que vous sachiez oser. N'écoutez pas ceux qui vous conseillent la patience de la servitude ignominieuse ; mais écoutez la voix de votre conscience, qui vous crie : « Levez-vous ! » Imitez la Servie et le Monténégro ; imitez ceux qui sont prêts à rallumer sur d'autres points de l'Europe le feu de la révolution.

L'Italie qui vous aime comme des frères, qui a juré de vous payer le prix du sang que vos braves ont répandu pour elle sur vingt champs de bataille ; l'Italie, qui, reconnaissante, honore et bénit la sainte mémoire de Tückery, mort pour elle, vous appelle à participer à ses nouvelles batailles et à ses nouvelles victoires contre le despotisme ; elle vous y convie au nom de la sainte fraternité des peuples, au nom du salut commun.

Fils d'Arpad, voudriez-vous trahir vos frères ? Voudriez-vous manquer au rendez-vous des nations, lorsqu'elles se rangeront en bataille contre le despotisme ? Certes, la liberté abandonnée par vous courrait un grave danger ; mais aussi votre renommée serait à jamais perdue. — Les martyrs d'Arad vous maudiraient comme des fils dégénérés.

« Oh ! je vous connais ! je ne doute pas de vous. La Hongrie, trop longtemps trompée par de perfides amis, s'éveillera au cri de liberté qui, aujourd'hui, lui arrive de l'autre côté du Danube et demain lui arrivera de l'Italie. Et lorsque l'heure solennelle des peuples sonnera, je vous rencontrerai, j'en suis sûr, invincibles phalanges sur les champs où aura lieu le duel à mort entre la liberté et la tyrannie, la barbarie et la civilisation. »

« Palerme, 26 juillet 1862. »

« *Votre frère sincère,* »

« G. GARIBALDI. »

GARIBALDI a-t-il agi de son propre mouvement, a-t-il été incité par cette noble pensée que tous les peuples qui veulent reconquérir leur autonomie, leur nationalité, doivent être solidaires ? ou bien n'a-t-il fait, dans cette proclamation, que résumer la véritable situation d'une grande majorité des membres de l'émigration hongroise ? Telles ont été les questions que chacun a dû s'adresser à la lecture de cet appel du hardi révolutionnaire à l'élément actif de l'émigration hongroise.

Les hommes vraiment intelligents, les hommes politiques acceptaient la troisième hypothèse comme absolue, lorsque les journaux, organes de la révolution bourgeoise, de la bourgeoisie à peu près satisfaite, des hommes du *statu quo*, ont reproduit sur tous les points de l'Europe la lettre suivante du général Georges Klapka, le valeureux défenseur de Comorn.

« Général,

« Vous venez d'adresser un appel aux armes à la Hongrie. Votre voix aurait pu trouver de l'écho parmi mes concitoyens, si vous aviez poussé ce cri de guerre à la tête de vos volontaires unis aux troupes royales, pour marcher d'un commun accord contre la dynastie des Habsbourg. Aujourd'hui, elle ne saurait être écoutée, car ce n'est plus la voix de l'Italie, mais celle d'un homme qui travaille à détruire sa propre gloire, et qui compromet son nom et sa fortune dans les tristes hasards de la guerre civile.

« Pour pousser les Hongrois à l'insurrection, vous leur citez l'exemple des Serbes, des Grecs et des Monténégrins. Cet exemple est, en effet, une leçon pour la Hongrie ; mais il lui dit d'attendre un moment plus propice, si elle ne veut pas s'exposer aux mêmes mécomptes et aux mêmes désastres. Les Serbes, les Grecs, les Monténégrins ont cru devoir répondre à un appel comme celui que vous nous adressez. Ils devaient être appuyés dans leur mouvement ; je crois même qu'ils vous attendaient.

« Quelle belle occasion vous avez manqué de continuer ce rôle de libérateur que vous avez commencé avec tant d'éclat ! Le sort de tous ces peuples ne nous réconcilie pas avec l'oppression, mais nous engage à ménager nos forces pour des circonstances plus favorables. Cette prudence toute patriotique vous déplaît et vous nous parlez de nos devoirs. C'est nous donner le droit de vous rappeler les vôtres. Ne les avez-vous pas méconnus, Général, en vous séparant, comme vous l'avez fait, des pouvoirs légaux consacrés par le vote du peuple et en levant contre eux le drapeau de la révolte ?

« Arrêtez-vous, il en est temps encore, dans cette voie

funeste. Cessez de travailler pour l'Autriche et pour toutes les réactions européennes, en voulant trop hâter l'affranchissement de l'Italie. Écartez loin d'elle toutes ces menaces de guerre civile, qui font l'effroi de tous les bons citoyens. Vous le devez à votre passé, vous le devez à votre nom, vous le devez aux espérances que vous avez fait naître chez les peuples qui souffrent et que vous ne pouvez tromper sans vous trahir vous-même.

« Quant à la Hongrie, elle veut, elle doit agir, et elle a montré déjà ce qu'elle sait faire. Mais pour tenter ce nouvel effort, tout en écoutant la voix de ses amis, elle prendra surtout conseil de sa conscience. Elle serait heureuse, le jour de la lutte, si elle pouvait donner la main à l'Italie unie avec elle contre l'Autriche. Dieu veuille que vous puissiez reprendre, ce jour-là, le rôle que votre heureuse fortune semblait vous réserver dans les événements contemporains. »

« Agréez, Général, etc.

« GEORGES KLAPKA. »

« Turin, 23 août 1862. »

On ne saurait dire quel étonnement cette lettre a jeté dans les rangs des hommes d'action. Klapka, se dressant de toute la hauteur de sa renommée, si justement acquise, pour se poser en obstacle, au moment où Garibaldi appelle ses coreligionnaires de Hongrie aux armes !

Que de conjectures ont été faites au sujet de cet appel aux armes, au sujet de cette lettre de Klapka !

Peu de peronnes ont pénétré dans le secret de ces deux initiatives, et cependant tout a été logique dans la conduite des deux illustres guerriers.

Laissez aux âmes vulgaires la petitesse de supposer que

Klapka a mieux aimé retarder le jour de la délivrance de sa patrie que de se placer sous les ordres de Garibaldi, que de le reconnaître pour *chef des insurrections* ; telle n'a pu être la pensée de ce noble soldat. Klapka a obéi à un sentiment politique, n'en doutons pas.

GARIBALDI est le chef, le héros armé de l'école révolutionnaire.

KLAPKA est une des plus grandes illustrations de l'école formaliste.

Nous terminerons ce qui est relatif à l'incident Klapka, en rapportant le manifeste qui avait été adressé au peuple hongrois et dont avaient pris connaissance les chefs de l'émigration hongroise avant de signer la délégation de pouvoir, que le général Klapka a gardé dix-huit jours dans ses mains avant de prendre une décision.

MANIFESTE A LA NATION HONGROISE

Fils de la Hongrie !

Un régime de terreur et de sang a mis le comble à l'ingratitude et aux iniquités de la maison d'Autriche.

Les larmes de ses nombreuses victimes, les respectueuses remontrances de la nation et de ses représentants n'ont pas trouvé d'écho dans le cœur du jeune chef de cette dynastie déloyale et despotique qui, par la mort er la proscription, couvre de deuil cette Hongrie jadis si libre et si glorieuse.

Dès ce jour l'insurrection est, de droit national, le plus impérieux, le plus saint des devoirs.

La bulle d'Or d'André II, que tous les rois de Hongrie, à leur avénement doivent jurer de respecter, proclame ce *droit sacré de l'insurrection* contre le roi qui, au lieu d'être le père du peuple. en est l'oppresseur.

Ce roi qui forfait ainsi à ses devoirs, à son serment et aux serments de ses devanciers, ou qui refuse de prêter ce serment est de droit déchu de la couronne ; citoyens et soldats sont déliés envers lui de toute fidélité et de tout engagement politique.

La nation redevient dispensatrice de la couronne de saint Étienne par l'organe libre de ses représentants à la diète.

C'est après avoir inutilement rappelé à ce jeune empereur, par la lettre ci-contre, ses devoirs envers la Hongrie, dont il se dit illégalement le souverain, que le vieillard descendant de vos anciens rois vient tenir son engagement de triompher avec vous de la tyrannie étrangère ou de mourir au milieu de vous pour l'indépendance et la liberté de la patrie.

Votre juste cause triomphera ;

Les chaînes de toutes les oppressions seront brisées ;

La funèbre intervention de 1848 ne se renouvellera plus.

La Russie, comme l'Europe, respectera votre courage et la justice de votre insurrection, qui est une protestation légitime par les armes contre la violation de vos droits et de vos lois, et non une révolution anarchique, comme le disent vos oppresseurs.

Aujoud'hui, plus d'humiliantes ou de fallacienses transactions avec l'étranger ; il faut le vaincre, le chasser.

La victoire seule vous rendra vos iustitutions séculaires et libérales, votre représentation nationale, la liberté du foyer domestique, la liberté de la parole et de la presse.

Au nom de Dieu et de la patrie, debout, fils de la Hongrie !

Citoyens de tous les rangs, soldats de tous les grades, combattez tous comme un seul homme.

Que le tocsin, ce glas funèbre de toutes les tyrannies, retentisse à la fois dans vos cités et vos campagnes.

Que vos cris de liberté frappent de terreur vos ennemis.

Que tout, dans vos mains, se transforme en arme ; que vos faux et vos haches vous tiennent lieu de canons et de fusils.

Et l'étranger Empereur, qui a traîteusement violé votre constitution et vos lois, sera à toujours banni du sol national, avec ses sbires et ses bourreaux, et vous serez ce que furent nos pères : une grande nation libre... *un peuple-roi !*

(*Les chefs de l'insurrection nationale et légale de la Hongrie*).

Garibaldi connaissait-il ce manifeste ? Non, dans sa rédaction ; oui, dans son esprit.

Connaissait-il la détermination des officiers signataires des pouvoirs délégués au général Klapka *sur la proposition du chef d'armes des descendants d'Arpad* ? — Oui.

A-t-il connu la déclaration faite le 30 mai, par le général Klapka, qu'il renonçait *à toute intervention dans la direction des affaires de l'émigration hongroise* ? — Oui.

Dès lors, qu'y a-t-il de surprenant à ce qu'il adresse son appel simultanément aux hommes d'action de l'émigration hongroise et aux fils d'Arpad ?

La réponse à cette question ne saurait être douteuse.

Garibaldi voulait l'Italie, une ; à peine de recommencer la lutte armée contre l'Autriche, Victor-Emmanuel dut employer la force pour modérer son impatience ; la défaite de Garibaldi à Aspromonte retentit douloureusement dans le cœur de tous les patriotes hongrois, et les força d'ajourner les espérances qu'avait fait naître la prise d'armes du grand patriote italien. Le prince de Crouy Chanel qui vivait en parfaite communion d'idées avec tous les émigrés hongrois dut renoncer, momentanément, au noble désir qu'il avait conçu de verser son sang pour l'émancipation de sa patrie originelle.

Il continua néanmoins à résider en Italie, pour rester en communication permanente avec les chefs de l'émigration, et, c'est pour porter à la maison d'Autriche un coup d'autant plus funeste, qu'il s'appuyait sur la légalité, qu'il se décida à revendiquer le titre de marquis d'Este, porté par l'ancien duc régnant de Modène, François V, archiduc d'Autriche. Voici au sujet de cette question, un article que nous extrayons de la Gazette officielle du Royaume d'Italie, et dont l'auteur, le baron Albert Nyary, s'est fait un nom justement apprécié du monde savant, par ses recherches et ses publications historiques.

« Il est vraiment étrange de voir les Princes dépossédés d'Italie, avancer des prétentions contre les droits de la nation et se nourrir de songes creux de restauration. Parmi ces Princes, nous citerons plus particulièrement François V, ancien duc de Modène, qui pense avoir des droits souverains sur le pays d'Este, tandis que ces droits étaient illégitimes, même suivant les principes féodaux, ce qui résulte des preuves historiques et généalogiques suivantes :

En effet : 1° Le contrat de mariage entre André II, de la famille des Arpad, roi de Hongrie et Béatrix d'Este, fille du Prince Marquis Audebrand, et la cérémonie matrimoniale, ont été signés et accomplis, à Alba-Royale (*Székes Féjervar ou Stulhlweissembourg*) le 14 mai 1234.

2° En 1235, naquit de ce mariage le prince Étienne, surnommé Postumus.

Il a été élevé à la cour de son oncle, Azzo VII, à Ferrare.

3° La famille d'Este se composait alors de cinq personnes, savoir :

1° Le marquis règnant, Azzo VII ;

2° Sa fille Béatrix-la-Bienheureuse ;

3° Son fils Renaud ;

4° La Sainte Religieuse Béatrix ;

5° Le prince Étienne, fils de la reine Béatrix, fille d'Audebrand, et femme d'André II, roi de Hongrie, décédée en 1245.

Constance, la deuxième fille du marquis Azzo VII, n'était pas encore née ; suivant les lois féodales, cette Constance ne pouvait pas se prévaloir de droits meilleurs que ceux d'Étienne, parce que la préférence appartenait à Béatrix, fille d'Audebrand, et parce que Constance était encore enfant, lorsque mourut Azzo VII, et comme femme enfant ne pouvait pas remplir les devoirs féodaux. Elle a eu deux maris, et ni elle ni ses descendants n'ont jamais prétendu à aucun droit de souveraineté, et ne se sont jamais fait appeler d'Este.

4° Renaud mourut en 1251 ; sa sœur Béatrix prit le voile en 1270.

En conséquence, à l'exception d'Azzo VII, marquis règnant, il ne restait plus, à cette époque, qu'un seul descendant légitime, apte et propre à être l'héritier des marquis d'Este, c'est-à-dire, le prince Hongrois Étienne, qui, afin de ne pas laisser périmer ses droits, prit le titre de marquis d'Este. Il en avait tous les droits, notamment, après que l'Empereur Frédéric I eut, en 1160, décidé pour la succession du titre, au moyen d'une investiture féodale, que la ligne mâle venant à manquer, les droits passeraient aux femmes.

5° Pourtant, malgré et contre ces droits, Azzo VII, marquis règnant, fit légitimer par le pape Innocent IV, Obizzo II, fils bâtard de son fils Renaud, décédé ; ce pape l'ayant ensuite marié à une de ses parentes.

Le marquis alla jusqu'au bout dans la voie de l'illégitimité. Ayant, de sa propre autorité, supprimé la succession légitime fondamentale, il nomme par testament du 14 février 1264, pour son héritier, le bâtard Obizzo, fait mettre en prison toutes les autorités du pays, et fait reconnaître, par ses créatures, le même Obizzo pour son successeur.

Le diplôme de cette succession, extorquée par la violence et par la terreur, a été publié le 16 février de la même année, avec un grand appareil de mercenaires armés.

6° Le prince Étienne qui était généralement aimé dans le pays, dépouillé iniquement de ses droits légaux, a protesté, en fait, en opposant la force à la force, mais il a dû émigrer et se réfugier à Venise.

Néanmoins, réservant ses droits pour l'avenir, il continua à s'appeler, en outre de son nom de Crouy et de son titre de duc de Sclavonie, *marquis d'Este*. Ce dernier titre a toujours été porté par son fils André, de sorte que de ces documents authentiques, il résulte qu'André III, roi de Hongrie, a été reconnu comme marquis d'Este, même par les puissances étrangères, et notamment par les princes de l'Empire Germanique et par les Habsbourg.

Il est donc prouvé, par toutes ces citations que l'héritage des marquis d'Este appartient aux Crouy Chanel, arrière-petits-neveux des Arpad et que, par généalogie, en vertu du diplôme d'investiture de 1160, qui est la loi fondamentale de la succession de la maison d'Este, les Crouy Chanel ont les plus proches droits aux possessions Estiennes.

Que l'avènement d'Obizzo II, celui-ci étant bâtard, a été suivant toutes les lois de succession souveraine, et notamment, suivant les *droits féodaux fondamentaux des Este* évidemment nul.

Que le pape Innocent IV n'avait pas le moindre droit de mettre un bâtard, à la place de l'héritier légitime, en possession du pouvoir temporel et souverain, car les lois *canoniques* et celles du *Sacré Empire Romain* s'y opposaient.

Que la légitimation et l'avènement au trône d'Obizzo II, a été un cas de félonie, et que, par conséquent, la maison d'Arpad Este a été dans la personne du prince Étienne, dépouillée de ses droits légitimes, par la violence de la tyrannie, contre la volonté du peuple ; et puisque les Habsbourg — Lotherings-Este — ne pouvaient avoir d'autres droits que ceux qui découlaient de la même source impure, sur laquelle ils se greffèrent, par suite de l'extinction de la ligne agnatique de la pseudo-maison d'Este, arrivée le 14 octobre 1804, à la mort d'Hercule III ; il en résulte que la succession de celui-ci est passée illégalement à l'archiduc Autrichien Ferdinand, mari de Béatrix d'Este.

Baron ALBERT NYARY.

Le 12 octobre 1863, le Prince de Crouy-Chanel assignait au tribunal d'arrondissement de Modène, François V d'Autriche, ex-duc de Modène, citoyen Italien, à l'effet d'entendre déclarer :

1º Que le demandeur, François-Claude-Auguste, Prince de Crouy-Chanel, est descendant en ligne directe et masculine de Félix Arpad de Crouy-Chanel, fils d'André III, petit-fils d'André II, roi de Hongrie et de Béatrix d'Este, fille d'Aldobrand d'Este ; le déclarer en même temps descendant d'Étienne le Posthume, Marquis d'Este, son fils, et du même André III, Marquis d'Este, son petit-fils.

2º Déclarer le dit François-Claude-Auguste de Crouy-Chanel en droit de porter le titre de Marquis d'Este, comme l'ont déjà porté ses ancêtres.

Le demandeur se réserve d'expliquer et d'ajouter dans le

cours de l'instance toutes autres demandes et conclusions qu'il pourrait juger nécessaire d'introduire.

Ce procès extraordinaire eut dans toute l'Europe un retentissement considérable. La Presse italienne s'en occupa, chacun de ses organes prenant parti pour l'un ou l'autre des adversaires en présence. Les avocats du Prince étaient les hommes les plus considérables du barreau italien.

M. *Mancini*, ancien ministre de la justice à Naples, professeur du droit international à Turin, député. M. Mancini est aujourd'hui président du Conseil des Ministres du Royaume d'Italie.

M. *Cassini*, deux fois ministre, Président de la Chambre des députés, et M. *Tecchio*, député et ancien président de la Chambre.

En même temps la maison impériale d'Autriche qui sentait que le procès intenté par le Prince de Crouy-Chanel, visait plus haut que la revendication d'un titre de Marquis, faisait répandre dans ses journaux les bruits les plus calomnieux contre le Prince. Des brochures furent publiées, pour les besoins de la cause; celle de M. Coston, notaire à Montélimart, se distingua entre toutes par son animosité pour le Prince de Crouy-Chanel.

M. Germain Sarrut, dans un opuscule intitulé « *les fils d'Arpad et leurs détracteurs* » fit justice de la diatribe de M. Coston.

En même temps, le prince de Crouy-Chanel, dont on cherchait à dénaturer les intentions, fit publier dans les journaux la lettre suivante, qu'il adressa au roi Victor-Emmanuel.

Sire,

« En présence des colères et des manœuvres d'une coterie qui se dit religieuse et qui n'est qu'anti-nationale, coterie qui me pose dans ses journaux comme un prétendant éventuel au Duché de Modène, en opposition à la souveraineté légitime et nationale de votre Majesté, je crois de mon devoir de protester, avec une nouvelle énergie, contre cette calomnieuse imputation, et de réitérer à votre Majesté même, ma formelle et publique déclaration que le procès que j'ai intenté à l'ex duc de *Modène*, en revendication du titre de Marquis d'Este, n'a pour but que de prouver à l'orgueilleuse et despotique maison de Habsbourg, que le pouvoir souverain qu'elle s'arroge en Italie et en Hongrie, est illégitime et *usurpateur*, non seulement au point de vue du *droit national*, mais même à celui de son prétendu droit divin.

En accomplissant cette pensée patriotique, je prouverai également que je ne veux être qu'un simple soldat de la sainte cause de l'indépendance, et ensuite, un *citoyen de plus* de ma patrie originelle libérée, *mais jamais un prétendant*.

C'est au génie chevaleresque et libérateur de votre Majesté qu'appartient la gloire de fixer la dernière heure de cette souveraineté usurpatrice de la maison de Habsbourg, si ardemment désirée par tous les peuples.

Mais, coopérer à hâter ce glorieux jour de libération est un devoir pour tout honnête homme... devoir que désire accomplir le vieillard qui est avec un profond respect,

Sire,

De votre Majesté.

Le très humble et très dévoué serviteur

P. DE CROUY-CHANEL

Turin, 4 mai 1864.

Dès le début de cette affaire, l'Archiduc François fit poser au tribunal la question de compétence, prétendant qu'en sa qualité d'ancien duc régnant de Modène, il n'était pas justiciable des tribunaux ordinaires de ce pays, qui d'ailleurs n'était plus le sien, depuis le vote d'annexion qui avait réuni le Duché de Modène au royaume d'Italie.

A la grande stupéfaction de tout le monde judiciaire Italien, le tribunal, tout en affirmant par un jugement du 9 juin 1864, sa compétence absolue pour juger des questions se rapportant aux anciens souverains dépossédés, déclara que, pour le cas particulier du prince de Crouy Chanel, il était incompétent. Sur l'appel des deux intéressés, la cour royale de Modène, cassa le jugement, et reconnut la compétence absolue et relative du tribunal d'arrondissement devant lequel la cause fut renvoyée.

Par un arrêt du 19 octobre 1865, le tribunal donna raison au prince de Crouy Chanel.

L'archiduc, qui s'était pourvu en cassation contre le jugement de la cour d'appel, demanda à celle-ci de suspendre l'effet du jugement du 19 octobre 1865, ou d'obliger son adversaire à fournir caution.

La cour rejeta toutes ces demandes par son arrêt du 2 mars 1866, et à la Cour de cassation, les conclusions du procureur général commandeur de Ferrari, prononcées le 4 juillet 1866, furent également favorables au Prince de Crouy Chanel.

Toutes ces questions judiciaires avaient exigé un temps considérable, puisque la première assignation du Prince à l'Archiduc est du 14 octobre 1863, et que l'affaire ne vint en cassation, qu'en juillet 1866.

Pendant tout ce temps le Prince qui avait continué de résider en Italie, avait resserré avec les membres de l'émigration hongroise ses relations amicales; son nom était devenu populaire en Hongrie, et l'on attendait avec impatience une occasion d'acclamer ce chevaleresque descendants des anciens rois du pays.

Le Prince eut plusieurs occasions de se faire connaître à ses partisans enthousiastes, et l'on retrouverait dans les journaux de cette époque, la trace des sympathies nombreuses qu'il avait su rallier en Hongrie autour de son nom, en même temps que la preuve qu'il ne négligeait aucune occasion de s'intéresser au sort de ses valeureux compatriotes, courbés sous le despotisme de la maison d'Autriche.

Voici, entre autres, une lettre que le Prince adressait, le 11 juillet 1864, à l'Empereur François-Joseph.

« Sire,

« Différents journaux reproduisent un article de la *Correspondance générale Autrichienne*, laquelle annonce que huit *hongrois ont été traduits devant la Cour martiale de Pesth pour avoir conspiré en faveur du prétendant au trône de Hongrie*, le Prince de CROUY-CHANEL.

De ces huit prévenus, trois auraient été acquittés et cinq condamnés à mort. Parmi ces derniers, trois auraient obtenu une commutation de peine, et deux auraient subi ou seraient destinés à subir le dernier supplice.

En présence d'une pareille sentence, et quoique je me refuse à croire à une semblable énormité, il est de mon devoir, comme honnête homme, de protester encore une fois et hautement contre la calomnieuse imputation que je sois un *prétendant qui conspire* et de déclarer à V. M. que ces prétendus conspirateurs sont de pauvres innocents qui ont agi sans discernement et sont dignes de pitié et non de châtiment.

J'ajoute que jamais, à aucune époque de ma vie, je n'ai

conspiré ou excité quelqu'un à conspirer pour faire revivre des prétentions au trône de Hongrie, prétentions que les siècles et mes croyances politiques et religieuses ont éteintes en moi, et auxquelles un système de despotisme sanguinaire donne aussi le dernier coup de grâce pour vous et pour les vôtres.

J'ajoute encore que si la couronne de saint Étienne fut portée avec gloire par mes ancêtres, c'est qu'elle fut toujours pour eux le symbole respecté de l'indépendance et de la liberté de la nation.

Aujourd'hui que cette couronne vénérée a été souillée par le contact du despotisme sacrilège qui s'est couvert du sang de milliers de citoyens, aujourd'hui, à la nation seule appartient le droit et le devoir de la réhabiliter en la posant sur la tête du *peuple roi*.

Je vous répéterai aujourd'hui, Sire, ce que je vous disais dans ma lettre du 10 novembre 1861, et ce que j'ai eu l'honneur d'exprimer à S. M. le roi d'Italie, dans la protestation que j'ai renouvelée le 4 mai 1864, « que je n'ai jamais été, ne suis ni ne serai un *prétendant, conspirateur*, mais bien un *vieux soldat* de plus de ma patrie originelle opprimée.

C'est en cette qualité, Sire, que j'ose vous dire : « Cessez d'être le *bourreau* de cette noble patrie; faites-vous le restaurateur de ses libertés, et le peuple hongrois jettera une dernière fois un voile d'oubli sur vos méfaits et sur ceux de vos prédécesseurs, et vous trouverez en lui ce grand cœur et ce dévouement courageux qui ont conservé la couronne à *Marie-Thérèze*.

Sachez comprendre la grandeur de ce peuple héroïque et généreux ; rendez-lui les glorieux défenseurs de son indépendance, qui gémissent dans les cachots ou en exil, et cessant d'être maudit, votre nom sera l'objet de ses bénédictions.

Mais si vous vous obstinez à ne pas reconnaître que les rois sont fragiles, et que seuls les peuples sont immortels, si vous vous obstinez à ne pas regarder en eux la voix et la main de Dieu qui avertit et frappe les despotes, et brise leur trône, bien vite sonnera pour vous l'heure de la justice divine que vous pouvez encore détourner de votre tête en venant bien vite a récipiscence.

Acceptez, Sire, le dernier et paternel avis d'un vieillard qui serait heureux de pouvoir se dire, avec reconnaissance,

De votre Majesté

Le très humble et très obéissant serviteur

P. DE CROUY CHANEL.

Que pensa de cette lettre si noble et si énergique .l'Empereur François-Joseph. N'en eut-il pas souvenance, lorsqu'il accorda, un an après, quelques libertés à la nation hongroise, par le rescrit de la patente des 18 et 20 septembre 1865 ?

Le Prince de Crouy-Chanel, en réponse à ces deux actes de l'Empereur, fit paraître un manifeste, qui fut répandu en Hongrie, à des milliers d'exemplaires, et par lequel il dévoilait à ses compatriotes, le but et la portée des concessions de l'Empereur.

Quelque temps après, le Comité National Hongrois, siégeant à Pest, faisait à son tour paraître une circulaire, dans laquelle il approuvait complètement le manifeste du Prince de Crouy-Chanel, et qui se terminait par ces mots :

« Le Comité national ne peut qu'exprimer sa profonde admiration pour le sentiment de patriotisme et d'abnégation du digne descendant d'Arpad. »

Cependant, les évènements se précipitaient pour l'Autriche ; l'année 1866 semblait promettre aux exilés hongrois la réalisation de leurs espérances patriotiques.

La victoire des Prussiens à Sadowa semblait mettre l'Autriche à deux doigts de sa perte.

Les Comités hongrois s'agitaient, le prince de Crouy-Chanel, qui pour la majorité des partisans de la nationalité hongroise, était devenu peu à peu le chef de la résistance aux empiètements de la maison de Habsbourg, adressa le 8 juillet, à la nation magyare, le manifeste suivant qui, traduit dans la langue du pays, fut répandu à profusion dans les villes et dans les campagnes.

« Nobles et valeureux hongrois.

« C'est le grand Arpad, l'immortel fondateur de votre nationalité qui, du fond de sa tombe, vous crie par la bouche de son vieux descendant : au nom de Dieu et de la Hongrie, levez-vous, fils de la Patrie, citoyens de toutes classes, soldats de tous grades,.. Insurgez-vous tous, comme un seul homme, contre le despote qui vous opprime.

Vos frères d'Italie et de Prusse, en armes contre l'insatiable ambition des Habsbourg, vous invitent à secouer un joug humiliant.

Les vétérans des luttes glorieuses de 1848 et 1849 vous guideront dans cette lutte suprême contre la tyrannie.

L'Europe attend que votre Diète, arbitrairement suspendue, se réunisse extraordinairement et se constitue en gouvernement provisoire, qu'elle convoque une *diète nationale* et fasse surgir, du sein de la patrie, un gouvernement national et fort qui saura se faire respecter et concourra avec les autres puissances aussi à assurer la paix sur la base immuable et chrétienne de la nationalité.

Votre cause est juste, elle triomphera, les chaînes de l'oppression seront brisées.

La Russie, comme l'Europe, respectera votre courage et la justice de votre insurrection, qui est une protestation légitime et armée contre la violation de vos droits et de vos lois, et non une révolution anarchique.

Aujourd'hui, plus d'humiliation ni de transaction mensongère avec l'étranger, il faut le vaincre et le chasser.

La victoire, seule, vous rendra vos institutions séculaires et libérales, votre représentation nationale, la liberté du foyer domestique, de la parole et de la presse.

Sachez, braves Magyares, assurer ce triomphe sacré de vos droits; que la cloche de l'insurrection sonne dans vos villes et dans vos campagnes, que le cri de la liberté remplisse vos ennemis de terreur.

Que toute chose sous votre main se transforme en arme ; que vos faux et vos charrues vous servent de canons et de fusils, et que l'empereur étranger, qui viole perfidement vos lois et votre constitution et dont les mains sont encore teintes du sang le plus généreux de la Hongrie, soit à jamais exilé avec ses sbires, du sol national.

Et vous deviendrez ce que furent vos pères, une grande nation libre ! un peuple !

Croyez-en la parole d'un vieux fils d'Arpad qui n'est un prétendant ni pour le présent ni pour l'avenir, mais un vieux soldat de la liberté, qui ne demande qu'une chose, de descendre dans la tombe au jour resplendissant de l'indépendance de sa patrie originelle, et au cri patriotique de vive la Hongrie ... toujos libre, heureuse et forte.

AUGUSTE ARPAD.

Prince de Crouy-Chanel.

La rapidité foudroyante de la campagne de 1866, terminée le 24 juillet par l'armistice de Nikolsbourg et le 23 août, par le traité de Prague ne permit pas aux Hongrois de mettre à profit les embarras de l'Autriche. Il ne fallait pas songer pour le moment à compter sur l'Italie, à laquelle la cession de la Vénétie donnait, en partie, satisfaction.

C'était pour les patriotes Hongrois un nouvel ajournement de leurs espérances d'affranchissement.

La constitution de 1867, en rendant à la Hongrie son autonomie, semble avoir amené une réconciliation. Ce fut un retour aux traditions historiques, aux conditions auxquelles le royaume de Saint-Étienne s'était attaché à la monarchie Autrichienne. Il y eut alors deux parlements, celui de Vienne et celui de Pesth ; deux ministères, le ministère Hongrois et le ministère Autrichien, deux budgets et presque deux armées, comme il y eut deux Souverains dans la personne de François-Joseph, l'Empereur d'Autriche et le Roi de Hongrie ; deux capitales entre lesquelles François-Joseph partageait sa résidence.

Le 8 juin 1867, au milieu d'un cortège qui rappelait les splendeurs du moyen âge, François-Joseph fit son entrée à Pesth, où eut lieu, au milieu de l'allégresse générale, son couronnement comme *Roi de Hongrie.*

Le rôle de l'insurrection Hongroise était fini, les vœux du prince de Crouy Chanel, que nous avons vus si noblement exprimés dans ses deux lettres à l'empereur d'Autriche, étaient exaucés, sa patrie originelle avait reconquis son autonomie, sa liberté.

Il n'avait jamais voulu être que le champion de l'indépendance de la Hongrie, ainsi qu'il l'a toujours déclaré.

Les patriotes Hongrois, retrouvant dans ce vieillard chevaleresque, le descendant de cette longue suite de rois sous lesquels leur pays avait été glorieux et respecté, ont-ils songé a voir en lui autre chose qu'un soldat, et ont-ils voulu, une fois leur patrie affranchie de la domination de l'Autriche, replacer sur la tête d'un descendant de saint Étienne, la couronne de ce glorieux monarque ? Cela ne fait point de doute, mais, pour eux comme pour le Prince qui n'a certes pas dû ignorer les intentions de ses compagnons d'armes, la question se résumait dans cette devise de l'insurrection Hongroise :

Expellatur Habsbourg, videbimus infra.

Il nous reste, pour compléter le récit d'une vie si accidentée, et si bien remplie à en tracer en quelques lignes le dernier et douloureux épisode.

Le procès de Modène, et toutes les démarches qu'il entraînait, avaient obligé le Prince de Crouy-Chanel, à des dépenses assez considérables.

On sait que sa fortune était des plus modeste et que, sans le concours de ses amis, il lui eut été impossible de subvenir aux premiers frais nécessaires.

M. Dupray de la Mahérie, imprimeur à Paris, et qui avait été l'éditeur de différentes brochures publiées par M. Germain Sarrut, sur les Arpad et leurs descendants, mit le Prince en relation avec un de ses commanditaires, M. Berthomé, caissier du sous-comptoir des chemins de fer, qui proposa au Prince, en vue des avantages que ce dernier devait retirer du gain du procès de Modène, de lui avancer, pour le compte de quelques-uns de ses clients, dont il était le conseil et l'administrateur financier, les sommes nécessaires pour mener à bien ce procès. Le Prince devait rembourser ces sommes, et s'engageait par contrat, à verser, à l'issue heureuse de cette importante affaire, plusieurs millions à M. Berthomé, en reconnaissance des services qu'il lui rendait en cette circonstance.

Il n'y a rien là, que de parfaitement régulier ; M. Berthomé était, pour le Prince, un capitaliste qui ayant foi dans la bonne cause de son client, faisait une avance de fonds, relativement assez minime, dans l'espérance de décupler au moins son argent.

Avant de signer ce contrat, et c'est là une preuve de la bonne foi de M. de Crouy-Chanel, celui-ci alla trouver M. Pinard, alors directeur du Comptoir d'escompte, et lui ayant fait part des pourparlers qui avaient existé entre lui et M. Berthomé, il s'enquit de la situation de ce dernier, et demanda s'il était en mesure d'assurer le contrat qu'il lui avait proposé.

M. Pinard répondit que M. Berthomé était depuis vingt-cinq ans caissier dans la maison, qu'il avait toute la confiance de ses chefs, de nombreuses et honorables relations financières, et que l'administration ne s'opposerait nullement à ce qu'il s'occupât d'affaires pour son compte personnel, à condition que ce ne fût pas au détriment de son service de bureau.

Fort de cette assurance, le Prince consentit à traiter avec M. Berthomé, dans les termes que nous avons mentionnés plus haut.

Son notaire rédigea un acte sous seing privé qui fut signé par les deux parties, et dûment enregistré.

Le contrat fut exécuté par M. Berthomé, jusqu'à concurrence de 150.000 francs environ, que le Prince obtint de lui avec la plus grande peine, ainsi que le prouve la correspondance échangée entre eux deux, et de laquelle nous extrayons cette lettre bien significative.

Prince,

« Si vous saviez, ou si seulement vous pouviez vous douter au prix de quels sacrifices je vous envoie des fonds, je vous connais trop pour ne pas être sûr que vous vous refuseriez à recevoir ceux que vous me réclamez de nouveau. »

Le Prince était en effet, loin de se douter de la source des fonds que lui adressait M. Berthomé ; aussi quelle ne fut pas sa stupeur, lorsqu'il apprit en Italie, par la voie des journaux, que celui-ci était arrêté, et accusé, de complicité avec M. Dupray de la Mahérie, de détournements s'élevant à plus de 6 millions.

Nous renvoyons les lecteurs, pour les détails de cette affaire, qui fit sensation à cette époque, aux journaux judiciaires de ce temps là, qui tous en ont rendu compte. Traduits devant les assises de la Seine, sous l'inculpation de faux et détournement, M. Dupré de la Mahérie et Berthomé furent reconnus coupables et condamnés.

Dans les papiers qui furent saisis chez eux, on trouva le contrat signé avec le Prince, et les reçus donnés par celui-ci, des sommes que M. Berthomé lui versait, en vertu de ce contrat.

On crut que M. de Crouy n'ignorait pas les agissements de Berthomé, et on l'impliqua dans cette affaire.

Malgré son grand âge, le Prince s'empressa, dès que les médecins le lui eurent permis, de quitter l'Italie, et de venir se constituer prisonnier, pour purger sa contumace.

Ses avocats, M. Nogent Saint Laurent et M. Morin, n'eurent pas de peine à démontrer aux jurés son entière bonne foi, et presque sa naïveté, dans toute cette affaire. Acquitté sur tous les chefs criminels, le Prince fut condamné à une peine insignifiante, pour les frais judiciaires, et au remboursement des 150,000 francs qu'il avait touchés.

Profondément abattu, par ce coup inattendu, le Prince se retira, pour subir sa peine imméritée, au couvent des frères de Saint-Jean-de-Dieu.

Cet homme qui avait remué des millions, qui avait presque touché de la main la couronne de ses ancêtres, était arrivé au terme de sa carrière, dans un si grand état de pauvreté que les frais de son séjour dans cette pieuse maison de retraite, furent acquittés par son neveu le comte Henri Gerothwohl de Croy-Chanel, qui supporta également, et cela de grand cœur, avec son cousin Gustave de Crouy, dernier fils du comte Henri de Crouy-Chanel, établi en Hongrie, tous les frais du procès devant les assises et en cassation.

La vie publique du prince de Crouy-Chanel était finie. Ses dernières années s'écoulèrent au sein de sa famille.

Retiré, à Abbeville, auprès de son gendre le marquis de Ferrière, pendant la douloureuse période de l'invasion prussienne, il revint à Paris, où il s'éteignit en 1873, âgé de quatre-vingts ans.

Par les soins de son neveu, le Comte Henri Ghl. de Croy Chanel, ses restes mortels qui avaient été inhumés au cimetière Montparnasse, furent transférés à Allevard en Dauphiné, berceau de la famille de Crouy Chanel, qui pendant cinq siècles a vécu, tantôt glorieuse et opulente, tantôt obscure et ignorée dans le pays qu'avait acquis, en passant en France, Étienne le Posthume, l'un des derniers rois de la dynastie d'Arpad qui ait régné sur la Hongrie.

C'est là, qu'obéissant à un sentiment de famille et d'attachement à la race dont il est issu, le Comte Henri Ghl. de Croy Chanel a voulu que reposât, auprès de ses illustres ancêtres, le corps de celui qui a, pendant plus d'un demi siècle, et avec des fortunes diverses, fait revivre ce nom glorieux de Crouy Chanel, qui était peu à peu tombé dans l'oubli ; et c'est, dans l'humble cimetière du village, qu'il lui a fait élever un monument au sommet duquel ont été sculptées les armes des anciens rois de Hongrie.

Que de cœurs hongrois ont battu pour ce noble descendant d'Arpad, et que d'espérances a fait naître en eux la révélation de l'existence, à notre époque, des petits-fils de saint Étienne et d'André II !

Qui sait la destinée que réserve la Providence à la Hongrie et à l'Autriche ? et qui pourrait dire que le sang d'Arpad, ressuscité de l'oubli par le courage et l'énergie du prince Auguste de Crouy-Chanel, ne sera pas appelé à gouverner de nouveau le peuple Hongrois, si attaché à ses antiques institutions, à ses vieilles coutumes et à sa première dynastie ?

FIN

IMPRIMERIE A. DERENNE, MAYENNE. — PARIS, BOULEVARD SAINT-MICHEL, 52.

TABLE ANALYTIQUE

I. — *Reproduction de la notice biographique consacrée à M. Auguste de Crouy-Chanel, par MM. Saint-Edme et Germain Sarrut, dans la Biographie des hommes du jour, en 1837.*

Naissance de M. Auguste de Crouy-Chanel de Hongrie. Sa famille, son éducation... 5
Ses premiers voyages 8
Procès héraldique avec les Croy de Solre et d'Havré............... 8
Lettre au duc de Richelieu à propos de l'insurrection de la Grèce, en juin 1821.. 9
Réponse du duc de Richelieu à M. de Crouy-Chanel.............. 10
M. de Crouy souscrit en faveur des défenseurs de l'indépendance hellénique.. 11
M. de Crouy, de concert avec M. de Jouffroy, négocie un emprunt pour le gouvernement espagnol 11
Arrestation de M. de Jouffroy.. 12
M. de Crouy continue les négociations et les fait aboutir........... 12
M. de Crouy obtient la concession des fabriques royales de l'Espagne à Guadalajara 13
Il fonde une compagnie à Paris pour l'exploitation de cette concession.. 14
Ses relations à Paris... 14
M. de Villèle songe à le faire entrer au Conseil d'Etat et à l'élever à la Pairie.. 15
Affaire de l'infant don François d'Assise, relativement à la couronne du Mexique 16
Démarche de M. de Crouy à ce sujet. La compagnie de Guadalajara cesse ses paiements, malgré les efforts de M. de Crouy qui y

engloutit la totalité de sa fortune... 23

Voyage de M. de Crouy en Portugal ; son influence auprès de don
Miguel... 24

Voyage à Rome, accueil du Pape, le Père Ventura, l'abbé Lamennais 25

Révolution de 1830. M. de Crouy est vu d'un mauvais œil par le
gouvernement de Juillet.. 26

Affaire des faux billets de banque. Arrestation de M. de Crouy.
Son procès. Son acquittement.. 28

Lettre de M. de Crouy-Chanel à MM. Germain Sarrut et Saint-
Edme, auteurs de la Biographie des hommes du jour.......... 32

Lettre à M. Alexandre Guillemin, avocat................................. 35

II. — *Réimpression de la Notice biographique consacrée à M. de Crouy Chanel, par MM. Saint-Edme et Germain Sarrut, en 1840.*

Voyage de M. de Crouy à Arenemberg.................................... 38

M. de Crouy tente avec M. Barginet, de Grenoble, de fonder un
journal napoléonien.. 39

Voyage à Londres. Entrevue avec le Prince Louis-Napoléon.
Communauté d'idées. On arrête la fondation du journal *le
Capitole*, qui paraît le 15 juin 1839.................................... 39

M. de Crouy quitte le journal, et au moment où il allait partir pour
Londres, afin de rendre ses comptes au Prince, ses papiers
sont saisis, et il est arrêté 40

Extrait de la correspondance du Prince avec M. de Crouy......... 40

Causes probables de ces événements.................................... 43

Les journaux *le Capitole* et *le Commerce*. Lettre de M. Saint-Edme
au rédacteur en chef du journal *le Commerce*..................... 44

Réponse de M. Lesseps.. 45

Notes écrites par M. de Crouy, après chacun de ses interrogatoires. 45

Lettre du comte Henri... 47

Lettre de M. Barginet... 48

Confrontation avec MM. Durand et Barginet 49

Interrogatoire sur son évasion 52

Première question...

Deuxième question... 55

M. de Crouy se reconstitue prisonnier.................................. 57

Interrogatoire sur le journal *le Capitole*, 22 janvier 1840............. 58

Interrogatoire du 23 janvier 1840.. 59

Confrontation avec M. Berryer 61

Confrontation avec M. d'A, et interrogatoire, 28 janvier 1840....... 64

Interrogatoire du 29 janvier 1840.. 65
Notes. — 8 février 1840.. 72
Interrogatoire... 74
Interrogatoire sur les lettres de M. Jules Olivier 78
Correspondance Brougham.. 81
Voyage de Mme de Crouy à Londres....................................... 83
Question relative à M. de Medem.. 89
Papiers de Didier.. 99
Mise en liberté de M. de Crouy... 101
Lettre à M. Mauguin... 102
Procès-verbal de l'entrevue des témoins de M. de Crouy avec
    M. Mauguin... 105
Lettre de M. de Crouy au prince Louis-Napoléon.................... 110
Explication au sujet du complot bonapartiste...................... 111
Mémoires de M. de Crouy. Son voyage à Londres. Dernières dé-
    marches... 112
Extrait des interrogatoires du Prince Louis-Napoléon, ayant trait à
    ses relations avec M. de Crouy................................... 116
Pièces de l'Edimbourg Castle, interrogatoire devant M. le président
    de la cour des Pairs.. 120
Incident du passeport pour la Russie.............................. 127
Note de M. de Crouy, sur l'alliance Russe......................... 129
Procès héraldique entre les Crouy-Chanel de Hongrie, et les Croy
    de Picardie... 137
Généalogie des Croy de Picardie................................... 138
Mémoire préliminaire.. 144
Requête de M. Jules Bonnet, avocat............................... 145
Au nom des Croy de Picardie. — Première Partie. — La cause
    sans procès... 148
Cour de cassation. — Audience du 6 avril. — Pourvoi de M. le
    marquis de Crouy-Chanel.. 152
Arrêt.. 162
Jugement du tribunal civil de Grenoble du 21 mars 1839............ 163
Seconde Partie. — La cause avec un procès........................ 167
Note sur la généalogie des Croy d'Amiens......................... 169
Généalogie des Crouy-Chanel de Hongrie........................... 182
Recueil des titres de noblesse et de filiation pour tous les degrés... 184
Arrêt de la chambre des Comptes de Dauphiné de 1790.............. 205
Rectification des actes de naissance de plusieurs membres de la
    famille de Crouy-Chanel 207

1840. — 1873.

Relations de M. de Crouy-Chanel avec la cour de Rome........... 217

Lettre de l'évêque de Montpellier 218

Le père Ventura. — M. de Crouy est nommé commandeur de l'ordre de Saint-Grégoire-le-Grand......................... 219

Révolution de 1848, M. de Crouy fait reconnaître à Rome le gouvernement de la République........................... 220

L'empereur Napoléon III accorde à M. de Crouy une pension sur sa cassette particulière................................ 221

M. de Crouy fait paraître sa brochure sur la noblesse et les titres nobiliaires, et se pourvoit devant le Conseil du sceau pour faire reconnaître son titre de prince......................... 222

Sa lettre à l'empereur.. 223

Arrêt du Conseil du sceau, lettre du référendaire, M. Ferrand, au prince de Crouy............................... 225

Publication par M. Germain Sarrut de la brochure « les fils d'Arpad ».. 226

Retentissement de cette brochure. — Lettre à l'empereur d'Autriche. 227

Le prince se rend à Turin et se met en relations avec les chefs de l'émigration hongroise.................................. 229

Lettre du général Klapka au directeur des « Nationalités »......... 230

Réponse du prince de Crouy................................... 231

Lettre du Prince au général Klapka, accompagnée de la déclaration de la majorité de l'émigration hongroise.................... 234

Lettre du Prince au cardinal primat de Hongrie, à propos des restes du roi Bela III. -- Son retentissement.................... 237

Publication des droits des Arpad par le baron Nyary............. 238

Lettre du général Klapka à M. Kossuth......................... 238

Lettre du même au Prince..................................... 240

Réponse du Prince.. 241

Lettre du Prince, aux officiers Hongrois émigrés................ 246

Proclamation de Garibaldi à la nation Hongroise................ 249

Lettre de Klapka à Garibaldi................................. 253

Manifeste adressé à la nation Hongroise, par les chefs de l'émigration.. 255

Défaite de Garibaldi à Aspromonte, qui ajourne les projets du Prince de Crouy et des émigrés Hongrois.................... 257

Procès de Modène. — Note du baron Nyary relative aux droits de la maison d'Autriche sur le titre de marquis d'Este........... 258

Assignation du prince de Crouy-Chanel (qui revendique le titre de marquis d'Este), à l'archiduc François II, ex duc de Modène, devant le tribunal de cette Ville......................... 261

Lettre du Prince au roi Victor-Emmanuel 262

Arrêts des tribunaux italiens, relatifs aux prétentions du Prince au titre de marquis d'Este................................. 264

Lettre du Prince à l'empereur d'Autriche 265

Circulaire du Comité national Hongrois........................ 267

Manifeste du Prince, à la nation Hongroise 268

Guerre entre l'Autriche et la Prusse, concessions de l'empereur d'Autriche en faveur de la Hongrie. L'insurrection hongroise est ajournée 270

Procès Berthonié et Dupré de la Mahérie dans lequel est impliqué le prince de Crouy-Chanel 271

Ses conséquences. — La Vie politique du Prince est finie. Il passe les dernières années de sa vie dans la retraite, et meurt à Paris en 1873 274

Par les soins de son neveu le comte Henri Ghl de Croy Chanel, ses restes mortels sont transportés à Allevard, berceau de la famille de Crouy Chanel de Hongrie 274

Imp. A. Derenne, Mayenne. — Paris, boulevard Saint-Michel, 52.

Paris, imprimerie A. DERENNE, boulevard Saint-Michel, 52.

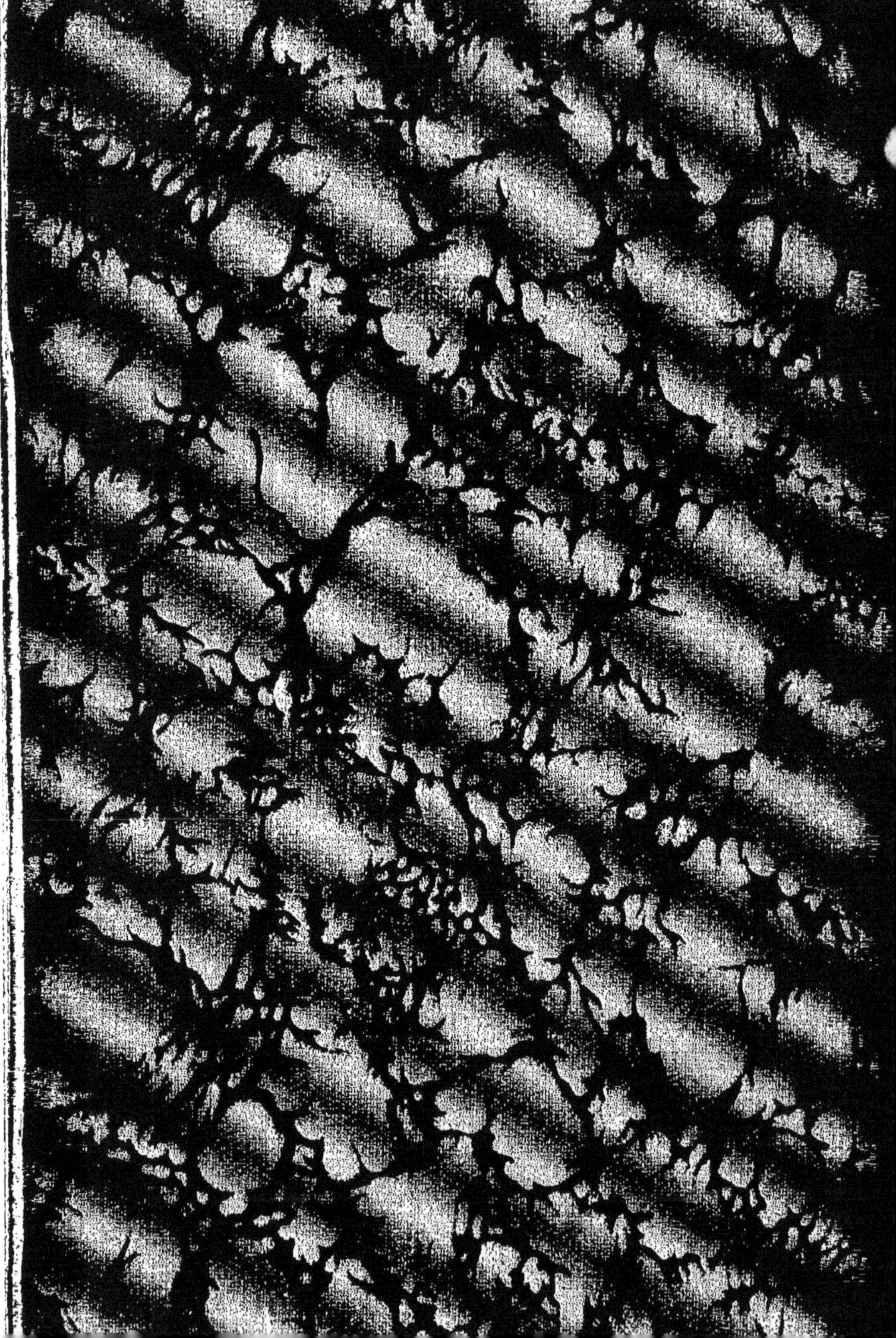

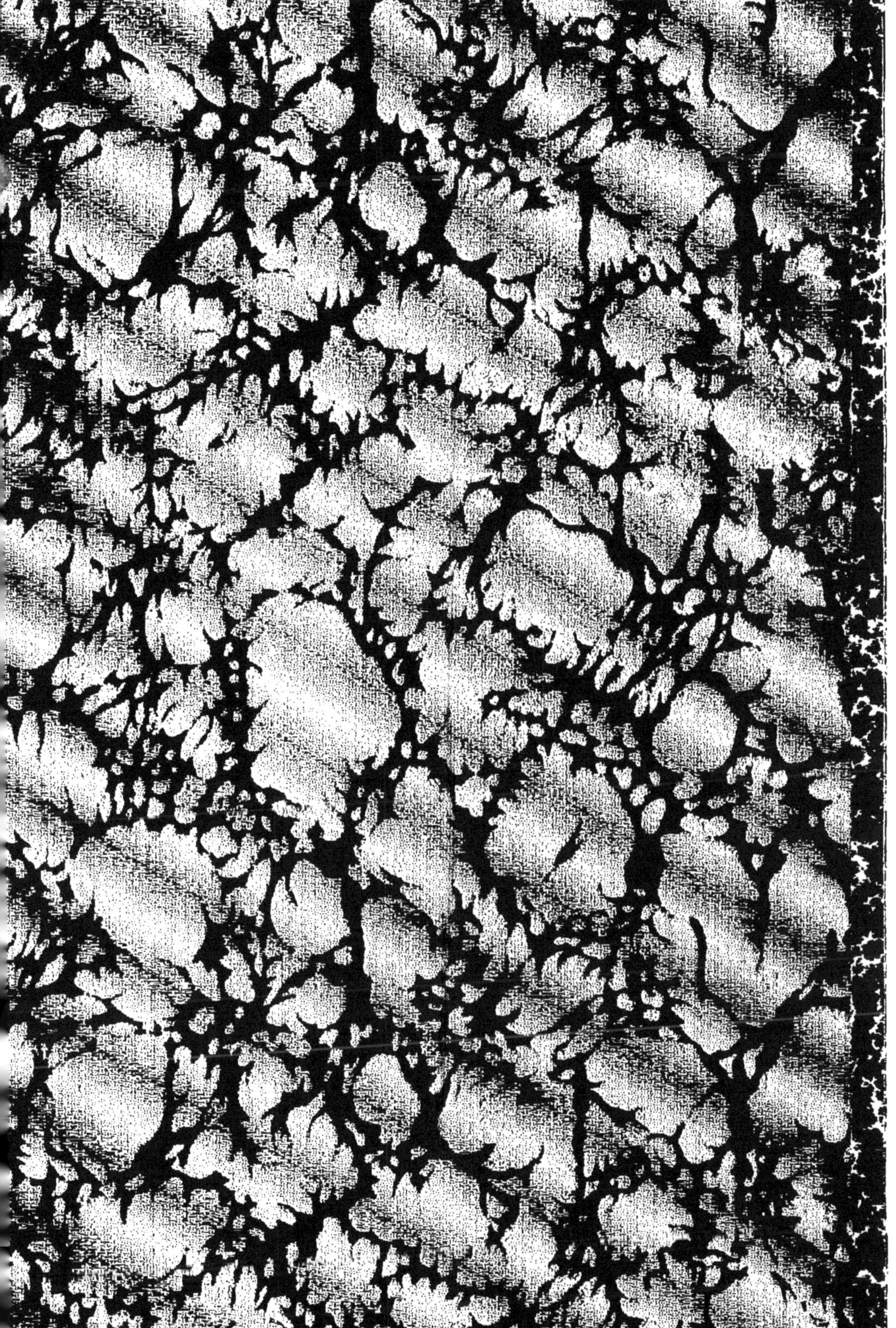

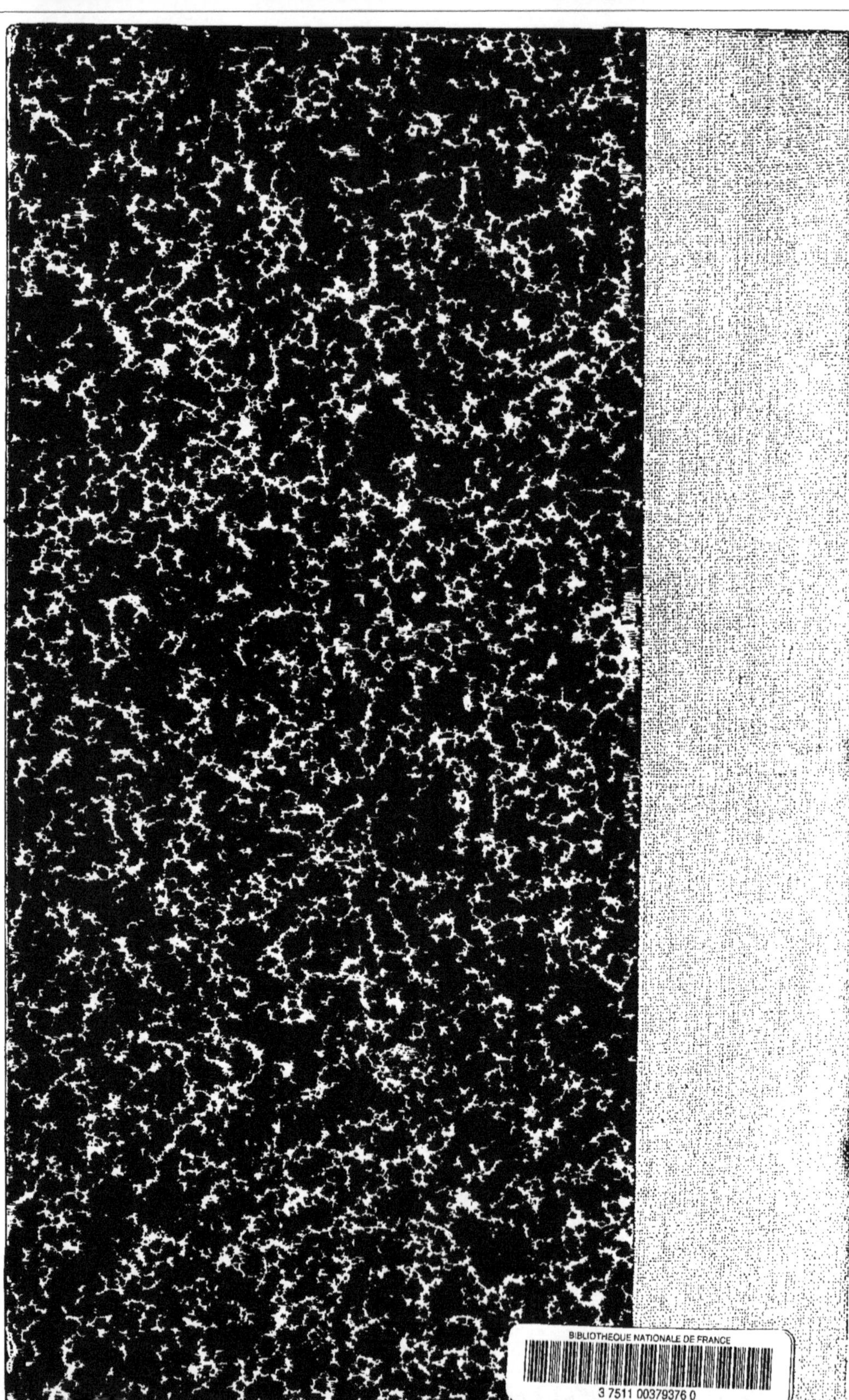